Essai Sur Le Patois Normand du Bessin; Suivi D'un Dictionnaire Étymologique

Charles Joret

BIBLIOLIFE

ESSAI

SUR

LE PATOIS NORMAND DU BESSIN

SUIVI D'UN DICTIONNAIRE ÉTYMOLOGIQUE

PAR

C. JORET

PROFESSEUR A LA FACULTÉ DES LETTRES D'AIX

MEMBRE DE LA SOCIÉTÉ DES ANTIQUAIRES DE NORMANDIE

PARIS

F. VIEWEG, LIBRAIRE-ÉDITEUR

67, RUE DE RICHELIEU, 67

1881

PRÉFACE.

On comprendra que je n'aie pas cru devoir publier sans avertissement une étude dont l'impression commencée en 1876 à Nogent-le-Rotrou, interrompue à deux reprises différentes, continuée successivement à Boulogne-sur-Seine et à Abbeville, ne devait s'achever qu'en septembre 1880, sous les presses de l'Imprimerie nationale. Peu de livres ont eu à traverser autant de péripéties avant de voir le jour; mais si les retards que la publication de celui-ci, à mon grand regret et au regret non moins grand de mon éditeur, a dû subir n'offrent aucun intérêt à raconter ou à savoir, il n'était pas moins indispensable de les rappeler pour que l'aspect singulier qu'il présente ne restât pas une énigme pour les personnes entre les mains de qui il pourrait tomber. Heureux si la bizarrerie de la composition était le seul défaut qu'on pût lui reprocher! Mais il en est d'autres qu'on y reconnaîtra peut-être et qui tiennent ceux-là uniquement à moi et aux circonstances dans lesquelles j'ai revu et publié ce travail. J'étais encore à Paris quand j'y ai mis la dernière main, mais je demeure à Aix depuis que l'impression en est commencée; qu'on juge des difficultés que j'ai dû rencontrer pour faire les vérifications nécessaires et de mon embarras parfois en présence de souvenirs qui, malgré de fréquents voyages dans le Bessin, vont chaque jour s'effaçant, embarras que l'empressement des correspondants auxquels j'ai eu si souvent recours n'a pas toujours réussi à supprimer. Ce n'est pas tout; dans ce long espace de temps, mes idées se sont modifiées sur plus d'un point; comme je l'ai dit ailleurs (p. 8), je me suis résolu à publier cette étude, parce que, même sous la forme imparfaite où je la présente, j'ai pensé qu'elle ne serait pas tout à fait inutile, et que je ne pouvais plus songer à la transformer ou à la donc, comme je l'ai fait d'ailleurs dans le glossaire, remplacer dans mon essai les *e* ouverts qui s'y trouvent par des *ẽ* demi-fermés. Je ne crois pas maintenant non plus que l'*e* final venant de *ē* ou de *ĭ* accentué, par exemple dans *mé*, *té*, *fé*, soit un véritable *e* fermé ; j'incline à le regarder comme un *e* mi-muet, analogue à l'*e* final de l'allemand *Liebe*. J'ai eu tort également de me borner à dire (p. 17) que la diphthongue d'origine romane *au* s'était réduite à ō ou à *å* ; si cela est vrai dans le corps des mots, il n'en est pas de même à la fin, où elle prend ainsi que dans les monosyllabes, le son *ā* ; par exemple : *cā* pour *caud* (*calidus*), *fā* pour *faux* (*falcem*), *hā* pour *haut* (*altus*), etc.

Un autre point sur lequel je regrette de n'avoir pas été fixé plus tôt, c'est la conservation de *s* à la fin des mots au singulier et au pluriel ; le pluriel dans un certain nombre de cas se distingue du singulier par l'allongement de la voyelle finale, dans d'autres, il ne présente rien de particulier ; mais dans aucun, je crois, il n'y a lieu de se servir du signe *s* pour l'indiquer ; ce que j'ai dit à cet égard, pages 21 et 29, doit donc être entièrement modifié ou même supprimé. Il n'y a sans doute pas beaucoup plus de raison de conserver cette lettre au singulier ; je ne l'ai, il est vrai, gardée que dans le cas où elle marquait l'allongement de la voyelle précédente ; il fallait peut-être mieux la supprimer, comme je me suis décidé à le faire un peu tard dans le dictionnaire ; mais fallait-il la remplacer par un *e* ? Je l'ai fait dans le plus grand nombre de cas ; j'avais besoin de cette voyelle afin de marquer la longueur de *ẽ* demi-fermé, pour lequel je n'avais aucun signe ; je l'ai employée aussi après *é* fermé et les autres voyelles finales ; j'aurais peut-être mieux fait de n'y avoir point recours et d'écrire, par exemple, *fẽ* (fois), et non *fée* ou *fés*, *pẽ* (poids ou pois), et non *pée* ou *pés*, etc. J'espère néanmoins que l'emploi de ces signes n'amènera aucune confusion dans l'esprit du lecteur.

J'ai aussi, pour ne pas être trop novateur, conservé, en français, l'*e* muet à la fin des terminaisons féminines ; j'ai hésité à écrire dans mon vocabulaire, *com'* et non *come*, *loqu'* et non *loque*, etc. ; mais dans les phrases entières j'ai supprimé les *e* muets, afin de conserver aux mots leur prononciation et leur valeur véritables. Il est bien entendu néanmoins que, là même où ils sont écrits, les *e* des terminaisons ne comptent pas.

Mais tandis que je conservais et employais ainsi l'*e* à la fin des mots, soit comme muet et sans valeur aucune, soit comme signe d'allongement de la voyelle précédente, je n'ai point osé m'en servir au milieu, dans la crainte de leur donner une figure trop étrange, même quand faute de signe particulier, je ne pouvais indiquer la longueur de *ê̆* demi-ouvert ; il en est résulté que dans quelques mots la quantité n'est pas marquée avec toute la rigueur désirable ; c'est ce qui a lieu par exemple dans *qê̆lue* dont l'*ê̆* est véritablement long. Il en est de même de *crê̆sanse*, *crê̆te*, *ébê̆lué*, *ébê̆luéte*, *élê̆ze*, *ê̆zi*, *f'nê̆zon*, *grouê̆zéle*, *hê̆zé*, *mê̆lé*, *nê̆te*, *ouê̆che*, *pê̆qu(i)é*, *pê̆zan*, *pouê̆zon*, *sê̆sié*, etc.

Ces explications étaient peut-être nécessaires pour rendre plus sûr l'emploi de mon dictionnaire ; mais si elles peuvent empêcher de trouver des erreurs qui n'y sont pas, elles ne suppriment pas celles qui s'y rencontrent réellement, aussi je prie les personnes qui pourront le consulter de vouloir bien se reporter à l'errata un peu long qui le précède et qui n'est cependant peut-être pas encore assez étendu. Je l'ai déjà dit, les conditions dans lesquelles j'ai publié mon dictionnaire rendaient les erreurs presque inévitables ; d'un autre côté il était impossible que, depuis quatre ans que l'impression en est commencée, je ne découvrisse pas dans mes voyages dans le Bessin quelque rectification à faire ou quelque mot à ajouter. Enfin les recherches qui se poursuivent tous les jours, et l'on sait avec quelle ardeur, dans le domaine roman, sont venues depuis lors expliquer plus d'une origine encore obscure ou douteuse ; c'est ainsi qu'à la forme hypothétique et non fondée *figicare*, donnée comme étymologie de *fijié*, il faut substituer, comme l'a montré la curieuse et belle découverte de M. Gaston Paris, le substantif *ficatum*. Il est sans doute plus d'une étymologie, que j'ai proposée, qui devrait encore ou être changée ou disparaître de mon glossaire ; on en trouvera plusieurs à l'errata ; peut-être aussi aurais-je dû m'abstenir de me prononcer plus que je ne l'ai fait, encore que j'aie plus d'une fois hésité à rien proposer, et aurais-je dû recourir moins à ces formes supposées, qui toutes vraisemblables qu'elles paraissent être, manquent trop souvent de preuves historiques, pour qu'elles puissent conduire à une certitude complète. Les personnes qui s'occupent d'étymologies me pardonneront sans peine ces témérités et mes erreurs, et peut-être me sauront-elles gré d'avoir, par une étude plus attentive qu'on ne l'avait faite jusqu'ici, trouvé dans le normand et dans les langues germaniques l'origine restée incertaine de plusieurs mots français.

Quant aux sources où j'ai puisé et aux dictionnaires qui m'ont servi pour cette partie de mon travail, il faut citer d'abord et avant tout :

1° L'*Etymologisches Wœrterbuch der romanischen Sprachen* de Diez (2 vol. in-8, 3e éd. Bonn, 1869), ce monument de science linguistique et de perspicacité, qui pourra être dépassé dans quelques-unes de ses parties, mais qui n'en restera pas moins le point de départ de toute recherche étymologique dans le domaine roman ; puis

2° Le dictionnaire si riche en informations de M. Littré ;

3° Scheler : *Dictionnaire d'étymologie française*. In 8°, 2e éd. 1875.

4° Brachet : *Dictionnaire étymologique de la langue française*. In-12.

5° Ed. Müller : *Etymologisches Wœrterbuch der englischen Sprache*. 2 vol. in-8°, 1867.

6° Heinrich Leo : *Angelsæchsisches Glossar*. In-8°, 1877.

7° *A dictionary of the old english language* by Francis Henry Strattman. In-8°, 3e éd. 1878.

8° Lexer : *Mittelhochdeutsches Handwœrterbuch*. 3 vol. in-8°, Leipzig, 1872-1878.

9° Cotgrave : *A french and english dictionary*. In-4, London, 1661.

10° Enfin Vigfusson : *An icelandic-english dictionary*. In-8°, Oxford, 1874, ouvrage si précieux pour l'étude des idiomes scandinaves et qui m'eût épargné plus d'une erreur, si j'avais pu le consulter plus tôt.

Qu'il me soit permis, en terminant cette préface déjà trop longue, de remercier ici publiquement mes amis et mes correspondants dont le concours m'a été si utile pour éclaircir mes doutes ou pour me renseigner sur des formes incertaines ; c'est l'un d'eux en particulier, mon ancien camarade de collège, M. Jourdain, tour à tour professeur de zoologie à la faculté des sciences de Montpellier et à celle de Nancy, qui m'a donné, — je ne pouvais invoquer une autorité plus compétente — outre quelques indications précieuses, les noms latins de la plupart des poissons et des crustacés de nos côtes. Il m'a ainsi aidé à donner un caractère rigoureusement exact à une partie de mon glossaire, à laquelle j'ai tenu à apporter un soin tout particulier, je veux parler des noms vulgaires des animaux et des plantes (1). Ces vocables ne sont pas ce qu'il y a de moins intéressant et de moins curieux dans un dictionnaire de patois, mais à une condition toutefois, c'est qu'ils se rattachent à une nomenclature vraiment scientifique : comment serait-il possible sans cela de reconnaître les êtres désignés par des dénominations parfois si originales, mais non moins variables et multiples aussi, si, à côté du nom vulgaire, on ne trouvait pas le nom scientifique ou latin ? Je me suis attaché à donner toujours ces deux appellations et j'espère, grâce à ce soin, qu'on trouvera dans mon essai les éléments véritables d'une faune et d'une flore populaire de la région dont j'ai essayé de faire le glossaire.

Bayeux, septembre 1880.

(1) Pour les noms d'oiseaux j'ai trouvé des renseignements intéressants dans un ouvrage publié autrefois par M. Chesnon, ancien principal du collège de Bayeux, plus tard inspecteur du département de l'Eure : *Essai sur l'histoire naturelle de la Normandie* par C.-G. Chesnon, 1re partie : *Quadrupèdes et oiseaux*, Bayeux, in-8°, 1834. Quant aux noms de plantes, l'étude que j'ai faite jadis moi-même de la flore du Bessin me dispensait d'invoquer aucun secours étranger.

ERRATA

P. 7. Il est inexact que dans la haute Normandie le suffixe *ellus* se soit partout transformé en *io*, on le trouve aussi souvent, comme dans la basse Normandie, atténué seulement en *é*.

P. 9, note. Supprimer les signes *è, èe, ê*. Voir la préface.
— 11, l. 6. Au lieu de : les protoniques, lisez : les post-toniques.
— 12, — 3, 6, 7. Au lieu de : *è, ouè, pouès,* — *ẻ, ouẻ, pouẻ.*
— 13, — 7. Après fermé, ajouter : ou demi-ouvert.
— — — 12, 13. Au lieu de : *sér, sèe, vèe*, lisez: *sẻr, sẻe, vẻe.*
— 14, — 17. Après demi-ouvert, supprimer : ou même, mais rarement, ouvert.
— — — 19, 23, 25, 26, 27, 35. Au lieu de : *vèe, è, arèque, vér*, lisez : *vẻe, ẻ, arẻque, vẻr.*
— 15, 2 et 8. Effacer *viãje* et *poure.*
— 14, — 4. Après : en *é, ê,* ajouter : *ẻ.*
— — — 32. Au lieu de *forges*, lisez : *forje.*
— 16, — 10. — *pouvè* — *pouvé.*
— — — 16. — *fouornèze* — *fouornẻze.*
— — — 25 et 29. — *u̇...ủ* — *ủ...u̇*
— 18, — 16. — **cavicula* — **capitula.*
— 19, — 31, — *flèe* — *flẻe*, .
— 21, — 11. — *dèe* — *dẽe.*
— 22, — 2. — *vicket* n. — *vick* n.
— — — 20. — *quèe, vèe* — *quẻe, vẻe.*
— — note. — *ser, ier* — *sẻr, iẻr.*
— 23, l. 24, 26. — *blète, falmèque* — *blẻte, falmẻque.*
— — — 37, 38. — *drugié, prêchié* — *drujié, prẻchié.*
P. 24, note 2. — Cherbourg — : Valognes.

P. 27, l. 6. Au lieu de *coradyo* lisez : *coradiyo.*
— 30, — 3. — *vèe, j'ēmōn* — *vẻc, j'ẻmōn.*
— — note 4 et 13. — *ch'èe* — *ch'ẻe.*
— 31, l. 8. — *lè (s), lè-z* — *lẻ(s), lẻ-z.*
— 32, — 14, 15, 17, 20, 23. — *èe* — *ẻe.*
— 33, — 26. Après : *j'avōn*, ajouter : *j'avome.*
— — — 27. Après : *vo-z avèe*, — *vo-z ẻe.*
— 35, — 32, etc. Au lieu de *vèe, vèche* lisez : *vẻc, vẻche.*
— 36. — *vèré, vèrōn...* — *vẻré, vẻrōn...*
— — — *fèe* — *fẻc.*
— 38. — *ouèche, ouèe, èe* — *ouẻche, ouẻe, ẻe.*
— 41, — 27. Au lieu de *Aji* — *Āji.*
— 48, — 32. — n. *torr* — n. *taera* ?.
— 50. — *Arjantine* — *Arjantẻne.*
— 52, l. 14. — n. *bak* — nl. *bak.*
— 53, — 16. — BASE, BAZE — BĀSE, BĀZE.
— 54, — id. — a. a. *bāsa* — *bassa.*
— 57, — 27. Effacer la † devant BŌQUE.
— — — 45. Au lieu de **boscus* lisez : **buxus.*
— 58, — 27. — **boscia,* — **buxia.*
— 59, — 8. — (?) *bulla.* — h. *buidelen.*
— — — 43. Effacer * *burellus de burra.*
— 60, — 15 Avant * *boschettum* ajouter : 1° a. *bock* ; 2°.
— 62, — 10. Effacer la † devant BU(H)O.
— — — 18. Au lieu de **busca*, p. *bosca* lisez : **buxa.*
— 64, — 40. — a. *chouch* — *cattum* [*huantem.*
— 65, — 8. — *kaakeu.* — *kaaker.*
— 66, — 1. Effacer la † devant CĀRON.
— — — 36. — Corruption de *caïman.*
— — — 40. Ajouter : R. pour *cayo.*
— 68, — 30. Au lieu de CHINCHOU, lisez : CHINCHOŪ.
— 69, — 17. — *succare* — **suctiare.*
— — — 35. — n. — nl.
— 70, — 19. — CLUCHIÉ — CLLUCHIÉ.
— — — — — n. klocken — nl. *klokken.*
— 71, — 10. — **calderonem* — **caldaronem.*
— — — 27. Après chaume ajouter : ,*chanlatte.*
— — — id. Au lieu de *calcem* lisez : *cantus.*
— 72, — 40. — *schosse* — *schorse.*
— 74. — *Karn* — *karn.*
— 75, — 10. — n. *kroki* — n. *hráki.*
— — — 22. — *Crésance* — *Crẻsanse.*
— 75, — 23. Après *crétine* ajouter : *crétẻne.*
— — — 37. — CRIATEURE — CRÉIATEURE.
— 76, — 6. Au lieu de *jour,* lisez : *jouo.*
— — — 13. — *krōk* — *krókr.*

P. 77, l. 24. Au lieu de vaudoise lisez : vandoise.
— 79, — 14. — a. h. a. *geinōn* — n. *gana* (regarder).
— — — 22. Effacer *Gutta*.
— 81, — 33. Au lieu de n. *reida*, lisez : n. *reidha*. Cf. ang. *road*.
— 88, — 24. — n. *schrael* — nl. *schraal*.
— 89, — 8. — **frigidabilis* — **fridabilis*.
— — — 41. — n. *lókr* — a. h. a. *loc*.
— 90. ÉPIÈTÉ — ÉPIĚTÉ.
— 91, — 4. Effacer : de *pellis*.
— 93, — 6. Au lieu de *Esquéléte* — ESQUÉLÉTE.
— 95 — 8. — *tunban* — a.h.a. *tūmōn*.
— 96, — 24. — *fastigium* — **festum*, a. *first*.
— 97, — 31. — **viata* de *via*, — **vicata*, de [*vicis*.
— 98, — 6. — *figicare*, — *ficatum*
— — — 21. — *flindre* — *fflindre*.
— — — 27. — *fixicare* — *figicare*.
— 101 — 15. — *furneltus* — *furnellus*.
— 102 — 37, et 103,17. — *frictulare* — ag. s. *frodha* (frotter).
— 103 — 6. — *frigiolare* — *frigidolare*.
— — — 16. — de *fricare* — de l'ag. s. *frodha* (frotter).
— — — 25. Effacer FRUSQUIN (sin).
— 105 — 9. Au lieu de *Ganbe* — *Ganbé*.
— 106 — 17. Effacer † devant GLLEUMÉ.
— 108, Art. GRAPE : Il est peut-être plus exact, au lieu de faire venir ce mot de *krapfo*, de le dériver de *crabba*, modifié sous l'influence de *krapfo* ou de ses dérivés.
— 110, — 11. Au lieu de *Strepsilus interpres* lisez : [*Strepsias collaris*.
— 112, — 36. Effacer R. *anus*..
— 113, — 3. — a. h. a. *ancha*.
— 119, — 25. Au lieu de *lentus*?, lisez : *lentus* + ?
— — — 30. — (c)*lap*.. — (?) n. *lapa* (sauter).
— 125, — 39. — *margin*(*nem*) — *margi*(*nem*).
— 132, — 19. — n. *nafarr* — a. h. a *narwa*, suèd. *narf*. Cf. *Rom* I. 217.
— 133, — 16. — (Jean) Nivelle. — **libellum*.
— 135, — 20. Ajouter : R. (?) n. *horn* + *vermis*
— 140, — 23. Au lieu de : *pedere*, lisez : *pet* de *pedere*.
— 143. Effacer l. 20, *pipa*, et l. 22, de *pipa*, et mettre *pipe* après PIPÉ, dont il est dérivé; quant à *pīpé*, il suppose une forme latine **pippare*.
— 145, — 29. Après POME, ajouter POUME.
— 147, — 10. Au lieu de *Poin*, lisez : *Pouin*.

P. 154, l. 16. Ajouter : R. * *racha*, ar. *racha* (paume de la main).

— 156. Ne pas tenir compte de la note.

— 158, — 21. Au lieu de *retinentem*, lisez : (*ad)*restantem*.

— — — 40 et 175, 18. — n. *tumba* — a.h.a. *tūmōn*.

— 159, — 20. Ajouter : Cf. Duc. *rippale*.

— 161. Effacer l'*e* final de RUFE et de RUPE.

— 166, 36. Au lieu de : *sub* + *viduus*, lisez : *subtus* + * *vocitus*.

— 173, — 7. Ajouter : 2° n. *tregi*, « difficulté, répugnance. »

— — — 8. Ajouter : R. *trac* + *nasé*, terminaison de trainasser.

— — — 29. Effacer *trans* + *via*.

—175,— 32. Au lieu de *ostium*, lisez : **ustium*.

— 178. Ajouter à la note : Cette forme *vésé* que j'avais supposée m'a été indiquée à Cherbourg le 3 septembre dernier (1880).

ADDENDA.

BÉTOUĔRE, s. m. : crevasse par où l'eau s'écoule et disparaît dans le sol.

CHŎZÈ, v. n. : faire quelque chose. R. *chose*,

DÉTBOU, adv. : debout. V. *d'bou*

INGAMO, s. m. adresse, habileté.

TANGAN, s. m. : nom à Barfleur du fucus laminaire. V. *tangue*, dont ce mot justifie l'étymologie.

ESSAI

SUR

LE PATOIS NORMAND DU BESSIN.

Je me propose de rechercher ici quels sont les caractères distinctifs du patois du Bessin. Il est superflu de montrer quel intérêt s'attache à une étude de ce genre; celle-ci pourra servir, je crois, non-seulement à faire connaître le parler populaire de l'arrondissement de Bayeux, mais à donner une idée plus exacte qu'on n'en a eu jusqu'à présent du normand en général; elle viendra compléter ainsi ce que j'ai dit ailleurs de cet idiome [1].

On sait quelle place considérable occupe dans l'histoire de notre langue et de notre littérature le dialecte parlé en Normandie, et pourtant dans quelle ignorance est-on resté jusqu'à ces derniers temps sur ce qui le distingue des autres dialectes français, et combien les caractères qu'on lui a attribués diffèrent parfois de ceux qu'il possède réellement [2] ! Ce n'est pas que les textes écrits dans ce dialecte fassent défaut, — on sait que quelques-uns des monuments les plus vénérables que puisse montrer notre histoire littéraire sont d'origine normande, — ce n'est pas non plus que l'idiome de notre vieille province ait disparu sans laisser de traces, — bien que forcé de reculer chaque jour devant le français il a encore conservé la plupart de ses caractères essentiels; — mais quelque nombreux et quelque importants que soient les anciens monuments du dialecte normand [3], ils ne nous sont point parvenus

1. *Du C dans les langues romanes*. L. III, ch. III.

2. C'est ainsi que M. Ed. Mall, dans l'étude d'ailleurs pleine d'intérêt qu'il a mise en tête de son édition du *Comput* de Philippe de Thaon, ne semble pas supposer que le normand traite les gutturales latines *c* et *g* autrement que le français, tandis qu'en réalité il les traite comme le picard.

3. Je dis *normand* et non *anglo-normand;* il importe, en effet, de distinguer avec le plus grand soin l'idiome parlé en Normandie de l'anglo-normand, qui en est bien dérivé sans doute, mais qui à partir du XIIe siècle se corrompit vite sur le sol de l'Angleterre. Il n'est pas besoin de dire que cette corruption due à des causes multiples que j'ai essayé de découvrir ailleurs ne se fit

en général sous leur forme primitive [1]; recopiés le plus souvent par des scribes étrangers, ils ont perdu en grande partie les caractères de la langue dans laquelle ils avaient été écrits, et les éditeurs modernes, soit à dessein, soit par inadvertance, n'ont presque jamais rien fait pour retrouver ces caractères effacés, et le plus souvent les textes qu'ils nous ont donnés pour normands présentent le mélange le plus singulier de formes indigènes et de mots exotiques [2]. Comment aurait-on pu dès lors tirer de ces textes corrompus les caractères véritables de l'ancien dialecte parlé en Normandie? Mais, chose plus surprenante, les ouvrages — il y en a cinq principaux [3] — qui traitent du patois moderne, présen-

jamais sentir en Normandie; aussi n'est-on pas peu surpris de voir M. L. Gautier (*Chanson de Roland*, 3e édit. p. 10) donner comme « *évident* qu'à cette époque (fin du XIe siècle) ce dialecte (le normand) avait reçu plus ou moins fortement l'empreinte des procédés anglo-normands. »

1. M. Ed. Mall admet qu'il y en a un : *Les Livres des Rois*; mais la substitution de *ch* à *c* suivi de *a* latin dans presque tous les mots prouve que le copiste était probablement français. Au reste M. Ed. Mall paraît avoir étudié très à la légère la phonétique de ce texte : comment sans cela n'aurait-il pas remarqué que le *c* palatal y est souvent représenté par *ch*, caractère du dialecte normand qu'il a si complètement méconnu?

2. C'est ainsi que dans le « texte critique » de la *Chanson de Roland*, dont l'éditeur, M. L. Gautier, croit avoir « reproduit, au point de vue orthographique et phonétique, non seulement l'œuvre d'un scribe intelligent, mais le travail même du poète original », on trouve des formes comme *caïr* et *chedel*, *carettes* et *cheval*, *canut* et *chevel*, etc. qui appartiennent à des âges ou plutôt à des dialectes différents de la langue d'oïl. C'est ainsi encore que dans le texte « franchement normand » du manuscrit 2181 du *Roman de Troie* publié par M. Joly, on trouve les gutturales — modification due sans doute au copiste, mais que le patient éditeur n'a point remarquée — traitées presque toujours comme en français.

3. Ce ne sont pas les seuls, mais leurs auteurs ont en général mis à contribution les travaux de leurs devanciers. Voici les noms de quelques-uns de ceux-ci :

a) *Contes populaires, préjugés, patois, proverbes, noms de lieux de l'arrondissement de Bayeux* par Fr. Pluquet, in-8°, 2e éd., Rouen, 1834.

b) *Extrait d'un dictionnaire du vieux langage ou patois des habitants des campagnes des arrondissements de Cherbourg, Valognes et Saint-Lô*, composé par M. La Marche, capitaine de vaisseau (Mémoires de la société académique de Cherbourg, an. 1843).

c) Loyer. *Sur le patois de Villedieu* (dans les *Mémoires de la Société archéologique d'Avranches*). Je n'ai pu, à mon grand regret, me procurer cet ouvrage.

Il faut ajouter à ces publications déjà anciennes le *Petit dictionnaire du patois normand en usage dans l'arrondissement de Pont-Audemer*, par L. F. Vasnier, in-8°. Rouen, 1862.

Je dois encore citer les *Etudes d'onomatologie normande*, — « Noms de famille normands, étudiés dans leurs rapports avec la vieille langue... » —

tent, à bien peu d'exceptions près, les mêmes défauts et ne peuvent guère mieux servir à faire connaître l'état actuel du parler populaire usité aujourd'hui en Normandie que les anciens textes publiés ne permettent d'arriver à une caractéristique exacte du dialecte qui y était en usage autrefois.

Le premier en date de ces ouvrages, le *Dictionnaire du patois normand*, de MM. Edélestand et Alfred Duméril, témoigne sans aucun doute de recherches consciencieuses, d'une étude réelle de la langue, d'une érudition variée et étendue, mais on n'y trouve ni cette méthode scientifique, ni cette connaissance de la grammaire comparée, qui seules auraient pu les guider avec sûreté dans leur entreprise. Des mots français nombreux ont, sans aucune espèce de raison, trouvé place dans leur vocabulaire et parfois même à l'exclusion des formes indigènes. Les étymologies reposent souvent aussi sur une analogie tout extérieure, et non moins souvent les auteurs, laissant de côté l'origine évidemment latine du mot, sont, par un sentiment de complaisance visible, allés lui en chercher une noroise. C'est ainsi qu'on trouve dans le « Dictionnaire du patois normand » le nom exclusivement français de *chanteau* (cantellum) et que *cant*, au lieu d'être dérivé tout simplement du latin *cantus*, est donné comme venant « sans doute de l'islandais *kant*. »

Le vocabulaire de MM. Duméril avait été publié par Mancel, à Caen, en 1849 ; trois ans après, en 1852, paraissait chez Lebrument, à Neufchatel, le *Dictionnaire du patois du pays de Bray*, par l'abbé Décorde, curé de Bures. Ce petit recueil témoigne de recherches personnelles, les définitions y sont aussi en général exactes; on voit que l'auteur parle de choses qu'il connaît. L'année précédente avait paru le dictionnaire picard de Corblet, cette publication et celle de MM. Duméril ont évidemment servi à M. Décorde, et s'il n'a pas su éviter les erreurs de ses devanciers, s'il a eu le tort grave de leur emprunter des mots qui ne devaient pas figurer dans son livre et n'a pas su plus qu'eux trouver un système uniforme d'orthographe, il ne leur est pas inférieur dans le bien [1].

On n'en peut dire autant du *Glossaire du patois normand*, de

par Henry Moisy (in-8°, Paris 1875); ouvrage publié depuis que cet essai a été écrit et qui, tout en témoignant de recherches étendues et en renfermant d'utiles et précieux renseignements, trahit par son titre même l'ignorance de l'auteur en phonétique.

1. Je ne parle point ici des considérations générales placées par l'auteur en tête de son dictionnaire et qui dénotent chez lui l'ignorance la plus complète de la phonétique romane. On ne saurait trop le blâmer non plus

Louis du Bois, « publié et augmenté des deux tiers » par M. Julien Travers[1]. Il y a ici recul évident. L'auteur et l'éditeur étaient pourtant normands l'un et l'autre, mais l'un et l'autre aussi n'étaient nullement préparés, ce semble, par leurs études antérieures à la tâche qu'ils avaient entreprise. Poète, romancier, homme politique, Louis du Bois avait bien pu faire d'Ordéric Vital une traduction louée par M. Guizot, il est certain qu'il ignorait les premiers éléments de la phonétique et qu'il n'a jamais dû se faire une idée exacte des connaissances exigées pour la composition du dictionnaire d'un patois. Les mots français abondent dans le sien, bien que son éditeur nous assure en avoir effacé un grand nombre, et ils s'y trouvent souvent de préférence aux mots d'origine vraiment normande. Quant aux étymologies, assez rares d'ailleurs, — mais il faut s'en féliciter, — elles atteignent parfois aux dernières limites de la fantaisie et du ridicule. Les exemples suivants donneront une idée des connaissances phonétiques de l'auteur :

« *Chasse* : rut », mot français que jamais M. du Bois n'a pu entendre, en particulier dans ce sens, de la bouche d'un paysan. Il faut *cache*.

« *Kien* : chien. Du grec κύων. »

« *Olue*, *olus* : subterfuge, délai... De *dolus*. »

« *Canet* : canceton, jeune canard. D'*anas*. »

Tout est à peu près de cette force, on comprend dès lors que je ne m'y arrête pas plus longtemps.

Huit ans après la publication du Glossaire de MM. Louis du Bois et Travers paraissait, sous un titre un peu prétentieux, l'*Histoire et glossaire du normand, de l'anglais et de la langue française*, par M. Le Héricher[2], ouvrage en trois volumes, dont les deux derniers contiennent un vocabulaire normand. On ne peut disconvenir que ce travail ne soit le fruit de longues et patientes recherches, mais l'auteur ici encore a procédé sans méthode; aussi étranger que ses devanciers à la science de l'étymologie et aux connaissances les plus élémentaires de la grammaire comparée, il n'en a pas moins voulu classer d'après leur origine supposée les mots de son dictionnaire; c'est ainsi qu'on trouve successivement les vocables qui doivent être venus du celtique, du latin, des idiomes germaniques et du scandinave, séparés, on ne sait pourquoi, les uns des autres; il y a même une catégorie particulière pour les mots formés par onomatopée, parmi lesquels figu-

d'avoir mêlé des préoccupations politiques à un sujet qui les comporte si peu.

1. In-8°, Caen, chez Hardel. 1856.

2. 3 v. in-8°, A.

rent entre beaucoup d'autres *ban*, *cro*, *glichier*, *lichier*[1], etc. De même on trouve au nombre des mots celtiques *abrier*, *aube*, *cap*, etc. Il est inutile de faire ressortir ce qu'un pareil procédé trahit d'ignorance. Pourtant ce n'est pas là le plus grand défaut du glossaire de M. Le Héricher, et comme si l'arbitraire de ses étymologies ne suffisait pas, il n'a pas hésité à inventer des mots et des formes inconnues. C'est ce qu'il avoue lui-même avoir fait surtout dans la seconde partie de son dictionnaire. « Ici, dit-il, v. II, 443, l'auteur croit devoir appliquer plus exactement encore la méthode naturelle, en créant des noms de famille pour lesquels il sous-entend le nom *voces.* » C'est ainsi qu'on trouve la famille des *ligées*, des *mentées* (laquelle comprend entre autres les mots *mention* et *mentir, médecin*, etc.), des *quadriées*, des *torquées*, des *totées*, des *volées*, des *volitées*. Il était difficile de pousser l'étrangeté aussi loin, et un livre ainsi conçu, malgré ce qu'il offre parfois de renseignements curieux, est bien près d'être plus nuisible qu'utile.

L'ouvrage de M. Le Héricher est en date le dernier glossaire complet, ou qui vise à l'être, du patois normand ; le *Dictionnaire franco-normand* de M. Métivier[2], dont j'ai encore à faire mention, est, comme celui de l'abbé Décorde, une simple monographie dialectale ; c'est, ainsi que le titre l'indique, un « recueil des mots particuliers au dialecte de Guernesey. » Il semble, d'après cela, que la tâche de l'auteur était des plus simples et qu'il n'avait qu'à enregistrer soigneusement les mots non français qu'il avait entendus dans les campagnes de l'île normande ; il n'en est rien cependant, et si son livre est précieux, parce qu'il nous montre comme s'étant développées sur ce coin de terre isolé, et dès lors parfaitement normales et indigènes, certaines formes que nous rencontrons dans d'autres parties de la Normandie, il n'en présente pas moins une confusion regrettable entre des mots d'origine évidemment diverse. D'ailleurs en dépit d'une érudition qui pourrait éblouir tout d'abord, M. Métivier est à peu près aussi étranger que les autres auteurs de dictionnaires normands à la connaissance scientifique des langues romanes, et ses notations qui trahissent cette ignorance sont souvent plutôt faites pour induire en erreur que pour donner une idée juste de la vraie prononciation des mots qu'il a recueillis.

On le voit, les dictionnaires normands actuellement existants[3]

1. *Lichier* n'est même qu'une forme francisée, la forme normande est *liqu(i)er* ou *liqu(i)é*.

2. In-8°. London, 1870.

3. Au moment où je corrige les épreuves de cet essai je reçois un nouvel ouvrage sur un patois normand, c'est le *Glossaire de la vallée d'Yères* « pour

sont peu propres en général à faire connaître d'une manière exacte le patois parlé dans notre province, comme les anciens textes, dans l'état où ils nous sont parvenus, peuvent souvent égarer sur les vrais caractères du vieux dialecte normand. J'ai essayé autrefois, malgré la corruption de ces textes, de retrouver quelques-uns des caractères oubliés de ce dialecte, je voudrais aujourd'hui donner une idée de l'état actuel du patois encore en usage en Normandie. Le moyen auquel j'ai eu recours pour y parvenir est des plus simples et accessible à tous, ç'a été de l'étudier sur le vif, c'est-à-dire tel qu'on le parle encore dans tant de villages. En effet, bien que l'école primaire le batte en brèche tous les jours, le patois n'a pas encore été supplanté complétement par le français, et on peut avoir que l'embarras de choisir la partie de la province où on préfère l'observer. Pour moi, persuadé qu'il n'est possible de posséder un idiome dont la connaissance ne peut s'acquérir par les livres, qu'autant qu'on l'a, sinon parlé, du moins entendu longtemps parler, c'est le patois du Bessin [1], — arrondissement de Bayeux, — pays où je suis né et où j'ai passé de longues années, que je me suis proposé de faire connaître ici dans ses caractères généraux. En me bornant d'ailleurs à une région aussi restreinte, j'aurai plus de chances de ne donner que des formes certaines et homogènes [2],

servir à l'intelligence du dialecte haut-normand et à l'histoire de la vieille langue française », par A. Delboulle (in-8°. Havre 1876), ouvrage dont le titre promet plus que l'auteur ne donne, et où se manifeste en beaucoup d'endroits une grande inexpérience de la phonétique romane. La vallée d'Yères n'étant d'ailleurs qu'une partie assez restreinte du pays de Bray, on se demande comment M. Delboulle a pu avoir l'idée de recommencer ce qui avait été fait par l'abbé Décorde, pour ne pas mieux faire en général que son devancier.

1. Je n'ai même eu le plus souvent en vue que le patois parlé au nord de cet arrondissement, dans les cantons d'Isigny, de Trévières, de Bayeux et de Ryes. Je ne connais qu'un seul monument publié de ce patois, c'est la traduction de la parabole de l'Enfant prodigue, donnée par Pluquet dans son *Essai historique sur la ville de Bayeux* et dans ses *Contes populaires, préjugés, patois, noms de lieux de l'arrondissement de Bayeux;* mais il y a un monument manuscrit du XVIIIe siècle bien connu, c'est *La partie de mer ou la vengeance du matelot*, « dialogue entre Guillaume Franchise, matelot, et monsieur Thomas Franchise, son fils, étudiant, en l'honneur et gloire de madame de Longueville », par l'abbé Anquetil.

2. C'est précisément parce qu'ils ont procédé autrement, que les auteurs de dictionnaires normands sont pour la plupart tombés dans de si singulières erreurs. Je me bornerai à en citer un exemple qui me paraît caractéristique. On trouve dans le Dictionnaire de MM. Duméril le mot *tépe* (peut-être), qui de là a passé dans le glossaire de MM. Dubois et Travers. Or ce mot, donné comme appartenant au patois du Bessin, n'existe pas, et sa présence dans leur dictionnaire tient uniquement à ce que MM. Duméril ont mal transcrit ou entendu le mot *p'tête*, simple atténuation de *peut-être*.

condition nécessaire pour qu'un travail de cette nature soit utile et digne de confiance[1].

Je n'ai que peu de chose à dire sur la méthode que j'ai suivie. Les défauts que j'ai signalés chez mes devanciers me faisaient une loi de ne procéder qu'avec une extrême prudence : je me suis efforcé, en suivant une méthode rigoureusement scientifique, de ne pas tomber dans les mêmes erreurs ; j'ai écarté avec le plus grand soin, à moins qu'ils n'aient pris dans notre patois une signification particulière, tous les mots d'importation française ou que la langue savante a imposés au parler populaire, pour ne statuer que sur des formes vraiment indigènes. Le paysan normand a presque toujours à sa disposition deux expressions différentes pour désigner une seule et même chose : l'une locale, dont il se sert avec ses semblables, l'autre française ou francisée, qu'il emploie devant les étrangers ; ce sont les premières seules bien entendu qui serviront de base à cette étude, les formes francisées ou celles qui contredisent les lois de formation du normand n'ont été prises en considération que quand elles tendent à se substituer aux indigènes ou qu'il n'y a point de doublet populaire pour les remplacer. Quant à l'orthographe que j'ai employée, elle est fort simple : je me suis attaché à représenter les mots comme on les prononce et à ne me servir pour y arriver que de signes connus de tout le monde et consacrés par la tradition.

Ceci posé, j'arrive à ce qui fait l'objet même de ce travail. Il se compose de deux parties. La première, commencée il y a plus de deux ans et la seule que j'eusse eu d'abord l'intention de donner, comprend : 1° l'étude des transformations que les sons latins[2] ont subies dans leur passage de la langue mère au patois moderne du Bessin, c'est la phonologie ou phonétique de ce patois ; 2° l'étude des flexions propres aux diverses parties du discours. La

1. Bien que les différents patois normands aient tous, en effet, des caractères communs, — ceux-là mêmes qui ont distingué la langue à toutes les époques de son histoire, — ils en offrent aussi quelques-uns qui sont particuliers à chacun d'eux : c'est ainsi que dans la Haute-Normandie le suffixe *ellus* s'est transformé en *io*, tandis que dans la Basse-Normandie il s'est tout simplement affaibli en *é* ; de même dans la première de ces régions le *k* guttural a toujours conservé sa valeur originale ; dans la seconde, au contraire, il s'est souvent transformé en *tch*, devant une voyelle palatale. Dans le Bocage encore *ĕ* latin ne s'est pas diphthongué ; il a fait place, au contraire, à *ié* dans le patois du Bessin, ainsi qu'en français.

2. Il ne sera, en effet, dans ce qui suit, question en général que de la modification des sons latins ; cependant à l'occasion, et quand le patois normand les a traitées d'une manière particulière, je dirai un mot des transformations des lettres germaniques dans les quelques mots empruntés aux langues du Nord.

seconde partie, commencée l'année dernière seulement et que je me décide à publier, maintenant que mon éloignement de la Normandie ne me permet guère de la compléter ou de l'accroître, est un vocabulaire des mots que j'ai recueillis dans l'arrondissement de Bayeux. Il m'a semblé, en effet, que ce vocabulaire était le complément naturel de l'étude que j'ai faite de la phonétique du patois qu'on y parle, et dont elle est la confirmation manifeste. Je m'estimerais heureux si on trouvait dans cet essai un encouragement à entreprendre des recherches du même genre, et si cette publication pouvait être le point de départ d'un travail d'ensemble sur les patois de notre vieille province, analogue à celui que M. Ascoli a tenté et si bien mené à fin sur les dialectes du nord de l'Italie.

Aix en Provence, mai 1876.

PREMIÈRE PARTIE.

CHAPITRE I.

PHONOLOGIE.

Les voyelles latines étaient :

ā, ă, ē, ĕ, ī, ĭ, ō, ŏ, ū, ŭ;

les diphthongues les plus usitées :

ae, *oe*, *au*.

Elles étaient accentuées ou atones. Le langage populaire avait conservé ī et ū accentués sans modification, ā et ă en les confondant; quant aux autres voyelles, il avait changé ē et ĭ en *é* fermé, substitué *ó* fermé à ō long et à ŭ bref et transformé ĕ et ŏ brefs respectivement en *è* et en *ò* ouverts. En position *a*, *o*, *u* brefs ou longs accentués avaient persisté, ainsi que ī long; *e* bref ou long et ĭ bref avaient, au contraire, été assimilés et avaient pris la valeur *è*. C'est cette valeur aussi qu'avaient en général les diphthongues *ae* et *oe*; quant à *au*, elle s'était atténuée en *o*.

Les voyelles du patois du Bessin, sorties des voyelles latines, sont :

a, *i*, *ou*, — *é*, *é́*, *è*, — *o*, *u*, *eu*, (*ë*)

ā, *ī*, *oū*, — *ée*, *é́e*, *èe*, — *ō*, *ū*, *eū*,

avec la même valeur qu'en français [1], *ée* et *èe* représentant respectivement l'*e* fermé et l'*e* ouvert longs, *é́* un *e* demi-ouvert.

1. L'é fermé est bien plus fréquent en normand qu'en français, et s'y substitue très-souvent à *è*; quant à *ê*, comme c'est un simple signe orthographique, destiné à représenter *s* et sans valeur phonétique précise, je ne l'ai point employé et cela d'autant mieux que dans les mots où il pourrait se trouver, il n'aurait point la même valeur que dans le français. L'*e* fermé ou ouvert long, au lieu de *ée* ou *èe*, a aussi pour signe, à la fin des mots, *és* ou *ès*; au milieu, j'ai représenté l'*e* fermé long par *ḗ*, l'*e* ouvert long par ḕ. Je n'ai en général conservé l'*e* muet qu'à la fin des mots où il ne se fait d'ailleurs pas plus sentir qu'en français; il n'a la valeur *ö* (*eu*) que dans les monosyllabes *que* et *je* suivis eux-mêmes d'un autre monosyllabe dont l'*e* s'élide, comme *que j' dize*, *je l' cré;* devant un autre mot l'*e* de *que* et de *je* s'élide, ainsi *qu' vo*, *j' voulōn*. Au milieu des mots là où il est dérivé d'un *e* ou *a* atone latin, je l'ai représenté par *ĕ*. Quant à *é́* il représente un son intermédiaire à *è* ouvert et *é* fermé, mais plus voisin du dernier et particulier au normand.

Les diphthongues sont :

oué, *ouè*, *ouo*, *oui*, *ieu*,
ouée, *ouèe*, *ouō*, — *ieū*[1].

De plus, les voyelles *a*, *i*, *o* suivies de *n*, soit final, soit précédant une autre consonne, se sont nasalisées en *ã*, *ĩ*, *õ;* je les représenterai néanmoins simplement par *an*, *in*, *on*.

Les consonnes latines étaient :

		h		
c(qu)	*g*	*y*		*n*
t	*d*	*s*, *z*	*l r*	*ṅ*
p	*b*	*f*, *v*		*m*

et la double *x*.

Les consonnes normandes qui en sont issues sont :

		h[2]		
c, *qu*	*g*, *gu*	*y*	*r*	*ñ*
		(t)ch, *(d)j*		*n*
t	*d*	*s*, *z*	*l*, *ll*	
p	*b*	*f*, *v*		*m*

c et *g* représentent la gutturale vélaire, *qu* et *gu* la palatale ; dans ces groupes *u* est toujours sourd. *y* laisse à la voyelle qui précède sa valeur originelle distincte; ainsi *ay*, *ey*, *oy* se prononcent *a-ï*, *é-ï*, *o-ï*. *ll* représente un son particulier que prend, au commencement des mots, *l* après une muette ou la spirante *f*, son qui tend d'ailleurs à disparaître tous les jours; il est analogue à celui de *l* mouillé, qui, lui, a disparu entre deux voyelles et à la fin des mots. *s* est toujours sourde.

Voyons maintenant ce que les sons latins sont devenus, en se transformant, dans le patois que j'étudie.

I° VOYELLES.

Comme nous le verrons, la manière dont les voyelles latines ont été transformées dans le normand actuel diffère assez souvent de

1. Je donne à ces sons le nom de diphthongues, pour me conformer à l'usage, mais ce sont bien plutôt des sons simples formés des consonnes *w* ou *y* et de la voyelle suivante. On remarquera aussi que je ne mentionne ni la diphthongue *ui*, ni *oi;* la première n'a persisté que dans les mots *huit* et *fruit*, ainsi que dans *anui*, à côté de *agneu*, *nuile* à côté de *gneule* et *tuile* (poêle) à côté de *tcheule;* quant à la seconde, comme elle diffère du *oi* français, je l'ai remplacée par *oué* ou *ouè*, sons qu'elle prend suivant les cas.

2. L'*h* est assez fortement aspiré en normand, mais il n'est point d'origine latine; il s'est développé spontanément dans les mots originairement latins où on le rencontre et n'est étymologique que dans les vocables tirés des langues germaniques.

celle dont elles ont été modifiées autrefois; je m'attacherai aussi, dans ce qui suit, à signaler les différences, ainsi du reste que les ressemblances que présentent l'ancienne et la nouvelle langue. Je passerai d'ailleurs successivement en revue, dans l'étude que j'en vais faire, les voyelles accentuées — longues, brèves et en position, — puis les voyelles atones protoniques. Les protoniques étant traitées comme en français, je n'en parlerai point ici [1].

A.

1° *á* long ou bref accentué, suivi d'une liquide, est devenu :

α) *ẽ* demi ouvert, quand cette liquide a persisté, *é* fermé, au contraire, quand elle est tombée. Ainsi *cllẽre* (clara), mais *cllé* (clarus); *amẽre* (amara), mais *amé* (amarus), etc.

á s'est encore changé en *ẽ* devant *v* ou une labiale atténuée en *v*, en *é* devant une muette quelconque qui tombe. Ainsi *fẽve*, mais *l'vé* (levatus), etc.

β) Devant une nasale restée médiale *á* accentué s'est changé en *e* presque fermé, au contraire il s'est changé en *ĩ* quand cette nasale est devenue finale. Exemples : *gréne* (*granum), *léne* (lana), mais *d'rin* — *derrain* A. N. — (*deretranus), *grin* (granum), etc.

γ) *á* s'est changé en *ié* dans les deux cas suivants : d'abord quand il est précédé d'une gutturale transformée en chuintante. Ainsi : *chié* (carus), *couchié* (collocare), *vanjié* (vindicare), etc. [2].

Ensuite, quand étant précédé d'une consonne quelconque, il est suivi de la voyelle *i* dans la syllabe suivante. Par exemple : *danjié* (*dominarium), *berjié* (*vervicarius), *ch'risié* (*cerasarius), *mougn(i)é* (molinarius), *périé* (*pirarius), etc.

Remarques. — *a*) Au pluriel, au lieu de *ié*, on trouve souvent *ī* : ainsi *poumī(s)* (*pomarios), *soulī(s)* (*solarios), etc. Dans le Bocage on rencontre même cette forme au singulier; par exemple : *tlli* (*telarius).

b) Au participe passé des verbes de la première conjugaison *ā* a fait place ordinairement à *ī*; ainsi *couchi* (collocātus), *trouvi* (*turbātus), etc. [3].

Il en a été souvent de même à l'infinitif des verbes dont la terminaison est précédée d'une chuintante. Ainsi *couchi* à côté de *couchié*, etc.

1. L'atone non initiale précédant immédiatement la tonique sans faire hiatus avec elle, tombant aussi à l'exception de *a*, atténué en *e*, il n'en sera pas davantage question dans cette étude.

2. *á* s'est changé aussi en un son voisin de *ié*, mais qui chaque jour se rapproche davantage de *é*, après une gutturale qui persiste.

3. Toutefois, si la transformation a toujours lieu après une chuintante ou une gutturale, la langue paraît avoir hésité après les autres consonnes; ainsi *appelé* dans la traduction de la parabole de l'Enfant prodigue de Pluquet.

c) On trouve souvent dans les anciens textes normands la diphthongue *ai* substituée à ā accentué comme cela a lieu en français ; restée longtemps pure, elle a fini par se changer en *è* ou *ī*; mais ce n'est pas la seule transformation qu'elle ait subie, au lieu de s'affaiblir en *é* ou *ī*, en effet, elle s'est aussi développée en *oué* (*oué*, *ouè*) [1] ou *ouī*. Ainsi : *d'mouin* (demāne), *l'vouin* (levāmen), *pouin* (pānis) ; — *mouègre* (măcrum), *mouètre* (măgistrum), *poués* (pāgus), etc.

2° ă accentué en position persiste, comme en français, que la consonne suivante reste ou tombe. Ainsi : *ābre* (arbŏrem), *j'va* (caballus), *ca(t)* (cattus), etc.

Il faut excepter *quène* (*casnus) où ă semble avoir fait place à un *e* demi-ouvert.

3° *a* protonique bref ou long persiste ou a subi des modifications analogues à *a* accentué.

α) Devant une consonne autre qu'une gutturale et non suivie de *i*, il persiste ou, surtout quand il est bref, il s'est affaibli de bonne heure en *e* muet, lequel ne compte plus d'ordinaire aujourd'hui dans la prononciation. Ainsi : *ami(n)* (āmicus), *calanjié* (*calumniare), *capé* (*căpellus), etc. — mais *c'min* (căminus), *c'minse* (cămisia), *g'veu* (capillus), *quëvèche* (*capitia), etc.

β) Devant une gutturale qui persiste ou s'est transformée en spirante ou encore devant une consonne quelconque suivie de *i*, *a* protonique a donné naissance à la diphthongue *ai*, laquelle s'est affaiblie en *é* ou plus rarement développée en *oué*. Exemples : *éguchié* (*ăcutiare), *égule* (*ăcucla), etc., — mais *bouézié* (basiare), *bouésié* (*bassare), *mouézon* (ma(n)sionem).

c) ă atone en position persistait toujours ou à peu près dans l'ancien normand ; dans le patois moderne, au contraire, il s'est dans un certain nombre de mots affaibli en *é* fermé.

Il persiste dans *canivière* (*cannabaria), *cardron* (cardonem), *marchié* (*marcare), etc.

Il s'est devant *r* affaibli en *é* dans *querbon* (carbonem), *quérié* (carricare), *quérue* (carruca), *querpanquié* (*carpentarius), etc., qu'on trouve encore avec *a* dans les *Actes Normands* au XIVe siècle [2],

1. On représente parfois ce son par *ouai* et on pourrait souvent lui substituer *oi* ; en effet le normand *poués* (pagus) ne diffère guère du français *pois* (pisum) prononcé à l'ancienne manière qu'en ce que la diphthongue de *poués* n'est presque pas ouverte.

2. *Actes normands de la cour des comptes de Rouen* (A. N.) édités par M. L. Delisle (in-8°, Rouen, 1871), formant le vol. III des publications de la Société de l'histoire de Normandie.

sous la forme *carier*, *carette*, *caretrie*, *carpentier*. Cet *a* a d'ailleurs persisté dans les noms propres, tel que *Carpentier*, etc.

Un mot présente une forme exceptionnelle, c'est *mou(é)jié* (manducare), dans lequel, après la chute de *n*, *a* s'est transformé en *ou* ou *oué*.

E

1° ḗ long accentué se changeait en *ei* dans l'ancien normand, cette diphthongue s'est atténuée en *é* fermé dans les monosyllabes et dans les polysyllabes où elle est devenue finale; en *e* demi-ouvert, ou rarement ouvert, au contraire, quand elle est suivie d'une consonne ou d'un *e* muet. Ainsi : *avé* (habēre), *d'vé* (debēre), *mé* (mē), *pouvé* (*potēre), *ré* (rēgem), *té* (tē), *valé* (valēre), *més* (me(n)sis), *sér* (sērum), *trés* (trēs), etc., mais *crḗre* (crēdere), *fḗre* (fēria), *sèe* (sēta), *vèe* [1] (vidēre), etc.

Toutefois sous l'influence de l'*i* de la syllable suivante, ḗ se change en *ié*, comme en français, par exemple *chim'quiére* (cœmetērium), *chanquiéme* (centēsimum), etc.

2° ĕ́ bref accentué se change, comme en français, en *ié*, devenu *iī*, devant une nasale. Ainsi : *fié* (fĕl), *mié* (mĕl), — mais *biin* (bĕne), *riin* (rĕm), *tiīn* (tenet), etc. Sous l'influence de *s* provenant du *c* transformé, *ié* s'est allongé en *iḗ* dans *diḗs* (dĕcem).

Cette diphthongaison de ĕ́ n'a pas lieu dans le patois du Bocage, celui du Bessin offre un exemple, non de la conservation de *e*, mais de l'atténuation de *ié* en ĭ ou ī dans *vi-t-en* à côté de *viīn dōn*; il en est de même au pluriel *pīs* de *pié* (pĕdem) [2].

3° ĕ́ accentué en position latine ou romane persiste comme *é* fermé. Exemples : *agné* (*agnellus), *baté* (*batellus), *perque* (pert(i)ca), etc. — *déte* (deb(i)ta), *méle* (mer(u)la), etc.

Au lieu de *baté*, *couté*, etc., on entend parfois *batio*, *coutio*, etc., mais ces formes habituelles dans la Haute-Normandie pour les dérivés en *ellus* doivent être regardées comme exceptionnelles, sinon étrangères, dans la Basse pour les polysyllabes; ce sont les seules, au contraire, que connaissent, aujourd'hui du moins, les monosyllabes; ainsi *bio* (bellus), *pio* (pellis), etc.

Le pluriel toutefois ne se forme pas directement du singulier en *é*, pas plus, il est vrai, que de la terminaison *io* (*iau*), mais d'une forme *ials* réduite à *iā(s)* par la chute de *l*; ainsi *agniā(s)*, *batiā(s)*, *coutiā(s)*, *morsiā(s)*, etc.

1. Quoique ici *ei* soit devenu final par la chute de *r*, il a pris le même son long et demi-ouvert que dans *vèe* (via), voilà pourquoi je l'écris de la même manière.

2. Nous avons vu que la même atténuation a lieu parfois pour *ié* provenant de *a* accentué.

4° Il y a peu de choses à dire de *e* protonique, il persiste le plus souvent comme *é* accentué, qu'il soit long, bref ou en position. Ainsi *mélān* (*merulanus).

Toutefois, quand il y a un *i* dans la syllabe suivante, *e* protonique s'est changé en *ei*, devenu *ḗ* dans le patois moderne, par exemple *mḗquié* (mĕdictatem).

I

1° *ī* long accentué persiste. Exemples : *ami* (amīcus), *épi* (*spicus), etc.

Tout en persistant l'*ī* s'est parfois nasalisé, sans même être suivi de *n* final, auquel cas il l'est toujours. Ainsi : *inchin* (in sīc), *ichin* (ecce hīc), *c'minse* (camīsia), — *c'min* (camīnus), *vḗzin* (vicīnus), etc.

D'autres fois *ī* médial, du moins devant *n* suivi de *e*, s'est changé en *ḗ* demi-fermé ; par exemple : *épḗne* (spīna), *famḗne* (*famīna), *farḗne* (farina), *rachḗne* (*radicīna), etc.

2° *ĭ* bref accentué, ramené comme *ḗ* long à *é* fermé, s'est changé comme lui en *ei*, diphthongue atténuée en *é* fermé, demi-ouvert ou même, mais rarement, ouvert, suivant qu'elle est finale ou non. Exemples : *bḗre* (bĭbere), *dé* (dĭgitus), *fé* (fĭdes), *fés* (vĭcem), *nḗr* (nĭgrum), *pḗre* (pĭra), *qué* (quĭd), *sé* (sĭtis), *vèe* (vĭa), etc.

Cette transformation de *ĭ* est avec celle de *ḗ* le caractère distinctif du vocalisme normand ; le patois moderne l'a en général fidèlement conservé malgré l'influence française ; cependant *oi* s'est substitué à *ei* (*é*, *è*) dans *poil* (pĭlum), *voile* (*vēla)[1] et il tend à s'y substituer dans *avḗne* et *ré*.

3° *ĭ* en position latine ou romane s'est changé en *é* ou *è*, comme en français. Exemples : *arèque* (arista), *crḗte* (crista), *hérche* (hirpicem), *méte* (mittere), *séque* (sicca) ; — *tréfe* (trĭf(o)lium), *vér* (vĭr(i)dis), etc.

Au contraire *ĭ* persiste dans *chīn*(*c*) (quinque), etc. Dans le premier cas *ĭ* a été considéré comme bref, dans le second comme long.

4° Pour *i* protonique il faut, comme pour *i* accentué, distinguer entre *ī* long, *ĭ* bref et *ĭ* en position.

α) Quand *i* est long il persiste, ainsi : *niquié* (*nīdificare), etc.

β) Quand il est bref, *i* atone ou se change en *é*, *è*, comme *ĭ* accentué, par exemple *nerchi* (*nĭgritiare), *périé* (*pĭrarius), etc. — ou bien il s'affaiblit en *e* muet qui disparaît le plus souvent, comme dans *m'né* (*minare), *m'nuchié* (*minutiare), etc. ; — ou bien encore, ce qui a lieu en particulier quand il est suivi d'une

1. Dans le patois guernesien on dit encore d'après Métivier *pel*, *vèle* ; ce dernier mot se trouve d'ailleurs dans la « partie de mer ».

gutturale, il persiste. Exemples: *jīzié* (*gĭgerium), *lian* (lĭgamen), *viāje* (viaticum), etc.

c) Quant à *ĭ* atone en position, comme *ĭ* accentué, il s'affaiblit en *é*, *ē* ou persiste. Ainsi : *pēqu*(*i*)*é* (*piscare), *séqu*(*i*)*é* (siccare); — mais *chinqu*(*i*)*ēme*, etc.

O

1° *ō* long accentué

α) Persiste en se nasalisant devant *n*(*m*). Exemples : *cardron* (cardōnem), *cōdron* (*calidrōnem), *pome* (*pōma), *querbon* (carbōnem), *rēzon* (rationem), etc.

β) Il se change le plus souvent en *eu* (*eū*) devant *r* final qui tombe. Ainsi : *douleu* (dolorem), *honeu* (honorem), *leū* (illōrum), *peū* (pavōrem), etc.

La chute de l'*r* final entraîne le plus souvent l'allongement de *eu*, allongement qu'on représente souvent par *s*, plus souvent par *x*; mais ce n'est pas la seule modification subie à la fin des mots par *eu*, cette voyelle s'y est souvent aussi transformée en *oū* (*ou*), — écrit ordinairement *oux*, — formes qui subsistent presque toujours l'une à côté de l'autre. Ainsi *cacheū* et *cachoū* (captiatorem), *peū* et *poū* (pavorem), *seu* et *sou* (solus), etc. [1].

c) Enfin il se change en *ou* allongé parfois en *ouo*. Par exemple : *noū* (nōdo), *amouor* (amorem), *labouor* (laborem), et quelques autres.

2° *ŏ* bref accentué se change d'ordinaire en *eu*. Exemples : *beu* (bŏvem), *neu* (nŏvus), *seu* (sŏror), etc.

Rem. *a*) Suivi d'un *i* dans la syllabe suivante, *ŏ* a formé avec cette voyelle la diphthongue *oi*, transformée d'abord en *ui*, puis définitivement en *ieu* dans le patois moderne. Ainsi *hodie* a donné successivement (*h*)*oi* [2], (*h*)*ui* et enfin *ieu*, qu'on retrouve dans *ōjouorgu*(*i*)*eu* (aujourd'hui); de même *cŏrium* a donné *tcheu* en passant par les formes intermédiaires **coir*, *cuir*, **qu*(*i*)*eu*(*r*) [3].

3° *ŏ* accentué en position

α) Persiste. Exemples : *co* (collum), *cōne* (*corna), *forges* (forcipes), etc.

β) Se change en *ou*, allongé en *ouo*. Ainsi *couōte* (constat), *couōr* (*chortem), *douōze* (duod'cim), *touorne* (*torno), *touorte* (*torta), etc.

1. Il est à remarquer que la forme en *eu* est la seule qu'on rencontre au féminin, ainsi on a au masculin *couéreū* et *couéroū*, mais on ne dit que *couéreūze* au féminin.

2. Feluns Franceis hoi justerez as noz. Rol. V. 1191.

3. Voir plus loin pour le changement de *o* + gut. en *oi* (*ui*), *ieu* et de *qui* (*ḱi*) en *tch*.

4° *o* atone, comme *ó* accentué, a été traité en général d'une manière différente suivant qu'il est long, bref ou en position.

α) Quand il est long, il persiste, ou bien il se change en *eu* ou en *ou* développé parfois en *ouō* tout comme *ó*. Ainsi *cardronéte* (*cardōnetta), *querbogné* (carbōnarius), etc., — *peupélié* (*pōpularius), *pleuré* (plōrare), etc., — *coulé* (cōlare), *noué* (nōdare), *poumié* (pōmarius), etc., — *labouōré* (labōrare), *souōri* (sōricem), etc.

β) Quand il est bref, il s'est transformé en *ou*, allongé souvent par le patois moderne en *ouo*. Exemples : *boujou* (bŏnum diurnum), *nouvé* (*nŏvellus), *pouvè* (*pŏtēre), *touné* (*tŏnellus), *voulé* (*vŏlēre), etc., — *couorāje* (*cŏraticum), *mouori* (*mŏrire), etc.

γ) Enfin *o* atone en position a été traité en général comme *ó*, il persiste ou s'est changé en *ou* allongé en *ouo* (*ouō*). Ainsi *cōné* (*cornare), *fromi* (*formicus), etc., — *cou(o)teume* (*costuma). *couōté* (constare), *crouōlé* (*corrotulare), *douozène* (d(u)od'cima), *fuornèze* (fornacem), *ouorlé* (*oruletum), *pouorsé* (porcellus), *rouōlé* (rotulare), *touōrman* (tormentum), *touōné* et *touorné* (tornare)[1], etc.

U

1° *ū* (*ou*) long accentué persiste en s'atténuant en *ü*, comme dans *égu* (acūtus), *m'nu* (minūtus), *ponu* (*ponūtus), etc.

Devant une nasale *ü* s'est souvent assourdi en *eu*; ainsi : *cou(o)teume* (*costuma), *feume* (fūmat), *leune* (lūna), *pleume* (plūma), *eune* (ūna), etc.

2° *ŭ* bref accentué se change :

α) En *eu*, surtout devant *r*. Exemples : *couleuve* (colŭbra), *jeune* (jŭvenis), *pleure* (plŭere), etc.

β) Ou en *ou*; ainsi : *couve* (cŭbat), *goule* (gŭla), etc.

3° *ŭ* accentué en position avait d'abord conservé le son *ou*, d'où s'est ensuite développée le plus souvent la diphthongue *ouo* (*ouō*). Exemples : *poule* (pulla), *route* (*rupta) ; — mais *bouōle* (bulla), *bouōr* (burgus), *bouōre* (burra), *bouorse* (*bursa), *couōr* (*curtus), *fouo* (furnum), *fouorque* (furca), *gouō* (gustus), *jouo* (diurnus), *mouōle* (musculus), *rouōje* (*rubjus), *souō* (subtus), *souōr* (surdus), *touo* (turris), *touō* (tussis), etc.

4° *u* protonique a subi en général les mêmes modifications que *u* accentué. Ainsi :

α) *ū* a donné ordinairement *ü*, par exemple : *éguchié* (*acūtiare), *m'nuchié* (*minūtiare), etc.

β) *ŭ* a persisté en *ou*; ainsi : *acouvi* (accŭbatus), *goulu* (*gŭlutus), *pouān* (pŭtentem), etc.

1. *Touorné* signifie tourner, *touōné*, rôder.

γ) *ŭ* est resté *ou*, allongé toutefois le plus souvent en *ouo* (*ouō*). Exemples : *pouchin* (pullicenus), etc., mais *bouōrique* (burrica), *fouorcu* (*furcutus), *anfouōnè* (*infurnare), *gouōté* (gustare), *détouōrbé* (deturbare), *nouōrichon* (nutritionem), *pouōri* (*putrire), *souorci* (sup(e)rcilium), *touōrtérélc* (*turturella), etc.

La langue hésite entre *ouo* et *oué* dans *couéri* (*currire) et *couerti* (curtile) ; mais si on peut dire *couéri* et *couori*, on ne dit que *couoru*.

Rem. *a*) Le latin populaire avait parfois changé *u* en position en *o*, cet *o* a persisté, qu'il soit accentué ou atone. Exemples : *plon* (plumbum), *plonjié* (*plumbicare), *anonchié* (annuntiare), etc.

b) L'*u* protonique affaibli d'abord en *o* s'est ensuite parfois atténué en *e* muet qui disparaît presque dans la prononciation ; ainsi : *c'manchié* (*cuminitiare).

AE, OE

ae et *oe* ayant été de bonne heure assimilés à *e* et en particulier à *ĕ*, ont été comme tels changés le plus souvent en *ié* ; ainsi : *cié* (coelum), etc. Au lieu d'être assimilé à *ĕ*, *ae* l'a été à *ī* dans *caepa* qui a ainsi donné *chive*. Dans *poena*, au contraire, il semble que *oe* ait été traité comme *a*, d'où *paine*, transformé en *pouĕne* dans le patois moderne. Quant à *foenum*, *oe* y a été considéré comme *ē*, d'où la forme française *foin*, substituée à la normande *fein*, encore usitée à Guernesey.

Protoniques *ae* et *oe* ont donné *e* devenu parfois complétement muet, ainsi : *cherfeul* (chaerefolium), *f'nè* (*foenare), *qu'ri* (*quaerire), etc. Dans les mots d'origine grecque ou considérés comme tels ces diphthongues ont donné *i*; par exemple : *chīman* (caementum), *chim'quiĕre* (coemeterium), etc.

AU

D'origine latine, *au* remplacé par *o* dans le langage populaire a été traité comme cette voyelle; ainsi : *coue* (cauda), *toré* (*taurellus), etc. D'origine romane et provenant de la transformation en *u* de *l* précédé de *a*, *au* s'est changé en *ō*, qui toutefois a une prononciation particulière intermédiaire à *ā* et *ō*, analogue à celle de *å* scandinave et rappelant ainsi la prononciation *ao* qu'il a dû avoir autrefois ; par exemple : *jåne*, *våle* (fr. gaule), etc.

IIº CONSONNES.

Toutes les consonnes n'ont pas obéi aux mêmes lois de transformation dans le passage du latin aux langues romanes; de plus elles n'ont pas été modifiées de la même manière, suivant qu'elles se trouvaient au commencement, au milieu ou à la fin du mot, ou encore qu'elles étaient isolées ou réunies ; il y a donc lieu d'étudier successivement les diverses espèces de consonnes aux différentes places qu'elles peuvent occuper dans le mot, seules ou groupées entre elles.

C, G

Il faut distinguer entre le *c* et le *g* suivis de *a*, *o*, *u* ou vélaires et le *c* et le *g* suivis de *e* ou *i* ou palataux.

c ET *g* VÉLAIRES.

1° Le *c* vélaire latin a persisté au commencement des mots, lors même que la voyelle suivante s'est transformée en *e* muet. Ainsi devant *o* et *u* modifiés : *c'mode* (commodum), *c'manchié* (*cuminitiare), etc. De même devant *a*, *ō* ou *e*=*au*, *a* l. : *cā* (calidus), *quĕ̈ne* (catena), *quĕ̈re* (cathedra), *calanjié*[1] (*calumniare), *canbre* (cannabus), *candéle* (candela), *capé* (*cappellus), *canté* (*cantellus), *cardron* (cardonem), *ca(t)* (cattus), *cōche* (calcea), *c'minse* (camisia), *querbon* (carbonem), *quérue* (carruca), *c'min* (caminus), etc.

Quand l'*a* affaibli en *e* devient muet, si la consonne suivante est *v*, le *c* se change alors nécessairement en *g* ; ainsi *g'va* (caballus), *g'veu* (capillus), *g'vile* (*cavicula), etc.

Le *c* initial s'était dans quelques mots affaibli en *g* dans le bas-latin ; ce *g* a persisté dans le normand, par exemple : *ganbe* (camba), *gavéle* (*capella).

Dans un certain nombre de mots où *a*, *o*, *u* se sont modifiés en *ié*, *ieu*, *ii*, le *c* devenu par là de vélaire palatal s'est transformé dans le patois moderne en *tch* ; ainsi *tchin* (canis), — à côté de *qu(i)in*, — *tcheū(s)* (casis), à côté de *qu(i)eu(s)*, *tcheu* (corium), *tcheu* (coctus), *tcheuse* (coxa), *tcheūzine* (coquina), *tchu* (culus), *tchuré* (curare), *tchure* (cura), *tchuve* (cupa), etc.

Le *c* vélaire a fait place à *ch*, affaiblissement de *tch*, dans les quelques mots suivants, où il paraît avoir été modifié de bonne heure et probablement sous l'influence du français : *ché* (caro), *chié* (carus), *chanté* (cantare), *chanjié* (*cambiare), *chose* (causa). On dit aussi *j'va* plus souvent que *g'va* (caballus)[2].

Le *g* vélaire initial persistait autrefois en normand ; il a encore conservé sa valeur gutturale dans *gate* (*gabata), *gō*[3] (gallus), etc.

1. *Calangié* ne signifie plus comme dans l'ancien normand « provoquer », anglais « challenge », sens conservé à Guernesey, mais « obtenir par dessus le marché ».

2. On voit par ces exemples et par ceux qui précèdent que la persistance ou la modification de l'*a* n'a exercé jusqu'à ces derniers temps aucune influence sur la conservation ou la transformation du *c* ; que penser dès lors de l'idée bizarre de M. L. Gautier, qui, dans le texte supposé normand de la *Chanson de Roland*, a rétabli *ch* partout devant *e*, conservé *c* au contraire devant *a* ?

3. E. Duméril a donné dans son vocabulaire ce mot sous la forme *gal*,

Il s'est, comme en français, changé en *j*, affaiblissement de *dj* dans *jâne* (*galbinus), *j'linote* (*gallinotta), *jōe* (*gauta), etc. et leurs dérivés.

2° Le traitement que *c* et *g* médiaux subissent dépend des voyelles qui les entourent. Ainsi *c*, précédé de *o* ou de *u*, tombe, par exemple : *létue* (lactuca), *machue* (*maxuca), *quérue* (carruca), *vérue* (verruca). Quand, au contraire, la voyelle précédente étant *e* ou *i*, *c* est suivi de *o* ou de *u* il persiste en s'affaiblissant en *g*, comme dans *égu* (acutus), *éguch(i)é* (*acutiare), *égule* (*acucla), *ségōn* (secundus), etc., ou bien il tombe comme dans *chue* (cicuta), *seur* (securus). Entre deux *a* ou suivi de *a* et précédé de *e* ou de *i*, *c* se change en *y(i)*, qui se confond le plus souvent avec la voyelle précédente conservée ou transformée; ainsi : *amie* (amica), *gné*[1] (necare), *pouéyé* (pacare), etc.

Il en a été de même pour le *g*, par exemple : *fréyeu* (fragorem), *lian* (ligamen), *gné* (negare), etc.

3° A la fin des mots *c* et *g* tombent; ainsi *épi* (*spicus), *ilo* (illo loco), *seū* (sabucus); — *lōn* (longus), etc.

Toutefois *c* final a persisté dans *aveuc* et son dérivé *daveuc* (apud hoc).

c ET *g* PALATAUX.

1° Au commencement des mots, *g* palatal a été traité en normand comme en français et s'est changé en *j*; ainsi : *jind(r)e* (gemere), *j'lé* (gelare), etc.

Quant à *c* palatal il s'est transformé en *ch*, affaiblissement de *tch*. Exemples : *chand(r)e* (cinerem), *chan* (centum), *chime* (*cyma), *chinture* (cinctura), *chīn(c)* (*cinque), *chīpée* (*cippata), *chive* (caepa), *chuque* (*ceoca), etc.

2° Au milieu des mots *c* et *g*, suivis de *e* ou *i*, ont encore été traités d'une manière fort différente; ainsi *g* est tombé, parfois en modifiant la voyelle précédente; par exemple *chīncante* (*cinquaginta), *féne* (*fagina), *flée* (flagellum), *fré* (frigidus), *gnéle* (nigella), etc.

Quant au *c*, il s'est changé en *ch*, comme au commencement des mots, dans *j'niche* (junicem), *pouliche* (pullicem); etc.[2].

comme usité dans l'arrondissement de Bayeux; je ne l'ai jamais entendu, mais seulement son dérivé *gōplumé* dans le sens de « qui a les plumes hérissées ou arrachées » en parlant d'un oiseau, « mal peigné, ébouriffé » en parlant d'un enfant.

1. *gn* (*ñ*) représente $n + i$ ou $n + j$.

2. A moins qu'il ne faille faire venir *j'niche* et *pouliche* des formes *junicia*, *pullicia* comme *véche* vient de *vicia*. Quoi qu'il en soit, on voit que le mot *pouliche* n'est pas d'origine française; comme *camp*, etc. il est normand ou

3° A la fin des mots le *c* palatal transformé en *s* sonore est devenu muet, le *g* est purement et simplement tombé. Ainsi : *cā(s)* (calcem), *croué* (crucem), *gné(s)* (nidacem), *limā(s)* (limacem), etc.

Remarque. — La manière dont le *g* a été traité dans le passage du latin au normand n'offre, si l'on excepte sa persistance devant *a*, rien de particulier : il n'en est pas de même pour le *c* vélaire et le *c* palatal, et le traitement qu'ont subi ces deux consonnes est, avec la transformation de *ē* et de *ĭ*, le caractère distinctif du normand, caractère qu'on retrouve à l'origine même de ce dialecte et qui, malgré l'influence du français, s'est conservé, comme nous venons de le voir, plus ou moins pur jusqu'à nos jours.

K, CH (germaniques).

L'explosive *k* et la spirante germanique *ch* confondues ont conservé le plus souvent l'une et l'autre leur valeur gutturale, même devant *e* et *i*. Ainsi *bréque* (breccha a.-h.-a), *hanque* (ancha a.h.a.), *pouque* (*pocca a. s.), *haque* (hacke), etc.

QU — GU

Les transformations de *qu* et de *gu* n'offrent rien de particulier ; ces lettres ont été traitées en normand comme en français ; je me bornerai seulement aussi à faire remarquer la forme *yo* (aqua), correspondante au français *eau*, comme *bio* à *beau*, ainsi que *sieure* (*sequere, fr. suivre), où l'on voit avec la transformation de *ui* en *ieu* la chute de *v*.

T — D

1° Au commencement des mots *t* et *d* persistent toujours, ainsi : *taque* (*tacca), *tarjié* (*tarditare), *téle* (*tela), etc., — *doué* (*ductus), *deumé* (*dumare), etc.

2° Au milieu des mots *t* et *d* tombent. Ainsi : *rōe* (rota), *sā* (satullus), etc , — *niquié* (*nidificare), *rire* (ridere), etc.

3° Il en est de même de *t* et de *d* final. Ainsi : *couchi* (collocatus), *quéru* (*corutus), etc., — *fé* (fidem), *pié* (pedem), etc.

Remarque. — *t* et *d* ont été parfois remplacés respectivement par *c* (*qu*) et *g* (*gu*), surtout dans les groupes *ti* + voy. et *di* + voy.

t a fait place à *c* (*k*) dans *arèque* (arista), *bénīqu(i)é* (*benedictarium), *chim'qu(i)ēre* (coemeterium), *querpanqu(i)é* (*carpentarius), etc.

A *d* s'est substitué *g* dans *ōjouorgu(i)eu* (fr. *aujourd'hui*), *Gueu* (Deus), *étugu(i)é* (*studiare), *ingue* (fr. aide), etc.

P — B

1° Au commencement des mots *p* et *b* ont, comme *t* et *d*,

picard. Quant à l'étymologie *pullica* proposée par M. Brachet (*Dict. étym.* s. v. *acharner*), les formes picardes et normandes la rendent inadmissible.

toujours persisté. Ainsi : *por* (pro), *pouchin* (pullicenus), *puchié*[1] (*putiarius), etc. — *bayé* (*badaculare), *béchon* (*bibitionem), *buré* (bur a.), etc.

2° Au milieu des mots *p* s'affaiblit d'ordinaire en *v*, en particulier devant une voyelle palatale ou devenue palatale, par exemple : *avri* (aprilis), *chive* (caepa), *g'veu* (capillus), *savé* (sapere), etc. Devant une voyelle non palatale il se change plutôt en *b*, comme dans *chibo* (*caepotum), *cabo*[2] (*capotum).

Quant à *b* il s'affaiblit en général en *v* quand il précède la syllabe accentuée, il tombe, au contraire, quand il la suit. Ainsi : *avé* (habere), mais *é* (habeo); *d'vé* (debēre), mais *dé* ou *dèe* (debeo); *bévé* (bibebat), mais *bĕre* (bibere), *j'va* (caballus), *canivière* (*cannabaria), etc.

3° Final, *p* comme *b* tombe ; ainsi : *can* (campus), *lou* (lupus), etc.

Jot

1° Le *jot* latin initial a donné *j*(*ž*), affaiblissement de *dj*, en normand moderne, comme en français ; ainsi : *j'nichon* (*junicionem), *juné* (jejunare), etc.

2° Au milieu, comme à la fin des mots, il est tombé le plus souvent toutefois en transformant la voyelle précédente; ainsi : *mĕre* (major), *pī*(*s*) (pejus), *rĕe* (raja), etc.

S

s persiste comme spirante dentale sourde au commencement des mots, comme sonore au milieu. Ainsi : *sā*(*s*) (salicem), *séqu*(*i*)*é* (siccare), *sieu* (sebum), *suréle*[3] (sūr a.-h.-a.), etc., — *roze* (rosa), etc.

A la fin des mots *s* est muette, excepté toutefois au pluriel et quand le mot suivant commence par une voyelle, auquel cas elle persiste et est sonore. Ainsi *mé-z ami*(*s*). Dans les autres mots elle marque uniquement l'allongement de la voyelle qui précède; ainsi : *mĕs* = *mĕe* (magis), etc.

F (PH) — V

f persiste au commencement et en général au milieu des mots; ainsi : *fā*(*s*) (falcem), *fache* (facies), *fianche* (*fidantia), *fiqu*(*i*)*é* (*figicare), etc., — *cofin*[4] (cophinus).

Il s'est changé en *h* dans *hor*(*s*) (foris) et son dérivé *horsin*.

v persiste en général au commencement des mots, par exemple: *varé* (*vervactum), *vé* (vadum), *vĕpe* (vespa), *vi* (viscum), *vigné*

1. Pot de un à deux litres qui sert à *puchié* (puiser); c'est l'anglais *pitcher*, qui a conservé, comme on le voit, la chuintante normande.

2. Petit tas de foin fait le premier jour de la fenaison.

3. Nom vulgaire du *rumex acetosa* ou oseille.

4. Cornet de papier.

(*vineetum), etc. Il en est de même du *v* (*w*) germanique ; ainsi : *vōlié* (waljan), *viqué* (vicket n.), etc.

Il s'est, comme en français, changé en *f* dans *fĕ*(*s*) (vicem), et en *g* dans *gardé* (wardon a.-h.-a.), *gāté* (vastare), etc.

Au milieu des mots *v* tombe le plus souvent ; ainsi : *ouĕzé* (avicellus), *peū* et *poū* (pavorem), etc.

A la fin il tombe aussi, excepté après *i* accentué, où il se change en *f* comme en français. Exemple : *beu* (bovem), *clé* (clavis), *nĕr* (nervus), *eu* (ovum), etc., mais *poussif* (*pulsativus), *rĕtif* (*restivus), *vif* (vivus). Il en est de même après *eu* dans *veuf* (vidvus) et *neuf* (novem).

L — R

1° Au commencement des mots *l* et *r* persistent. Exemples : *lachon* (*laqueonem), *lerme* (lacryma), *liquié* (*leccare), *lémaje* (*légumaticum), — *rachĕne* (*radicina), *rinchie* (*hreinsa n.), *rāté* (*rastellum), etc.

Toutefois l'*l* des monosyllabes *l*(*u*)*i*, *les* tombe, quand ils sont employés simultanément : *J' y ĕ-z é do*(*u*)*né* : je les lui ai donnés.

2° Au milieu des mots *l* et *r* persistent également ; ils tombent, au contraire, en général, à la fin ; ainsi : *couéri* (*currire), *mouori* (*morire), — *fi* (filum), *chié* (carus), *quèe* (*cadēre), *seu* (soror), *vèe* (videre), etc.

Cependant *r* a persisté dans *iĕr* (heri), *nĕr* (nigrum), *seur* (securus), etc. ; mais on dit *sĕr* et *sé* (sērum) [1].

M — N

1° *m* et *n* persistent au commencement des mots. Ainsi : *mĕlié* (*mespilarius), *minchié* (minnisto a.), *muchié* (*mutiare), etc., — *nĕre* (nigra), *noe* (*noda), *nouc* (*nodicus), etc.

2° Il en est de même au milieu des mots ; par exemple : *deumé* (dumetum), *feume*(*s*) (fuimus), etc., — *m'nachié* (*minatiare), *déravine* (*de rapina), etc.

Toutefois *n* a fait place à *l* dans *v'lin* (venenum).

3° A la fin des mots *m* et *n* se sont changés en ˜, et par suite se sont confondus avec la voyelle précédente nasalisée. Ainsi : *man* (meum), *riin* (rem), *tan* (tuum), etc., — *c'min* (caminus), *tchin* (canis), etc.

n final transposé devient initial dans les monosyllabes *no* = *on*, *n'* = *en*. Exemples : *no di* : on dit ; — *In' n'a biin* : il en a bien.

Des divers groupes de consonnes.

Il y a lieu d'étudier séparément les groupes d'origine latine et

1. *Ser* est substantif, *sé* adverbe : *l' ser*, *ier sé*.

ceux d'origine romane. Dans leur transformation les premiers ont obéi aux lois suivantes :

1° Quand deux explosives se suivent au milieu du mot la première tombe et la seconde persiste ou est, quand c'est une gutturale, traitée comme initiale. Ainsi : *acaté* (adcaptare), *neuche(s)* (nuptias), etc. C'est ce qui a lieu en particulier quand les deux explosives sont semblables ; par exemple : *broque* (*brocca), *clloque* (*clocca), *séque* (sicca), *vaque* (vacca), *cha* (ecce hac) ; — *cate* (*catta) ; — *capé* (cappellus), etc.

La même chose a lieu en général dans les groupes romans de même espèce ; par exemple : *douté* (dub(i)tare), *rachène* (*rad(i)-cina), *roque*[1] (*rup(i)ca), etc.

Toutefois, quand la première muette est sonore, la seconde quoique sourde tend à se transformer en sonore ; ainsi : *couōde* (cub(i)tus), *douōze* (duod(e)cim), etc.

A la fin des mots les deux explosives tombent à l'exception de *cc*, réduit à *c*, qui persiste. Exemples : *bec* (beccus), *sac* (*saccus), *sec* (siccus), etc. Mais *ca* (cattus), *fré* (frig(i)dus), etc.

2° Dans les groupes *cl, gl, pl, bl, fl*, formés d'une explosive ou d'une spirante gutturale ou labiale et de la liquide *l*, l'explosive persiste au commencement des mots, et la liquide prend un son mouillé, qui tend toutefois chaque jour à disparaître ; par exemple : *cllé* (clarus), *clloque* (clocca) ; — *gllane* (*glena), *gllèze* (glitea) ; — *plléche* (platea), *pllanque* (*planca) ; — *blléque* (bleyta n.), *bllète* (*blesta) ; — *fllanbe* (*flammula), *flloqu(i)é* (*floccare), etc.

Quelquefois il y a eu dissimilation ; ainsi : *falmèque* (*flammestica). C'est ce qui a lieu le plus souvent au milieu des mots pour les groupes *pl* et *bl* ; par exemple : *peupélié* (pop(u)larius), *seupélié* (*supplicare) : — *oubélié* (*oblitare), *unbelman* (fr. humblement). Devant *e* muet final, au contraire, *bl* se réduit à *b* ; ainsi : *émābe* (amabilis), *prouvābe* (probabilis), etc.

3° Dans les groupes *cr, gr, tr, dr, pr, br, fr*, formés d'une explosive ou de la spirante *f* et de la trémulante *r*, l'explosive ou la spirante et la trémulante persistent le plus souvent sans modification au commencement des mots ; ainsi *crère* (credere), *crié* (*quiritare) : — *granche* (granea), *gripé* (grippan n.) ; — *trère* (trahere), *trézé* (tredecim) ; — *dréchié* (*drictiare), *drugié* (drud c.) ; — *prèchié* (predicare), *preū(s)* (pressus) ; — *brache* (*brachia), *branque* (*branca) ; — *freūlé* (*frotulare), *froue* (*froda), etc.

Cependant il y a eu parfois, du moins pour le groupe *cr* et dans

1. Cette forme exclut l'étymologie *rupea* de *roche*, proposée par Diez et après lui par M. Brachet.

les polysyllabes, dissimilation; par exemple : *quériābe* (credibilis), *quériateure* (creatura), *quèrvé* (crepare), etc.; ou bien, mais plus rarement et pour les groupes *br*, *pr* seulement, *r* tombe, comme dans *bunéte* pour *brunéte*, *pĕtro* pour *prĕtro*[1], *pom'role* pour *prom'role*[2].

Au milieu des mots l'*r* des groupes *tr* et *dr* persiste, mais *t* et *d* tombent. Ainsi : *nouōri* (nutrire), *pouōri* (*putrire), *quĕre* (cathedra), etc.

Quant à *cr*, après l'accent *c* s'affaiblit en *g*, avant il se transforme en *i* qui tombe en modifiant la voyelle précédente. Il en est de même après l'accent quand suit une troisième consonne. Ainsi : *ĕgre* (ácris), *mouĕgre* (mácrum); mais *lerme* (lácr(y)ma), *serman* (sacraméntum), etc.

Au contraire *g* de *gr* médial tombe avant comme après l'accent; ainsi *nĕr* (nigrum), *paréchoū* (*pigritiósus), etc.

Quand dans les groupes *cr*, *tr*, *pr*, etc., l'explosible est double ou précédée d'une autre consonne, elle persiste, mais *r* tombe. Ainsi : *note* (nostrum), *cate* (*quattrum), *rande* (reddere), etc. Toutefois si la consonne précédente est *r*, c'est cet *r* qui tombe, tandis que celui du groupe persiste; comme dans *ābre* (arborem).

4° Dans les groupes formés d'une explosive ou de *v* et de *jot*, la première consonne tombe et le *jot* se change en *ch* ou en *j*, selon qu'il suit une sourde ou une sonore[3]. Exemples : *fouache* (focacia), *machon* (*macionem); — *éguchié* (*acutiare), *forche* (*fortia); — *proche* (*propius); — mais *dja* (fr. dia), — *l'jié* ou *l'ji* (*leviarius), *abréjié* (*abbreviare), etc.

Il en a été de même autrefois pour le groupe *nj;* ainsi : *granja* pour *granea* a donné *granche;* mais le patois moderne change *nj* en *gn* (*ñ*); par exemple : *gneu* pour *nieu* = *nui*(*t*) (noctem), *gneure* pour *nieure* = *nuire* (nocere), etc.

5° La spirante *s* suivie d'une explosive ou d'une liquide tombe

1. Noms de la fauvette d'hiver et du rossignol de muraille.

2. Nom de la *primula grandiflora* appelée *primerole* à Cherbourg.

3. Il est à peine besoin de faire remarquer que nous avons ici, sinon la forme primitive, du moins l'affaiblissement de cette forme *tch* ou *dj* du jot modifié ; la série des transformations étant par exemple pour *pj :*

pj, *(p)tch*, *tch*, *ch*.

Je n'insisterais pas ainsi sur ce fait incontestable, si l'on n'avait point supposé que le jot précédé de *p* avait pu donner le son *ç* dans l'ancien normand ; ce qui supposerait qu'après être descendu jusqu'à cette spirante il serait remonté au son *ch*, hypothèse gratuite et qui repose uniquement sur une valeur erronée attribuée au *c* des anciens textes, mais qui admise par M. Ed. Mall dans la préface du *Comput*, vient encore d'être reproduite par M. L. Gautier, p. 492 de son édition classique de la *Chanson de Roland*. Cf. *Du C dans les langues romanes*. Liv. III, ch. II, p. 250.

au commencement des mots en faisant place à *é* et la seconde lettre du groupe persiste. Ainsi : *équéle* (scala), *étlé* (stellatus), *épec* (specht a.), *élingue* (sling s.), etc.

Au milieu des mots l'explosive subsiste encore, excepté toutefois *c* palatal, et *s* tombe en allongeant la voyelle précédente. Exemples : *mōque* (musca), *péqu(i)é* (*piscare).

Quant à *sc* suivi d'une voyelle palatale, *c* se change en *i* qui tombe en modifiant parfois la voyelle précédente, mais *s* persiste comme spirante sourde ; ainsi : *péson* (*piscionem).

6° La liquide *l* suivie d'une explosive, tombe, au milieu des mots, en modifiant toute voyelle précédente autre que *u*, — que le groupe dans lequel elle se trouve soit d'ailleurs latin ou roman, — et l'explosive suivante est traitée comme si elle était initiale. Ainsi : *cōfé* (*cal(e)fare), *fōqu(i)é* (*falcare), *hōchié* (*altiare), etc.

A la fin des mots *l* tombe, ainsi que la consonne suivante, par exemple : *cā* (cal(i)dus) et *cā(s)* (calcem), *fā(s)* (falcem), *hā* (altus), etc.

Si la seconde lettre du groupe est *jot*, ce groupe se réduit à *l* au milieu des mots, quand la voyelle suivante est *e* affaiblissement de *a ;* il se change en *y* devant une autre voyelle. Ainsi *file* (filia), *famile* (familia) ; mais *fieūyu* (*foliutus), etc.

Final *lj* tombe comme dans *fi* (filius).

Quand la seconde lettre du groupe est *l* comme la première, ce groupe se change en *y* au milieu des mots ; ainsi : *ceuyé* (*colligare), *fayi* (*fallire), etc.

A la fin des mots *ll* tombe ; par exemple *co* (collum), *jva* (caballus), etc. [1].

C'est ce qui a lieu en particulier dans les diminutifs en *ellus* ; ainsi : *agné* (agnellus), *baté* (*batellus), *canté* (cantellus), *couté* (cultellus), *fouōné* (*furnellus), etc.

7° Les groupes composés de *r* et d'une explosive non palatale ou d'une nasale persistent au milieu des mots. Ainsi : *fouorque* (furca), *berbi* (*berbicem), *querpante* (*carpenta), *jouornée* (*diurnata), etc. Mais *rc* (*rt*) + *i* ou *e* donne *rch ;* ainsi : *forche* (*fortia), etc.

Toutefois *r* est tombé devant *n* : dans *cōné* (*cornare), *touōné* (tornare) à côté de *touorné* [2].

Parfois aussi *r* se transpose comme dans *frëmé* (firmare), *fromi* (*formicus), etc.

A la fin des mots *r* + consonne tombe comme dans *jouo* (diur-

1. Il faut toutefois excepter *g'veu* (capillus), mot dans lequel *u* s'est substitué à *ll*, comme en français.

2. *Touōné* signifie « rôder çà et là », *touorné* « tourner ».

num), etc. Mais au pluriel *r* reparaît; ainsi : *trē(s) jouor(s)* : trois jours.

Quant à *rr* il se réduit à *r* au milieu des mots et tombe à la fin; ainsi : *quérue* (carruca), mais *touo* (turris), etc.

8° Les groupes composés d'une nasale et d'une explosive non palatale, d'une spirante ou d'une liquide, persistent aussi en général comme dans *antande* (intendere), *branque* (branca), *tanque* (tinca), *alongué* (allongare), etc.

Cependant *n* est tombé dans *éfan* (infantem), *éraji* (*inrabiatus), *aco* ou *éco* ou même *co'* (hanc horam), qui a perdu aussi son *r*, ainsi que dans *mouchée* (*monticellus), *mou(é)jié* (*manducare), etc., dans lesquels la chute de l'*n* semble avoir déterminé le changement de *o* en *ou*.

9° Reste à examiner les groupes composés de *c* et de *s* ou de *t* : *cs* (*x*) et (*n*)*ct*. Ils ont donné, au milieu des mots, le premier *is* réduit à *s* sourd, le second *it* réduit à *t*, avec transformation de la voyelle précédente. Exemples : *lésié* (*laxare), *tcheuse*[1] (coxa), *agneuté* (*adnoctare), etc.

Suivi de *jot* toutefois, *ct* fait place à *ch;* ainsi : *dréchié* (*drictiare), *fachon* (factionem), etc.

A la fin des mots *cs* et *ct* tombent, *nct* est réduit à *n*, mais l'*i* sorti de *c* a le plus souvent modifié la voyelle précédente. Ainsi : *boui* (buxus), *siē(s)* (sex); — *di* (dictus), *fé* (factus), *lié* (lectus), *tcheu* (coctus); — *pīn* (pi(n)ctus), *pouīn* (punctum), etc.

Les groupes romans sont de deux espèces : les uns, composés d'une explosive et d'une autre lettre, perdent l'explosive et conservent en général sans modification la seconde lettre, explosive ou liquide; les autres, formés de deux liquides ou d'une nasale et d'une liquide, conservent ces deux lettres en intercalant entre elles une explosive, ordinairement *b* ou *d*.

1° Le groupe roman *t'c*, le seul composé de deux explosives dont il y ait lieu de s'occuper d'une manière spéciale[2], perd *t* et conserve *c* ou le change en chuintante, suivant que *c* est suivi lui-même de *a* ou d'une autre voyelle. Ainsi :

a) *māqu(i)é* (mast(i)care), *perque* (pert(i)ca).

b) *porche* (port(i)cus).

c) *couorāje* (*corat(i)cum), *damāje* (*damnat(i)cum), *viāje* (viat(i)cum), etc.[3].

1. *Tcheuse* est pour *quieuse*, transformation de *cuise*, mot dans lequel *i* représente le *c* de *cs*. Voy. pl. haut, p. 224.

2. Il a été question plus haut des groupes *b'l*, *d'c*, etc., qui se comportent comme des groupes latins.

3. M. Ascoli a supposé que dans ces groupes le *c* tombait et que l'*i* devenu

2° Dans les groupes *t'l*, *t'r*, *t'n*, — *p'l*, *p'r*, — *b'l*, *b'r*, l'explosive est tombée et la liquide ou nasale a persisté sans modification; ainsi: *rouōlé* (rot(u)lare), *pllane* (plat(a)nus); — *souōrsi* (sup(c)rcilium), *séré* (sap(e)re habeo), — *éré* (hab(e)re habeo), etc.

Dans les groupes *c'l*, *g'l*, *c'r*, *c* est tombé au milieu des mots, en modifiant toutefois le plus souvent la voyelle précédente, et *r* a persisté ; quant à *l*, il a persisté également devant *e* muet, il s'est changé en *y* devant une autre voyelle. Ainsi : *boutéle* (*butic(u)la), *égule* (*acuc(u)la), *oréle* (auric(u)la) ; — *fẽre* (fac(e)re), *tẽre* (tac(e)re), etc. Mais *butiyon* (*butic(u)lonem), *cāyi* (coag(u)latus), etc.

A la fin des mots *c'l* tombe ; ainsi *so(u)lé* (solic(u)lus), *ū* (oc(u)lus), etc. On voit que le patois du Bessin ne connait l'*l* mouillé ni au milieu ni à la fin des mots.

3° Les groupes *n'r* et *r'r* intercalent *d* à la place de la voyelle tombée; exemples : *chand(r)e* (cin(e)rem) ; — *souord(r)e* (sur-(ge)re), etc. L'*r* qui persiste est d'ailleurs à moitié sourd.

ng'r a été traité comme *n'r*, seulement *g* s'est changé en *i* qui est venu modifier la voyelle précédente. Ainsi : *jouind(r)e* (jung(e)re), *pind(r)e*[1] (ping(e)re), etc.

Quant à *sc'r* il intercale *t* avant *r* et *sc* tombe, en modifiant toutefois la voyelle précédente; il reste ainsi *tr* réduit le plus souvent à *t* par la chute de *r*; par exemple: *conẽt(r)e* (conosc(e)re), *crẽt(r)e* (cresc(e)re), etc.

4° Les groupes composés de la nasale *m* et de *l* ou de *r* intercalent *b* après *m*. Par exemple : *sanblé* (sim(u)lare), *tranblé* (trem(u)lare), — *canbre* v. (cam(e)ra), etc.

Rem. — Un seul groupe formé de liquides n'intercale point d'explosive, c'est *r'l* dont l'*r* s'assimile à *l* ou tombe. Ainsi : *béle* (*ber(u)la), *méle* (mer(u)la), etc.

Les groupes de nasales *n'm* et *m'm* s'assimilent aussi ou plutôt se réduisent à *m* comme dans *ame* (an(i)ma)[2].

jot avait suivant une règle précédente donné *ch* ou *j*; on voit que les formes *māqu(i)é*, *perque* rendent cette explication inadmissible au moins dans certains cas; quant aux formes comme *couorāje*, il est évident qu'on peut y arriver en supposant une des deux séries :

coratico, coradigo, corad(i)yo, coradje, couorāje
ou *coratico, coradigo, coradyo, coradje, couorāje*

mais la première convenant dans tous les cas il vaut mieux, je crois, malgré les objections de M. A. Darmesteter, *Rom.* III, 395, l'adopter.

1. *Pindre* est pour une forme plus ancienne *peindre*, dans laquelle l'*e* représente l'*i* et l'*i* le *g* de *pingere*.

2. Cette réduction est accompagnée de la modification de la voyelle précédente dans *ōmale* (an(i)malia), où *ō* = *au* = *al* montre que *n* s'est changé d'abord en *l*.

On voit par ce qui précède que dans les modifications qu'il a subies le patois moderne du Bessin a obéi avant tout à la loi de moindre effort ; c'est là, en effet, ce qui explique la substitution de *é* fermé à *è* ouvert, le remplacement de *ui* par *ieu*, surtout celui de *ni* + voy. par *ñ* + voy. C'est là encore, en partie du moins, ce qui rend compte de la chute des consonnes finales et surtout de *r* après une explosive. En même temps, et pour contrebalancer en quelque sorte ces affaiblissements successifs, notre patois a développé et transformé une partie de ses voyelles ; par exemple : *ai* en *oué*, *ou* en *ouo*. On le voit donc, jusqu'aujourd'hui la vitalité ne lui a pas manqué, et dans l'état d'abaissement où il est tombé, il a à la fois conservé ses caractères essentiels et il s'est transformé, grâce à la force végétative qui lui est propre et qu'il garde encore dans sa décadence.

CHAPITRE II.

FLEXION.

L'étude de la flexion comprend deux parties distinctes : la déclinaison et la conjugaison. J'y joindrai quelques observations sur un certain nombre d'adverbes.

I° DÉCLINAISON

L'article normand se décline de la manière suivante :

Masc. sing.	Fém.	Plur.
l'	*la*[1], *l'*[2]	*lé*[1], *l'z*, *lé-z*[2]
du, d'l'	*d'la*, *d'l'*	*dé*, *dé-z*
o, *à l'*	*à la, à l'*	*o*, *o-z*
l'	*la*, *l'*	*lé*, *l'z*, *lé-z*

L'article s'est soudé au substantif dans les mots *langué* (fr. landier), *liēru* (*hederutus), *livernāje*[3] (hibernaticum).

Le substantif ne se décline pas plus en normand qu'en français ; quant à son pluriel il se forme en général comme dans la langue littéraire par l'addition de *s* ; cet *s* d'ailleurs est muet devant les consonnes ou ne sert qu'à allonger la voyelle précédente, il est sonore, au contraire, devant un mot commençant par une voyelle. La formation du pluriel présente d'ailleurs quelques particularités qu'il faut signaler. Ainsi les noms en *io* font leur pluriel, non en *iō*(*s*), mais en *iā*(*s*), par exemple : *yo* (aqua), pl. *yā*(*s*) ; *pio* (pellis), pl. *piā*(*s*). Il en est de même pour les diminutifs en *é* : *baté*, *batiā*(*s*) ; *morsé*, *morsiā*(*s*), etc. Une autre particularité est le changement de la diphthongue *ié* en *ī* ; ainsi : *pié*, *pī*(*s*) ; *poumié*, *poumī*(*s*), etc.

Quant au genre il faut remarquer l'attribution du féminin à un certain nombre de substantifs qui sont masculins en français ; par exemple : *abreuvoū*, *erbāje*, *manque*, *orāje*, *ōtel*, *risque*, etc.

1. Devant un substantif commençant par une consonne.
2. Devant un substantif commençant par une voyelle.
3. Nom d'une variété de la *vicia sativa*.

Le pluriel des adjectifs se forme comme celui des substantifs; ainsi : *bouon*, *bouōn(s)*; *bio*, *biā(s)* [1], etc. Je ne m'y arrête donc pas.

Le pronom personnel se décline de la manière suivante :

Première personne.

Singulier	Pluriel
jë[2], *j'*, *s'*[3], *mé*[4], *min*	*jë*, *j'*, *s'*[3], *noū*[4],
d' mé	*d' noū*
a mé, *m'*	*a noū*, *no*, *no-z*
mé, *m'*	*noū*[5], *no*, *no-z*[6].

A ces formes il faut ajouter la particule *ti* employée comme pronom interrogatif explétif de la première personne : *j'iré-ti? j'y alōn-ti?* Cette particule d'ailleurs n'est autre que *ti*, employé comme sujet explétif des verbes interrogatifs à la troisième personne, qui ont pour sujet réel un substantif, — par exemple *tan pére l'ém'-ti* — lequel a perdu sa valeur étymologique *t* + *il* et est employé par analogie comme signe d'interrogation à la première personne.

Deuxième personne.

Singulier	Pluriel
tu[7], *t'*[8], *té*	*vo*[9], *vo-z*, *oū*[10]
d' té	*d' vo*
a té, *t'*	*a vo*, *vo*, *vo-z*
té, *t'*	*vo*, *vo-z*

Troisième personne.

Masc.	Singulier	Fém.
il[11], *i*[12], *li*[13]		*éle*, *ole*[11], *é*, *o*[12], *lié*, *liin*[13]

1. *Biā(s)* n'est bien employé que comme attribut ; comme épithète, on se sert plutôt de *biō(z)* : *qui son biā(s)! — Lé biō-z ābre(s).*

2. Devant le pronom *l'* : *Jë l' vèe bien, — Jë l' volōn.*

3. Devant un verbe commençant par une consonne ou une voyelle. *J' vèe biin. — J'éme. — J' véyōn. — J'èmōn.* Devant *s*, *j'* se change en *s'* : *s' s'ré.*

4. Employé comme attribut : *ch'èe mé (min). Ch'èe noū. — Ch'èe té.*

5. Employé comme régime après le verbe : *éme noū.*

6. Employés comme régime avant le verbe, *no* devant une consonne, *no-z* devant une voyelle : *I no ba ; — i no-z éme.*

7. Dans les phrases interrogatives et devant *l'* ou un verbe commençant par une consonne : *l' veū-tu. — Tu l' veū.*

8. Devant un verbe commençant par une voyelle : *t'arive biin.*

9. Devant un verbe commençant par une consonne : *vo v'née tar. — Vo-z* devant une voyelle : *vo-z ēte v'nu tar.*

10. Dans les phrases interrogatives et contracté avec le verbe *Voloū* = *voulez-vous?*

11. Devant une voyelle : *il éme. — éle (ole) éme. — i-z ōn di. — é-z ōn.*

12. Devant une consonne : *i vin. — i li di. — é (o) viindra. — i vōn. — e sōn.*

13. Employé comme attribut : *ch'èe li. — Ch'èe lié (liin). — Ch'èe ieū. — Ch'èe iéle.*

d'li	*d'lié*
a li, li	*a lié*
lé[1], *l'*	*la, l'*

Masc.	Pluriel	Fém.
i, i-z, ieū		*é, é-z, iéle*
d'ieū		*d'iéle*
a ieū		*a iéle*
lè(s), lè-z[2]		*lè(s), lè-z.*

Les adjectifs possessifs sont :

Masc. sing.	Fém.	Pluriel.
mān[3], *m'n*[4]	*ma*[3], *m'n*	*mé*[3], *mé-z, m'z*[4]
tān, t'n	*ta, t'n*	*té, té-z, t'z*
sān, s'n	*sa, s'n*	*sé, sé-z*
not'		*nō, no-z*
vot'		*vō, vo-z*
leū[5], *leū-z*[6]		*leū*[5], *leū-z*

Les pronoms possessifs se forment comme en français, ce sont :

Masc. sing.	Fém.	Pluriel.
l'miin	*la miène*	*lé mīīn*
l'tiin	*la tiène*	*lé tīīn*
l'siin	*la siène*	*lé sīīn*
l'nōte	*la nōte*	*lé nōte*
l'vōte	*la vōte*	*lé vōte*
a ieū[7]		*a ieū*

Les adjectifs démonstratifs sont :

Masc. *su*[8] (ce), *st'*[9] (cet)
Fém. *st'*[8] *sté*[9] (cette).

Les pronoms démonstratifs sont :

ch(e), cha

1. Employé comme régime et placé après le verbe : *éme lé.*
2. *Lè(s)* devant une consonne, *lè-z* devant une voyelle : *j' lè(s) veū. — j' lè-z éme.*
3. Devant un mot commençant par une consonne : *man père. — mé souli(s). ma père* (ma poire).
4. Devant un mot commençant par une voyelle : *m'n éfan* : mon enfant. *mé-z éfān* ou *m'z éfān.*
5. Devant un mot commençant par une consonne : *leū bouné n'èe pas bio.*
6. Devant un mot commençant par une voyelle : *leū-z ābre sōn pouōri.*
7. On le voit, *l' leū* a été rejeté évidemment comme trop peu accentué depuis la perte de l'*r* final et remplacé par le datif du pronom de la 3e personne.
8. Devant un substantif commençant par une consonne : *su poumié — sté fame.*
9. Devant un substantif commençant par une voyelle : *st' ābre — st' erbāje.*

Mas. *stichin* ou *chtichin*		*stila* ou *chtila*
Fém. *stéchin*	*chtéchin*	*stéla* *chtéla*
Plur. *seūchin*		*seūla*

Le patois du Bessin n'a pas de mot équivalent au français *celui*. Il remplace ce démonstratif par le pronom possessif de la troisième personne singulier :

l' siin, la siẽne, lé sīīn.

Ainsi : *l'siin qui dira un mo* : celui qui dira un mot. *La siẽne qui l' vé a d' bouōn-z ū(s)* : celle qui le voit a de bons yeux.

Les adjectifs relatifs sont comme en français, *qui*, *quë*; seulement l'*i* de *qui* peut s'élider devant une voyelle : *qu'ẽme biin*, *chātie biin*.

Les adjectifs interrogatifs sont *qui*, *qué*. Ce dernier peut s'employer comme antécédent; ainsi : *qué qu' ch'èe ?* (qu'est-ce que c'est ?). Il se substitue même à *qui*, par exemple : *qué qu'èe là ?* (qui est-ce qui est là ?). *Qui* interrogatif peut d'ailleurs perdre son *i* comme *qui* relatif : *qu'èe là ?* (qui est là ?).

Les pronoms indéfinis sont :

No (*no-z* devant une voyelle) : on. Exemples : *no l' di* : on le dit. *No-z èe contan* : on est content.

D'qué : quelque chose. Exemple : *Ya d'qué ilo* : il y a quelque chose là.

An et *n(e)* : en. Exemples : *Non' n'èe contan* : on en est content. — *Yan a* : il y en a.

Riin : rien.

II° CONJUGAISON.

Voici comment se conjugue le verbe *ẽte* (être).

Indicatif présent.	Subjonctif.
s' sieū	*quë s' sée*
t'ée	*qu' tu sée*
il ée, èe	*qu' i sé*
s' some	*quë s' séyōn*
vo-z ẽte	*qu' vo séyée*
i sōn	*qu'i sée*
Imparfait.	
j'étée	*j'équ(i)ōn*
t'étée	*vo-z équ(i)ée*
il été	*i-z étée.*
Parfait.	
j' feu	*quë j' feuse*
tu feu	*qu' tu feuse*

i feu	*qu' i feū*
j' feume	*quë j' feusiōn*
vo feūte	*qu' vo feusiée*
i feūre	*qu'i feuse.*

Futur.

s' s'ré	*j'éré été*
tu s'rā	*t'érā été*
i s'ra	*il éra été*
s' s'rōn	*j'érōn été*
vo s'rée	*vo-z érée été*
i s'rōn	*i-z érōn été.*

Conditionnel.

s' s'rée	*s' sériōn*
tu s'rée	*vo sériée*
i s'ré	*i s'rée*

Impératif.

sé	*séyée*
séyōn	*qu'i sée*

Infinitif.	Participes.
ēte	*étān, été.*

Le verbe *avé* (habēre) se conjugue de la manière suivante :

Indicatif présent.	Subjonctif.
j'é	*qu' j'ée*
t'ā	*qu' t'ée*
il a	*qu'il é*
j'avōn, j'ōn	*qu' j'éyōn*
vo-z avée	*qu' vo-z éyée*
i-z ōn	*qu' i-z ée*

Imparfait.

j'avē-z (*eu*)	*j'aviōn-z, j'aviome-z* (*eu*)
t'avē-z (*eu*)	*vo-z aviē-z* (*eu*)
il avé (*eu*)	*i-z avée* (*eu*).

Parfait.

j'eu	*qu' j'euse*
t'eu	*qu' t'euse*
il eu	*qu'il eū*
j'eūme	*qu' j'eusiōn*
vo-z eūte	*qu' vo-z eusiée*
i-z eure	*qu'i-z euse.*

Futur.

j'éré (*eu*)	*j'érōn-z* (*eu*)
t'érā-z (*eu*)	*vo-z érē-z* (*eu*)
il éra (*eu*)	*i-z érōn* (*eu*).

Conditionnel.

j'érée (*eu*)	*j'ériōn-z* (*eu*)
t'érḗ-z (*eu*)	*vo-z ériḗ-z* (*eu*)
il éré (*eu*)	*i-z érée* (*eu*).

Impératif.

é	*éyōn*
éyée	*qu'i-z ée*
Infinitif.	Participes.
aré	*éyān*, *eu*

Les temps composés se formant comme en français, je les laisse de côté et j'arrive à la première conjugaison. Je prends pour modèle le verbe *chanjié* (changer).

Indicatif présent.	Subjonctif.
j' chanje	*quë j' chanje*
tu chanje	*qu' tu chanje*
i chanje	*qu'i chanje*
j' chanjōn	*quë j' chanjiōn*
vo chanjée	*qu' vo chanjiée*
i chanje	*qu'i chanje*

Imparfait.

j' chanjée	*j' chanjiōn*
tu chanjée	*vo chanjiée*
i chanjé	*i chanjée.*

Parfait.

j' chanji	*quë j' changise*
tu chanji	*qu' tu chanjise*
i chanji	*qu'i chanjī*
j' chanjīme	*quë j' chanjīme*
vo chanjīte	*qu' vo chanjīte*
i chanjire	*qu' i chanjīse.*

Futur.

j' chanj'ré	*j' chanj'rōn*
tu chanj'rā	*vo chanj'rée*
i chanj'ra	*i chanj'rōn.*

Conditionnel.

j' chanj'rée	*j' chanjëriōn*
tu chanj'rée	*vo chanjëriée*
i chanj'ré	*i chanj'rée.*

Impératif.

chanje	*chanjōn*
chanjée	*qu'i chanje*
Infinitif.	Participes.
chanjié	*chanjān*, *chanji.*

Le verbe *v'ni* (venir) de la seconde conjugaison se conjugue de la manière suivante :

Indicatif présent.	Subjonctif.
j' viin	*quë j' viĕ́ne*
tu viin	*qu' tu viĕ́ne*
i viin	*qu' i viĕ́ne*
j' vënōn	*quë j' vëniōn*
vo v'née	*qu' vo v'niée*
i viĕ́ne	*qu'i viĕ́ne*

Imparfait.

j' vënée	*tu v'née*, etc.

Parfait.

j' vīn	*quë j' vinse*
tu vīn	*qu' tu vinse*
i vīn	*qu'i vīn*
j' vinme	*quë j' vinsiōn*
vo vinte	*qu' vo vinsiée*
i vinre	*qu' i vinse*

Futur.

j' viindré	*j' viindrōn*
tu viindrā	*vo viindrée*
i viindra	*i viindrōn*

Conditionnel.

j' viindrée	*j' viindriōn*
tu viindrée	*vo viindriée*
i viindré	*i viindrée*

Impératif.

viīn	*v'née*
v'nōn	*qu'i viĕ́ne.*

Infinitif.	Participes.
v'ni	*v'nān*, *v'nu* (*vīn*)[1].

Voici maintenant comment se conjugue le verbe *vèe* (videre).

Indicatif présent.	Subjonctif.
j' vé, vèe	*quë j' vèe, vèche*
tu vé, vèe	*qu' tu vèe, vèche*
i vé	*qu' i vèe, vèche*
j' véyōn	*quë j' véyōn, vèchiōn*
vo véyée	*qu' vo véyée, vèchiée*
i vèe	*qu'i vèe, vèche*

1. *V'nu* est le participe passé du simple, *vīn* des dérivés de *v'ni*, comme *convīn, prévīn*, etc.

Imparfait.

j' véyée	*j' véyōn*
tu véyée	*vo véyée*
i véyé	*i véyée*

Parfait.

j' vi	*quë j' vīse*
tu vi	*qu' tu vīse*
i vi	*qu'i vī*
j' vīme	*quë j' vīsiōn*
vo vīte	*qu' vo vīsiée*
i vīre	*qu'i vīse.*

Futur.

j' vèré	*j' vèrōn*
tu vèrā	*vo vèrée*
i vèra	*i vèrōn.*

Conditionnel.

j' vèrée	*j' vèriōn*
tu vèrée	*vo vèriée*
i vèré	*i vèrée.*

Impératif.

vé	*véyée*
véyōn	*qu'i vèe*

Infinitif.	Participes.
vèe	*véyān, veu.*

Enfin on conjugue le verbe *fére* (facere) de la manière suivante:

Indicatif présent.	Subjonctif.
j' fèe	*quë j' fase*
tu fèe	*qu' tu fase*
i fé	*qu'i fase*
j' fézōn	*quë j' fasiōn*
vo féte	*qu' vo fasiée*
i fōn	*qu' i fase.*

Imparfait.

j' fézée, etc.	*j' féziōn*, etc.

Parfait.

j' fī	*quë j' fīse*
tu fī	*qu' tu fīse*
i fī	*qu'i fīse*
j' fīme	*quë j' fīsiōn*
vo fīte	*qu' vo fīsiée*
i fīre	*qu'i fīse.*

Futur.

j' f'ré	*j' f'rōn*
tu f'rā	*vo f'rée*
i f'ra	*i f'rōn.*

Conditionnel.

j' f'rée	*j' férīōn*
tu f'rée	*vo fériée*
i f'ré	*i f'rée.*

Impératif.

fé	*féte*
fézōn	*qu'i fase.*
Infinitif.	Participes.
fére	*fézan, fé.*

On voit par ce qui précède comment, en voulant la simplifier, le patois moderne a détruit l'harmonie de la conjugaison. Une des modifications les plus barbares a été dans toutes les conjugaisons l'emploi du singulier du pronom de la première personne (*jë*) à la place du pluriel *nou*; l'assimilation du parfait de la première conjugaison à celui des verbes faibles de la seconde n'est pas une innovation moins étrange; quant à la chute de l'*r* final de l'infinitif, elle a eu pour résultat l'identification du participe passé et de l'infinitif des verbes faibles de la seconde conjugaison.

Les verbes irréguliers ou défectifs ne donnent lieu qu'à peu d'observations; leurs formes anomales s'expliquent en général sans peine par les règles phonétiques que j'ai données plus haut. Je me bornerai à signaler le futur *lèré* de *lésié*; de *pluĕre* et *recipĕre* sont venus aussi régulièrement *pleure* et *recheure*, verbes qui appartiennent dès lors à la quatrième conjugaison[1].

Le verbe *mou(é)jié* (manducare) offre plus d'intérêt et les formes suivantes méritent de fixer l'attention.

Indicatif présent.

j' mouju	*j' mou(é)jōn*
tu mouju	*vo mou(é)jée*
i mouju	*i mou(é)juse.*

Impératif.

mouju	*mou(é)jée*
mou(é)jōn	*qu'i mou(é)juse.*

Participe passé.

mouju, *mou(é)jié* ou *mou(é)ji.*

On reconnaît facilement ici les débris du verbe *manguer* ou *manjuer*, si fréquent dans les anciens textes normands, nouvel exemple de la fidélité avec laquelle le patois moderne a parfois, tout en les modifiant, conservé les vieilles formes de la langue, qu'on pouvait croire depuis longtemps perdues.

Un fait qu'il faut remarquer aussi, c'est l'emploi comme neutres

1. *Lèré* = *lés(e)ré* (?). — *pleure* vient directement de *plu(e)re* et *recip(e)re* a donné successivement *reche(i)vre, recheure.*

d'un certain nombre de verbes dont les équivalents ne sont qu'actifs en français ; ainsi *mouvé*, *r'tiré*, etc.

Parmi les mots invariables quelques adverbes méritent une mention particulière :

1° Les adverbes de lieu.

ichin : ici. R. *ecce hic*.

ilo, ileu : là. R. *illo loco*.

in : y. R. *ibi* avec nasalisation de l'*i*.

ouèche : où est-ce ? — *ouèe* : où ? Ex. : *ouèe qu'il èe* (où est-ce qu'il est?). R. *ubi est* (*ecce hoc*).

amōn : dans. R. *ad montem*. Ex. *amōn lé cān*.

avō : en aval. R. *ad vallem*.

2° Les adverbes de temps.

anui[1], *agneu* : aujourd'hui. R. *ad noctem*.

aco, *éco*, *co :* encore. R. *hanc horam*.

3° Les adverbes de manière.

itou : aussi, également. R. *æque talis*.

amin : commode, aisé à prendre. R. *ad manum*.

adān : à plat (ventre). R. *ad dentes*.

a catōn : à quatre pattes. R. *ad cattum*.

a croupōn : accroupi. R. *ad kryppa* n.

a j'nouōyōn : à genoux. R. *ad geniculum*.

a vantriyōn : en rampant. R. *ad ventrem*.

1. C'est l'ancienne forme qui subsiste à côté de la forme moderne *agneu*. On retrouve cet adverbe dans la *Chanson de Roland*, v. 836 et 2758 sous la double forme *enoit* et *anuit :*

> *enoit* m'avint une avisiun d'angle.
> il jut *anuit* sur celle ewe de Sebre.

Il me parait évident, en effet, *nuit* se trouvant sous la forme *noit* v. 2495 et *en*, *an* n'étant pas toujours distingués dans l'orthographe, que nous avons affaire au même mot, ce qui n'a pas empêché M. L. Gautier de dériver *enoit* de *in hodie*, comme si ce dernier mot avait pu donner autre chose que (*h*)*oi* ou (*h*)*ui*.

ESSAI

SUR LE

PATOIS NORMAND DU BESSIN

SECONDE PARTIE

DICTIONNAIRE ÉTYMOLOGIQUE[1]

SIGNES CONVENTIONNELS ET ABRÉVIATIONS

å représente un son approchant de celui de l'ancienne diphthongue *au* et conservé dans quelques mots.

ẽ est un *e* demi-ouvert.

é représente un *e* fermé long.

ė est le signe de l'*e* ouvert long.

s représente la sifflante dentale sourde, *z* la sonore correspondante. — *c* a toujours le son *k*.

† indique les mots douteux, hors d'usage aujourd'hui ou que je n'ai pas recueillis moi-même.

* désigne les mots empruntés ou communs au français, mais dont la signification a été modifiée en normand, ou les mots normands en partie francisés et dans lesquels on ne trouve plus dès lors observées les règles de la phonétique normande. Devant un mot latin, * indique que ce mot est supposé ou n'appartient pas à la langue classique.

( ) Les lettres entre parenthèses ou ne comptent pas dans la

1. Malgré le titre, on ne trouvera pas dans ce dictionnaire les étymologies de tous les mots qu'il contient; n'ayant voulu qu'en donner d'à peu près certaines, je n'ai pas hésité à laisser de côté toutes celles qui m'ont paru douteuses ou trop aventurées; à plus habile que moi de combler cette lacune.

prononciation, — c'est en particulier le cas pour *i* après *gu* et *qu*, — ou se font à peine entendre : — c'est ce qui arrive à la trémulante *r*, en particulier après *t;* ou encore tantôt s'entendent, tantôt ne s'entendent pas : c'est ce qui se présente, par exemple, pour le son *ou*, qui parfois reste tel, parfois se développe en *ouo*.

R. veut dire racine. D., dérivé.

s. m. veut dire substantif masculin ; s. f., substantif féminin ; s. v., substantif verbal.

a. signifie adjectif ; ad., adverbe.

v. a. veut dire verbe actif ; v. n., verbe neutre.

pr. signifie pronom ; prép., préposition.

p. p. : participe passé.

cj. : conjonction ; i. : interjection.

a. : allemand ; a. a : ancien allemand ; a. h. a. : ancien haut allemand ; m. h. a. : moyen haut allemand.

ar. : arabe.

a. s. : ancien saxon ; ag. s. : anglo-saxon ; ang. : anglais.

got. : gothique ; nor. : norois ; sc. : scandinave.

nl. : néerlandais ; fl. : flamand ; hol. : hollandais.

c. : celtique ; br. : breton ; ir. : irlandais.

fr. : français ; pic. : picard ; prov. : provençal.

it. : italien ; esp. : espagnol.

A

ABATE, v. a. : abattre. V. *bate.*

D. *Aba,* s. v. m. : 1° ce qui abat. *Pluie d'aba :* pluie abondante, averse. — 2° Bruit, embarras. *Fĕre biin d'l'aba.*

Abatie, abatue, s. f. : ce qui est abattu ou ce qu'on abat. *Fĕre eune abatue d'ăbre.*

ABĔTE, ABĔQUE, s. f. : amorce. V. *bĕque.*

D. *Abĕté, abéqu'té,* v. n. : amorcer.

ABEURVÉ, ABREUVÉ, v. a. : abreuver. R.* *adbiberare*

D. *Abeurvoŭ, abreuvoŭ,* s. f. : abreuvoir.

ABI, s. m. : liens qui tiennent la tête d'une vache rapprochée du poitrail pour l'empêcher de brouter les pommiers. R. *habĭtus.*

D. *Abiyé,* v. a. : mettre un *abi* à une vache.

ABIĔME, s. m. : abîme. R. **abissimus.*

D. *Abiĕmé,* v. a. : abimer, salir.

ABIÉNÉ, v. a. : mettre en bon état, engraisser. R. *ad bene.*

ABLLÉ, s. m. : petit poisson blanc (en particulier la sardine) qui sert d'appât. R. * *albulettum*.

ABLLO, s. m. : pièce de bois que les charpentiers mettent sous l'arbre qu'ils veulent équarrir. R. *ad*, a. a. *bloc*.

ABO, s. m. : entraves qu'on met aux pieds d'un cheval.

ABOLI, v. a. : détruire, abolir. R. * *abolire*.

ABŌMI, v. a. : affadir, faire mal au cœur. *Cha m'abōmi l'ceur*. R. *ad*, * *vomire*[1].

ABOUŌLÉ, v. a. : renvoyer en roulant. V. *bouōlé*.

ABOUORNÉ, v. a. : borner. V. *bouorne*.

ĀBRE, s. m. : arbre. R. *arborem*.

ABRÉJIÉ, v. a. : abréger. R. * *abbreviare*.

ABRI, s. m. : tout ce qui sert à abriter. R. *apricus*.
D. *Abriā*, s. m. pl. : branches, paillassons qui servent d'abri.
Abrié, v. a. : abriter.

ABŪZIÉ, v. n. : abuser. p. p. *abuzi*. R. *abusus*.

ACABĀSÉ, v. a. : abattre, écraser. V. *cabā*.

ACACHIÉ, v. a. : ramener en chassant devant soi. R. *ad*, * *captiare*.

ACAGNARDI, v. a. : rendre paresseux. — *S'acagnardi* : devenir paresseux. R. *cagnar*; v. ce mot.
D. *Acagnardize*, s. f. : paresse, indolence.

ACATÉ, v. a. : acheter. R. *adcaptare*; cf. * *aj'té*.

ACHABRI, v. a. : assommer.

ĀCHE, s. f. : âge. R. *aetaticum*.
D. *Aji*, a. : âgé.

ACHOCRE, s. m. : lourdaud.

ACHUQU'TÉ (s'), v. r. : s'obstiner. — *Achuqu'té* : entêté. V. *chuque*.

ACLLABO, s. m. : cris, acclamations (Pluquet[2]).

ACLLĀSÉ (s'), v. r. : se tasser. R. *classis*.

AC'MODÉ, v. a. : préparer (un mets), accommoder. R. *accommodare*.

ACOCTÉ, a. : rouge comme un coq. V. *co*.

* ACONDUIRE, v. a. : amener. R. *ad*, *conducere*

ACONĔTE, v. a. : connaître, découvrir. p. p. *aconu*. R. *ad*, *cognoscere*.

1. Dans le patois de l'Yonne *bōmir* signifie *vomir*. (*Bulletin de la Société archéologique de Sens*, 1854.)

2. *Essai historique sur la ville de Bayeux*. In-8, Caen, 1829, ch. 48, p. 284.

ACOUCHIÉ, v. a.-n. : accoucher. p. p. *acouchi*. V. *couchié*.

ACOUORCHI, v. a. : raccourcir. V. *couōr*.

ACOUORI, v. n. : accourir. V. *couori*.

ACOUPLÉ, v. a. : coupler, réunir. R. *ad, copulare*.

D. *Acouplée*, s. f. : mouchoirs, etc., attachés ensemble pour la lessive.

ACOUTÉ, v. a. : appuyer, accoter.

D. *Acoute*, s. v. f. : appui.

ACOUVÉ (s'), v. r. : se baisser. R. *ad, cubare*.

ACRẼRE, v. n. : accroire. V. *crẽre*.

ACROPI, a. : accroupi. R. *ad, cropi ;* v. ce mot.

ACROQU(I)É, v. a. : accrocher. V. *cro*.

ADĀN, a. : sur la face, à plat ventre. *Tunbé adān*. R. *ad, dentes*.

D. *Adanté, andanté*, v. a. : placer l'ouverture en bas.

ADOUCHI, v. a. : adoucir. R. *ad, dulcis*.

ADRÉ, a. : adroit. V. *dré*.

ADRÉCHIÉ, v. a. : adresser. V. *dréchié*.

D. *Adréche*, s. f. : adresse.

AFĀBE, a. : affable. R. *affabilis*.

AFẼRE, s. v. : grande quantité. *Yān a eune afẽre*. R. *ad, facere*.

AFIÉBLI, v. a. : affaiblir. V. *fiẽble*.

AFILÉE, ANFILÉE, s. f. : traite, fois. *D'eune afilée :* en une fois. R. *ad, filum ;* cf. *fi*, 2.

AFIN, s. f. : fin. *O-z afīn :* à la fin. *O-z afīn d' Noël :* vers Noël. R. *ad, finis*.

AFIQUÉ, s. m. : colifichet.

* AFLLIJIÉ, v. a. : affliger. R. * *affligare*.

AFOUÉ, v. n. : grogner.

AFOUORQU(I)É, v. a. : enfourcher. V. *fouorque*.

D. *Afouorqui*, p. p. : à cheval.

AFROQU(I)É(S'), v. r. : fréquenter, se charger de. *I s'an ẽe afroqui :* il s'y est attaché. R. *ad*, a. h. a. *hrock*.

AGACHE, s. f. : pie. R. a. a. *agalstra*.

D. *Agachié*, 1° v. n. : crier comme une *agache*, se dit du cri des oiseaux qui craignent qu'on ne découvre leur nid. 2° v. a. : taquiner, *agacer*. Cf. aussi Diez, *Etym. Wœrterbuch*, s. v. *agazzare*.

AGAMÉ, v. n. ou v. a. : recevoir avec la bouche ce qui est jeté. V. *gamé*.

AGANBÉ, * AJANBÉ, v. a. : enjamber. V. *ganbe*.

D. *Aganbée*, * *ajanbée*, s. f. : enjambée, petite distance.

AGNÉ, s. m. : agneau. R. *agnellus*.

AGNEU, ad. : aujourd'hui. V. *anui*.

AGŌNI, AGŌNIZÉ, v. a. : accabler (d'injures). R. ἀγωνίαν.

AGRABATĔRE, a. : grabataire. R. *ad, grabatus.*

AGRACO, ad. : par hasard. R. *a, raccroc* (?).

AGRAPÉ, v. a. : prendre, saisir. V. *grapé.*

AGRĔRE, v. n. : agréer. R. *ad, gratus.*

D. *Agréābe*, a. : agréable.

AGRIOTE, s. f. : 1° cerise (espèce de) ; — 2° pl. caresses (Pluquet).

AGRIPÉ, v. a. : saisir. — *S'agripé :* s'accrocher. *An tunbān i s'agripi a eune branque.* R. *a,* a. a. *greipan.*

AGUÉ, s. m. : accueil amical. *Fé li agué :* fais-lui bon accueil, donne-lui la main, dit-on à un petit enfant. R. *ad* (?) a. h. a. *gāki.*

AGUEU, int. : adieu. R. *ad, Deus.*

† AGUILANEU, s. m. : étrennes. Cf. esp. *aguilando*, de *calendæ* d'après Schuchardt. (*Rom.* IV, 253.)

AJ'NOUŌYÉ, v. a. : mettre à genoux. — *S'aj'nouōyé :* s'agenouiller. R. *ad,* * *geniculus.*

D. *Aj'nouōyōn*, ad. : à genoux.

1. * AJ'TÉ, v. a. : acheter. V. *acaté.*

2. AJ'TÉ (s'), v. r. : se jeter, se réfugier. *I s'ĕc aj'té qu(i)eū noū.* R. *ad, jactare.*

D. *Ajé*, s. m. : 1° coulisse d'une porte. *Sté porte-la n'a pā d'ajé :* cette porte ne ferme pas bien. — 2° agencement. *N'ēte pā d'ajé :* n'être pas bien ajusté. — 3° † perte. *Yéra d'l'ajé :* il y aura de la perte.

* AJ'VÉ, v. a. : achever. R. *ad, caput.*

AJOUORNÉ, v. a. : ajourner. V. *jouor.*

AL, s. m. : ail. R. *allium.*

ALĀ, i. : hélas. R. *he! lassus.*

ALÉ, v. n. : aller. *Alé à la file à...* : fréquenter, courtiser la fille de... *S'n alé :* s'en aller. R. *adnare.*

D. *Al(e)ure*, s. f. : amble. *Bidéte d'al(e)ure.*

ALÉGNE, s. f. : alêne. R. a. a. *alasna.*

D. *Alĕgnie*, s. f. : grande longueur.

ALÉLŪYA, s. m. : nom vulgaire de l'*oxalis acetosella.*

ALÉNE, s. f. : haleine. R. *anhelare.*

D. *alĕnée*, s. f. : traite, fois. *I l'a beu d'eune alĕnée.*

* ALĔRME, s. f. : alarme. R. it. *all'arme.*

ALINÉ, v. a. : aligner. R. *ad, lineare.*

D. *Alin'man*, s. m. : alignement.

* ALMÉNA, s. m. : almanach. R. * *almanachus.*

ALONGUÉ, * ALONJIÉ, v. a. : allonger. R. * *allongare.*

D. *Alongue*, s. f. : allonge.

Alouégné, alouogné, v. a. : donner, porter à distance. *A louégné eune jife.* R. *loin*, dér. de *longe.*

Alouordi, v. a. : enlourdir. V. *louōr.*

Alumèle, s. f. : lame de couteau. R. *a* et *lumèle* pour *lamelle,* dim. de *lame* (*lamina*).

Alumi, alumé, a. : rouge d'ivresse ou de colère. R. * *adluminare.*

Amandé, v. a. : rendre meilleur, corriger. *Pin amandé :* espèce de brioche. R. *emendare.*

Amé, a. m., amère, f. : amer. R. *amarus.*

† Amègue, s. f. : cerise acide.

Am'nuchié, v. a. : amenuiser. R. *ad,* * *minutiare,*

Amèrteume, s. f. : amertume. R. *amaritudinem.*

Ami(n), s. m. : ami. *M'n amin :* mon ami. *Bouon ami :* amoureux. *Bouone amie :* amoureuse. R. *amicus.*

Amicābe, a. : amical, aimable. R. **amicabilis.*

Amignoné, v. a. : apprivoiser, rendre *mignon.* R. a. a. *minnia* (amour).

Amin, ad. : commode, facile. R. *ad, manus.*

Aminchi, v. a. : amincir. V. *minche.*

Amiqu(i)é, s. f. : amitié. R. * *amicitatem.*

D. *Amiqu(i)eū*, a. : caressant, affectionné.

Amōn, prép. : parmi, dans. *A mōn lé cān :* dans les champs. R. *ad, montem.*

D. *Amonté*, v. n. : monter, venir.

Amouch'lé, v. a. : mettre en tas, *amonceler.* V. *mouchée.*

Amouée, i. : cri pour lancer un chien sur quelqu'un. R(?) Corruption de *à moi.*

Amouéyé, v. n. : être sur le point de vêler. R. *ad,* * *molliare.*

D. *Amouéyante*, a. : vache qui est près de vêler.

Amouo, amouor, s. m. : amour. R. *amorem.*

D. *Amouoreū, amouoroū,* a. : amoureux.

Amouorachié (s'), v. r. : s'éprendre, *s'amouracher.*

Amouorèe, amouorō, amouorōque, s. m., pl. : noms vulgaires de l'*anthemis cotula.*

Amouoréte, s. f. : 1° amourette ; 2° nom vulgaire de la *briza media.*

Amunision, s. f. : munition. *Pin d'amunision.* R. *ad, munitionem.*

Amūzié, v. a. : amuser. — *S'amūzié*, v. r. : perdre son temps. R. *ad,* a. a. *muezōn* (être oisif).

D. *Amūzān*, a. : flâneur, qui perd son temps, qui s'attarde facilement.

Anbouorbé, v. a. : embourber. V. *bouorbe.*

ANBRACHIÉ, v. a. : embrasser. R. *in*, *brachium*.

* ANBRICOLÉ, v. a. : attacher une bricole. R. *in*, *bricole*.

ANBRIE, s. f. : chapeau d'étaiement.

ANBROQU(I)É, v. a. : embrocher. R. *in*, * *brocca*.

ANBRŌYÉ, v. a. : embrouiller. V. *brōyé*.

ANCABOTÉ, v. a. : mettre le foin en *cabo*. V. ce mot.

ANCHĔRJIÉ, v. a. : charger de. *I fō l'anchĕrjié*. R. *in*, *carricare*.

ANCHĪFĔRNÉ, a. : enchifrené. R. *in*, br. *sifern* (rhume).

ANCLLEUME, s. f. : enclume. R. *incudinem*.

ANCORNÉ, 1° a. : qui n'a pu se développer en parlant du fœtus d'un animal; 2° s. m. : espèce de calmar ou *loligo*. R. *in*, *cornu*.

ANCORS'LEURE, s. f. : corset. R. *in*, *corpus*.

ANCOUORAJÉ, v. a. : encourager. V. *couorāje*.

ANCROUÉ, v. a. : suspendre, accrocher. *Il ĕe resté ancroué dān lé branque*. R. *in*, *crucem*.

ANDŌ, s. m. : premier tour qu'on donne à un champ. R. *in*, *dorsum*.

ANDRÉ, s. m. : endroit. R. *in*, *directus*.

ANDOUŌRMI, v. a. : endormir. — *S'andouormi* : s'endormir. R. *in*, *dormire*.

ANÉ, s. m. : anneau. pl. *agniā* : anneaux de la charrue. R. *annellus*.

ANĔRCHIÉ, p. p. : qu'on ne peut arracher, résistant, entêté. R. *in*, *hirpicem*.

ANFALÉ, a. : se dit des poules, etc. dont le jabot ou *fale* est gonflé par le grain qu'elles ont mangé en trop grande quantité. V. *fale*.

ANFANTOMÉ (+), ANFŌTOMÉ, a. : se dit de quelqu'un qui, égaré dans l'obscurité, est supposé avoir marché sur une herbe malfaisante. R. *in*, *phantasma*. Cf. *Mélusine*, p. 46.

ANFÉ, s. m. : enfer. R. *infernum*.

ANFILÉ, v. a. : enfiler, river un clou, etc.[1] R. *in*, *filum*.

ANFLLÉ, v. n. : enfler, se gonfler. R. *inflare*.

D. *Anflle*, *anflleure*, s. f. : enflure.

* ANFLLEUBÉ (s'), v. r. : s'envelopper de quelque chose, s'affubler, s'attacher à quelqu'un, s'en charger. R. *affibulare*.

ANFŌN, a. : profond. R. *in*, *fundus*.

1. J'ai entendu se servir de ce verbe au jeu suivant. On se pose alternativement les poings fermés l'un sur l'autre en répétant le mot *j'anfile*.... puis au moment où son partenaire n'y pense pas, un des joueurs frappe un grand coup en ajoutant : *du cllou* !

ANFOUÔNÉ, v. a. : enfourner. R. *in, furnum.*

ANFOUÔRQU(I)É, v. a. : enfourcher. R. *in, furca.*

D. *Anfouorqueure*, s. f. : enfourchure.

ANFRËMÉ, v. a. : enfermer. R. *in, firmare.*

ANFRONTÉ, v. a. : déshonorer (une fille). p. p. *anfronté :* se dit d'une génisse *saillie* avant le temps. R. *ad, frontem.*

* ANGAJIÉ, v. a. : engager. R. *in, * vadiare.*

+ ANGARIÉ, v. a. : embarrasser.

ANGATÉ, v. a. : placer l'ouverture en bas. R. *in, gabata.*

ANGLÂJE, s. m. : nom donné, d'après Pluquet, par les marins de Port-en-Bessin aux côtes d'Angleterre.

ANGLÈQUE, a. f. : anglaise. Mot conservé dans *Englesqueville.* R. * *anglisca.*

ANGNEU, s. m. : ennui. R. *in, odio.*

D. *Annué(s')*, v. r. : s'ennuyer. *J' m'annue* : je m'ennuie.

ANGOULÉ, v. a. : saisir avec la gueule. R. *in, gula.*

ANGOUORDI, v. a. : engourdir. R. *in, gurdus.*

ANGRANCHIÉ, v. a. : mettre dans la grange. R. *in, granea.*

ANGRËNÉ, v. a. : engraisser avec du grain. R. *in, granum.*

ANGUÈRGOTÉ, v. a. : faire avaler de force ; cf. *anpâtlé.* R. *in, gurges.*

ANGUILGANDÉ, v. a. : attacher de travers. p. p. : embarrassé dans ses liens.

ANGULE, s. f. : anguille. R. *anguilla.*

ANHAÏ, v. a. : abandonner son nid, qui a été découvert, en parlant des oiseaux. R. *in,* a. s. *hatian.*

ANHANÉ, v. n. : avoir de la peine, faire une chose avec effort, souffler. R. *in*, onom. *han.*

ANHUNÉ, a. : suspendu par la hune, élancée en parlant d'une cloche. V. *hune.*

ANJÂBLEURE, s. f. : partie évidée au pourtour du fond d'un tonneau. R. *in,* fr. *jable,* peut-être identique à *gable.* V. ce mot.

1. ANJE, s. m. : petit papillon de nuit du genre teigne. (*Tinea pellionella.*) R. *angelus.*

2. ANJE, s. f. : espèce. *I m'an a doné d' l'anje.* R. s. v. de *enger :* infester, pulluler (? *enecare*).

ANJ'LÉ, v. n. : être saisi par le froid. *Pin anj'lé :* pain que le froid a empêché de lever. R. *in, gelare.*

D. *Anj'leure*, s. f. : engelure.

ANLICOTÉ, v. a. : mettre un licou à un cheval, etc. R. *in* et *licou* (*lie, col.*)

ANMANCHIÉ, v. a. : emmancher. R. *in, manica.*

ANMAYOTÉ, v. a. : emmaillotter. R. *in, macula.*

ANMĚLÉ v. a. : mêler, embrouiller. R. *in, miscularc.*

ANMULONÉ, v. a. : mettre en tas, en *mulon*, le blé, etc. R. *in, mulon ;* v. ce mot.

AN'NOU-Z AN : allons-nous-en. V. *alé.*

ANONCHIÉ, v. a. : annoncer. R. *in, nuntiare.*

D. *Anonche*, s. f. : annonce.

AN˜OSÉ (s'), v. r. : se mettre un os dans les dents en parlant d'un chien, etc. R. *in, os.*

ANOUYĚRE, a. f. : vache qui n'a pas vêlé dans l'année et n'est pas pleine.

ANPAFÉ, v. a. : bourrer d'aliments.

ANPANCH(I)É, a. : dont le feuillet est obstrué, ce qui arrive aux vaches qui mangent trop d'herbe le matin à la rosée. R. *in, panticem.*

D. *Anpancheure*, s. f. : obstruction du feuillet des bêtes à corne.

ANPĀT'LÉ, v. a. : donner la pâtée à un oiseau, engraisser une volaille en lui faisant avaler des *pâtons* (boulettes en farine détrempée). R. *in, pasta.*

ANPĀTURÉ (s'), v. r. : se dit des chevaux, des vaches, etc., qui se sont pris les jambes (le pâturon) dans la corde qui les attachait. R. *in, pastura.*

ANPĚCHIÉ, v. a. : empêcher. R. *impactare.*

ANPANDANTÉ, v. a. : pendre ensemble divers morceaux de linge. R. *ad, pendere.*

D. *Anpandantée, apadantée*, s. f. : morceaux de linge, etc., réunis et pendus ensemble.

ANPIĚRÉ, v. n. : empirer. R. *in, pejorare.*

ANPIĚGNE, s. f. : empeigne. R. * *impedina.*

ANPLLI, v. a. : emplir. R. * *implire.*

ANPŌMÉ, a. : avoir une pomme restée dans le gosier, en parlant des vaches. R. *in,* * *poma.*

ANPOUQU(I)É, v. a. : mettre dans un sac, une *pouque.* V. ce mot.

ANPOTÉ, v. a. : mettre du cidre, etc. dans un tonneau. R. *in, potus.*

ANPREŪ, ad. : après. R. *ad, pressus.*

ANQUE, s. f. : encre. R. *incaustum.*

ANQUĚNÉ, v. a. : enchaîner. *Anquěne lé.* R. *in, catena.*

ANQU'NÉE, ANT'NÉE, s. m. f. : poulain qui a plus d'un an, de l'année précédente. R. *antan (ante, annum).*

ANQUĔRCANÉ, v. a. : mettre à un porc, etc. un *quĕrcan* pour l'empêcher de passer à travers les haies. V. *quĕrcan.*

ANQUĔRÉ, v. a. : attacher une vache, un cheval, etc., par une corde, une chaîne, à un pieu fiché en terre. V. *quĕr*

D. *Anquĕrée,* s. f. : espace laissé pour paître à une vache, etc., attachée au *quĕr.*

ANROUTÉ, v. a. : mettre en train, faire faire les premiers pas. R. *in, rupta.*

ANSANBE, ad. : ensemble. *Fĕre d'ansanbe.* R. *in, simul.*

ANSANMĔLÉ, a. : troublé par la colère. R. *in, sanguis, misculare.*

ANSAQU(I)É, v. a. : secouer un sac de manière à faire descendre et à tasser le grain, etc., qu'on y a mis. R. *in, * saccus.*

ANSCRI, s. m. : antéchrist, monstre. *Ch'ĕe l'anscri.* R. *ἀντί, Christus.*

ANSIEUTE, ad. : ensuite. V. *sieute.*

ANTANDE, v. a. : entendre. R. *intendere*

D. *Antante,* s. f. : entente. *L'antante ĕe-t o dizeur* : la chose est équivoque.

ANTËR, ANTĔR, prép. : entre. *Antër noū.* R. *inter.*

ANTEURCHE, s. f. : entorse. R. *in, torquere.*

ANTËRPRANDE, ANTĔRPRANDE, v. a. : entreprendre, s'obstiner. R. *interprehendere.*

D. *Antërprénan, antĕrprénan,* a. : entreprenant, entêté, qui veut toujours avoir raison.

ANTĔRTËNI, ANTËRTÉNI, v. a. : entretenir. R. *inter, * tenire.*

D. *Antĕrténan, antrĕt'nan,* s. m. : verger attenant à une maison d'habitation.

* ANTIVÉLE, s. f. : avant-veille. R. *ante, vigilia.*

ANTORI, a. : taché, moisi. R. *in,* n. *torr.*

ANTO(U)NÉ, v. a. : verser dans un tonneau. R. *in* et *to(u)né* ; v. ce mot.

D. *Anto(u)noū,* s. m. : entonnoir.

ANTOUO, ANTOUŌR, prép. : autour. R. *a* et *touo(r).*

D. *Antouoré,* v. a. : entourer.

Antouorāje, s. m. : entourage.

ANTOUŌRTIYÉ, v. a. : entortiller. R. *in, torticulare.*

ANTRÉZ'LÉ, ANTĔRZIÉ, v. a. : mettre les gerbes de blé, etc., treize par treize. R. *in, tredecim.*

ANUI, AGNEU, ad. : aujourd'hui. R. *ad, noctem.*

D. *Anuité* (s'), v. r. : s'attarder jusqu'à la nuit.

ANVIÉ, v. a. : envoyer. R. *indeviare.*

ANVIEŪYOTÉ, v. a. : mettre le foin en tas appelés *vieūyote.* V. ce mot.

ANVLINÉ, v. a. : envenimer. R. *in, venenum.*

APANTI, s. m. : remise ouverte de plusieurs côtés. R. *appendicium.*

APARĔSANSE, s. f. : apparence (de fruits, etc.). R. *apparēre.*

APĔRCHEURE, v. a. : apercevoir. R. *ad, percipĕre.*

APĔRCHËVÉ, v. a. : apercevoir. p. p. *apĕrcheu.* R. *ad,* * *percipēre.*

APEŪ, APŌ, APOŪ, s. m. : regret. *I m'an fĕ biin apoū;* je le regrette bien. R. *ad, pavor.*

APIÉ, s. m. : rûche. R. *apiarium.*

APIĔJÉ, v. a. : fixer. *S'apiĕjé :* se poser en parlant d'un oiseau. R. *ad, pedicare.*

APĪPÉ, v. a. : attirer, séduire. R. *ad, pipare.*

APLLĔE, s. m. pl. : 1° lignes dormantes à un ou plusieurs hameçons fixées à une corde; 2° tout ce qui sert à faire quelque chose, attirail de charretier, outils. R. Diminutif de *appel* (appeau).

APOLON, s. m. : corsage de jupe.

APOUINTI, v. a. : terminer en pointe, effiler. R. *ad, punctum.*

APOUSÉ, v. a. : pousser vers. R. *ad, pulsare.*

APREŪ, prép. : après. V. *anpreū.*

APROCHIÉ, v. a. n. : approcher. R. **appropiare.*

APROFITÉ, v. a. : mettre à profit, utiliser. R. *ad, profectus.*

ARAJIÉ, v. n. : enrager. p. p. *araji :* enragé. *Tchin araji. Arajié sa vie :* gagner péniblement sa vie, faire une chose avec peine. *J'yarāje ma vie.* R. *in,* * *rabiare.*

† ARAMIE, s. f. : arrangement. R. *ad,* h. a. *rāman.*

ARANCHIÉ (s'), v. a. : se renverser, s'appuyer le dos contre quelque chose.

ARANJIÉ, v. a. : arranger. V. *ranjié.*

D. *Aranjān,* a. : accommodant.

ARĀT'LÉ, v. a. : râteler, ramasser en râtelant. R. *ad, rastellum.*

D. *Arāt'leure,* s. f. : râtelure.

ARDĔZE, s. f. : ardoise.

ARÉGNIE, s. f. : araignée ; cf. *éragnie.* R. *aranea.*

ARĔQUE, s. f. : arète. *A. du dō :* épine dorsale. R. *arista.*

† ARGANCHIÉ, v. n. : hésiter, perdre son temps.

ARGUILE, s. f. : argile. R. *argilla.*

ARGUIYON, s. m. : ardillon.

ARIĀ, AYĀ, s. m. pl. : embarras, bruit. *I n' fō pā fère tān d'ariā.*

ARIÈ̃RE, 1° ad. : arrière, derrière; 2° s. m. : l'automne. *A l'arière;* 3° *A l'arière*, loc. prép. : à l'insu. *A l'arière dé li.* R. *ad, retro.*

ARJAN, s. m. : argent. R. *argentum.*

D. *Arjanté*, a. : riche.
Arjantine, s. f. : nom de la *potentilla anserina.*

AROQU(I)É, v. a. : accrocher. R. *ad,* * *rocca.*

AROUTÉ, v. a. : mettre sur le chemin, ou faire parcourir le commencement. — *S'arouté :* s'accoutumer à. V. *anrouté*

ARSOULE, s. m. : ivrogne, *arsouille.*

ARUDÉ, v. a. : maltraiter. R. *ad, rudis.*

ARUDI, v. a. : rendre rude ou dur. R. id.

ASAN, s. m. : bon sens, raison. *Ya pā d'asan d'aveuc li :* il n'y a rien à attendre de lui. R. *ad, sensus.*

ASĀZIN, s. m. : assassin et assassinat. R. ar. *haschischin.*

ASEURÉ, v. a. : assurer. R. *ad, securus.*

ASIÈRE, v. a. : asseoir. — *S'asière :* s'asseoir, déposer. R. *ad,* * *sedēre.*

ASOUI, v. a. : étourdir, assommer. R. (?) *ad, sopire.*

ASTEU, ASTEURE, ad. : maintenant, eh bien! allons! R. *apud istam horam.*

Ā(T), s. m. : août. R. *Augustus.*

D. *Aoutā*, s. m. : petit insecte qui pique surtout au mois d'août, le *lepte automnal.*

ATANDI (en), loc. ad. : en attendant. — *Atandi que*, loc. conj. : attendu que. R. *ad, tam, diu.*

* ATĀCHIÉ, v. a. : donner ou prendre à tâche. V. *tāque.*

ATAQU(I)É, v. a. : attacher, attaquer. V. *taque.*

D. *Ataque*, s. f. : 1° action d'attacher. *Prande dé j'vā a l'ataque;* 2° mèche de fouet.

ĀTE, s. m. : âtre. R. a. h. a. *āstrih* (pavimentum).

ĀTÉLE, s. f. : morceau de bois en forme d'aile fixé de chaque côté du collier. R. *astula.*

D. *At'lée*, s. f. : *atlāje*, s. m. : chevaux attelés.
Ātélié, Ātéyé, s. m. : ouvriers loués pour faire la moisson.

ATICHIÉ, v. a. : taquiner. R. fr. *atiche.*

ATĪZIÉ, v. a. : attiser. R. *ad, titio.*

D. *Atīzée*, s. f. : feu ardent, quantité de bois mise dans le foyer.

ATOUQU(I)É, * ATOUCHIÉ, v. a. : toucher, attoucher. R. *ad*, a. h. a. *zuchōn.*

ATRĚNÉ, v. a. : amener de force, apporter en traînant. R. *ad, * tragimen.*

AVALÉ, 1° v. n. : descendre; cf. *d'valé.* — 2° v. a. : avaler. R. *ad, vallis.*

D. *Avalouĕre,* s. f. : gosier, facilité à avaler.

AVAN, a. : profond. *Qu'ch'ĕe avan!* R. *ab, ante.*

D. *Avanchié,* v. n. a. : avancer. R. **abantiare.*

AVÉ, v. a. : avoir. — s. m. : avoir, fortune. R. *habēre.*

AVĔNE, s. f. : avoine. R. *avēna.*

AV'NI, v. n. : convenir. — s. m. : avenir. R. *advenire.*

D. *Av'nān,* a. : affable, prévenant.

AVĔR, s. m. : porc, bétail. R. *habēre.*

AVĔRTIN, s. m. : caprice, tintouin. R. *a, vertere.*

AVEUC, DAVEUC, prép. : avec. R. *(de) apud hoc.*

AVIND(R)E, v. a. : atteindre. R. *advēnĕre* pour *advenīre.*

AVIRON, s. m. : élan. *Prande s'n aviron :* s'élancer. R. *ad, viria.*

D. *Avironé,* v. a. : lancer. — *S'avironé :* prendre son élan, se jeter sur.

AVOLÉ (s'), v. r. : s'élancer, se jeter sur. R. *ad, volare.*

AVONDÉ, v. n. : être plein. — *S'avondé :* s'engraisser en parlant d'un animal. R. *abundare.*

AVRI, s. m. : avril. R. *aprilis*[1].

D. *Avriéte, abriéte,* s. f. : 1° grenouille; 2° petit tourniquet en bois qui imite le coassement des grenouilles.

AYEUR, ad. : ailleurs. R. *aliorsum.*

B

1. BABÉ, BABÉTE, s. f. : diminutif de Elisabeth.

2. BABÉ, s. m. : espèce de poisson de mer plat, appelé aussi *pico (pleuronectes flesus).*

BAB'LUZE, s. f. : niaiserie.

D. *Bab'lūzé,* v. n. : niaiser.

BABEUR, s. m. : bâton qui sert à battre le *beurre.* R. *batue butyrum.*

BACHIN, s. m. : bassin. R. *bachinon.*

D. *Bachinouĕre,* s. f. : bassinoire.

* BACHO, s. m. : filet à écrevisses. R. br. *bak* (auge).

* BACON, s. m. : jambon. R. a. h. a. *bacho* (dos).

BACOUÉTE, s. f. : bergeronnette ou lavandière, appelée

1. *O mĕe d'avri, toute lé bĕte change d'abi.*
O mĕe d'avri, no dé vĕe a s' couvri.

aussi hoche-queue. (*Motacilla boarula* ou *alba*.) R. *batue caudam*.

Baculo, s. m. : bâton long environ d'un mètre, et qui sert à lancer le *pirli* au jeu de ce nom. R. *batue* * *culottum*.

Bad'lagoule, s. m. : bavard. R. *bats de la goule*.

Badinoū, s. m. : espèce de rouet. R. fr. *badiner*.

Bagné, 1° v. a. : baigner, inonder; 2° v. n. : nager, être inondé. *Cha bagne dān l'io*. R. *balneare*.

D. *Bagni*, p. p. : inondé, trempé.

Bagou, s. m. : bavardage, faconde. R. *batue gulam*.

D. *Bagoulé*, v. n. : bavarder.

Bagoular, s. m. : bavard.

Bagu'nā, s. m. : 1° fainéant. — 2° † tempête, désordre.

Bagué, s. m. : baquet. R. n. *bak*.

Bagu(i)é, v. n. : n'être pas tendu, faire des plis, être entr'ouvert, aller mal. R. c. *bag*.

Balé, v. n. : être pendant. R. *ballare*.

D. *Balandé*, v. a. : balancer. — v. n. osciller. *S'balandé*, v. r. : se balancer.

Baloqu(i)é, v. n. : pendiller, être agité.

Bālān, bālon, s. m. : qui erre à l'aventure, qui flâne. R. (?) *ballare*.

D. *Bālāné, bāloné*, v. n. : errer sans but.

Balé, s. m. : balai, langue. R. br. *balaen*.

D. *Baléque*, s. f. : femme bavarde.

Bal'qu(i)é, v. n. : bavarder.

Balié, v. a. : balayer.

Balieure, s. f. : balayure.

Baligan, s. m. : espèce de poulpe (*Octopus vulgaris*).

Balize, s. f. : pièce de bois mobile et soutenue par deux piliers verticaux, qui sert à clore un champ.

* Banboche, 1° s. m. : ivrogne ; 2° s. f. : excès de table. R. it. *bamboccio* (poupée).

D. *Banbochié*, v. n. : faire des *bamboches*.

Bancar, brancar, s. m. : fléau de balance en fer, la balance moins les plateaux. V. *branque*.

Bane, s. f. : 1° voiture formée de planches continues sur les quatre côtés et dans laquelle on charrie des pommes, de la chaux, etc. ; 2° (Port-en-Bessin) corbeille à poisson. R. *benna*.

D. *Bané*, * *bano*, s. m. : petite banne, tombereau qui sert à charrier des terres, du fumier, etc.

Ban'lé, v. a. : transporter dans une *bane* ou un *bano*.

Ban'lée, s. f. : charge d'une *bane* ou d'un *bano*.

Bani(r), v. a. : vendre à l'encan. R. a. *bann*...

D. *Banie*, s. f. : vente ou affermage à l'encan des récoltes, etc.
Banon (d'), loc. ad. : en liberté.

BANQUE, s. f. : partie surélevée d'un fossé, remblai. R. a. *bank*.

D. *Banqu(i)é*, 1° v. a. : faire ou relever la *banque* d'un fossé 2° v. n. : côtoyer ou suivre la *banque* ou le remblai (au jeu de boules).

* BANSÉLE, s. f. : banc peu élevé. R. Dim. de *ban(c)*, a. *bank*.

BÅQUE, a. : engourdi (par le froid). *Avé lé mīn båque*.

† BAR, s. f. : civière. R. a. *bahr*.

BARÉTE, s. f. : 1° mesure d'un demi-hectolitre ; 2° petit tonneau dans lequel on fait le beurre. R. c. *bar*.

D. *Bar'tée*, s. f. : plein une *baréte*.
Bar'té, v. a. : tourner une *baréte*, faire le beurre, agiter, battre.

BASE, BAZE, s. f. : servante. R. a. a. *bāsa*.

BATAR, s. m. : tas de foin fait le second jour de la fenaison. R. * *bastum*.

BATCHU, s. m. : petite voiture basse à deux roues. R. *bàtue culum*.

BATÉ, s. m. : bateau. R. ag. s. *bāt*; cf. ang. *boat*.

BATE, v. a. : battre. R. *bat(u)ere*.

D. *Bat'mān*, s. m. pl. : petite enclume et marteau dont les moissonneurs, etc., se servent pour *battre* leurs faux.
Bateū, *batoū*, s. m. : batteur. *Batoū an granche*, celui qui bat le blé dans la grange.
Batoū, s. m. : battoir, morceau de bois plat et muni d'un manche, avec lequel les lessivières *battent* le linge.
Bat'rie, s. f. : 1° dispute où l'on se bat ; 2° morceau de toile sur lequel on bat le colza, le sarrasin, etc. ; 3° partie de la grange où l'on bat le blé.

BAVE, s. f. : id. *Bave d' coucou* : sécrétion blanchâtre de la *cercope écumeuse*. R. (?) βαβάζειν.

D. *Bavé*, v. n. : 1° baver ; 2° bavarder.
Bavéte, s. f. : 1° baverette ; 2° femme bavarde.
Bav'réze, s. f. : bavarde.
Bavoléte, s. f. : coiffure en dentelle à ailes pendantes.

BAYÉ, v. a. : donner, *bailler*. R. *bajulare*.

D. *Bal*, s. m. : bail.

BĀYÉ, v. n. : 1° bâiller ; 2° bayer. R. 1° **badaculare*, 2° *badare*.

D. *Bāyon*, s. m. : 1° bâillon ; 2° trainard, lambin.
D. *Bāyoū*, s. m. : badaud, fainéant, nigaud. *Grān bāyoū*.

BÉ, BEC, s. m. : bec, bouche. *Marie bon bec* : bavarde. R. *beccus*.

D. *Bécache*, s. f. : 1° bécasse (*Scolopax rusticola*) ; 2° femme grande et sotte.
Bécachène, s. f. : bécassine (*Scolopax gigantea*).

Bécar, s. m. : veau, agneau de deux ans et deux dents.

Bécu, a. : veau, etc., dont les dents de dessus ou de dessous dépassent les autres.

Bécãyé, v. n. : donner de fréquents coups de bec, des baisers. *S'bécãyé* : se donner de fréquents baisers.

Béco, s. m. : 1° petit baiser ; 2° petite bécassine (*Scolopax gallinula*).

Bécoté, v. a. : 1° donner de petits baisers ; 2° donner de petits coups de bec, éplucher.

Bédãne, s. m. : bec d'âne.

Béqu(i)é, v. a. : donner un coup de bec, béqueter.

Béquie, s. f. : pâtée. *Doné la béquie.*

Béqué, s. m. : pointe de soulier.

BÉCHON, s. m. : boisson, R. *bibitionem*.

B'DAN, s. m. : espèce de pomme à cidre tachetée de roux.

BÉDO, B'DO, s. m. : dernier né d'une couvée. R. c. *bidan* (faible).

BÉDON, s. m. : bedaine.

D. *Bédonée*, s. f. : plein la panse.

BĔGUE, a. : bègue.

D. *Bégã*, s. m. : sot. *Grãn bégã* : grand nigaud.

Bégu(i)é, v. n. : bégayer.

BÉLE, BĔLE, s. m.[1] : berle (*Sium angustifolium* et *ochreatum*). R. **berula*.

+ BÉLIANE, s. m. : canard tadorne (*Anas tadorna*).

B'LIN, s. m. : bélier. R. fl. *bel* (cloche.)

BĔLIN, s. m. : espèce de patelle, nommée aussi *fllie* et *tériné* (*Patella vulgaris*). R. m. h. a. *berlin*.

BĔLUE, s. f. : berlue. R. *bis, lucem*.

D. *Bĕluéte*, s. f. : bluette.

BELZAMÉNE, s. f. : balsamine. R. βαλσαμίνη.

BÉNĔE, s. m. : benêt. R. *benedictus*.

BÉNON, s. m. : surnom. Cf. a. *beiname*.

1. BĔQUE, * BĔCHE, s. f. : hoyau. R.* *besca*.

D. *Bĕqu(i)é*, * *bĕchié*, v. a. : travailler la terre avec une *bĕque*.

2. BĔQUE, s. f. : appât. R. n. *beyta* ; v. *abĕte* et *bĕte*.

D. *Bĕqu(i)é*, v. a. : amorcer un hameçon.

BĔQU'VĔCHIÉ, v. a. : mettre sens dessus dessous.

BĔR, s. m. : 1° berceau ; — 2° pl. côté d'une charrette. R. * *bersa* (claie d'osier).

BĔRBI, s. f. : 1° brebis ; — 2° poutre du pressoir sur laquelle repose l'*émoué*. — *Langue d'berbi* : nom du *ranunculus flammula*. R. * *berbicem* pour *vervecem*.

BĔRCALE, s. f. : mauvaise viande de mouton. R. * *berbicalia*, de *berbex*.

1. Dans quelques localités ce mot est du féminin.

BĔRE, 1° v. a. n. : boire : — 2° s. m. : cidre, boisson normande par excellence. R. *bibere*.

BĔRJE, s. f. : premier estomac des oiseaux. R. * *bárica* de βάρις (barque).

D. *Bĕrjée, bĕrjie*, s. f. : plein la berge.

BĔRJIÉ, s. m. : berger. R. *vervicarius*.

† BĔRJINJŌN, s. m. pl. : seins. R. (?) Dérivé de *berje*.

BÉRO, s. m. : tube qui sert à transvaser un liquide.

BÉROUÉTE, BOUROUÉTE, s. f. : brouette, vinaigrette. R. *birota*.

D. *Bourouété*, v. n. : porter avec une brouette.

BĔRTÉLE, s. f. : bretelle. R. a. h. a. *brittil* (?).

* BÉSIQUE, s. f. : bésicle. R. *beryculus*, dim. de *beryllus*.

* BESTIAL, s. m. ; animal domestique, en particulier un bœuf ou une vache. R. *bestialis*.

BETCHEU, s. m. : rigaud, partie dure et pierreuse qui se rencontre dans la chaux éteinte, biscuit. R. *biscoctum*.

1. BĔTE, s. f. : appât, amorce. V. *bĕque*.

D. *Bĕté*, v. a. amorcer.

2. BĔTE, s. f. : bête. R. *bestia*.

D. *Bĕtā*, *bĕqu(i)ā*, s. m. : sot.
Bĕton, s. m. : jeune animal, sot.
Bĕtoné, v. n. : faire le sot.

1. BEU, s. m. : bœuf. R. *bovem*. V. *bieu*.

2. BEU, p. p. : bu, ivre. R. * *bibutus*.

BEUCHONÉ, v. n. boire comme un ivrogne. V. *béchon*.

D. *Beuchogné*, s. m. : qui aime à boire, ivrogne.

BEŪGU(I)É, v. n. : beugler, roter. R. * *buculare*.

BEŪLÉ, v. n. : beugler, pleurer. R. * *buculare*.

D. *Beūloné*, v. n. : beugler sans discontinuer.

BEURGUÉ, v. a. : pousser, maltraiter.

D. *Beurguie*, s. f. : poussée.

BĔZÉ, v. n. : courir çà et là en parlant des vaches poursuivies par les taons. R. a. h. a. *pisōn*, m. h. a. *bisen*.

B'ZĀYÉ, v. n. : boire sans discontinuer. R. id.

D. *B'zāyi*, *b'zé*, a. : demi-ivre.

BIBÉ, s. m. : petit diptère culicide, moucheron.

D. *Bibéte*, s. f. : petit bouton.
Bibi, s. m. : bobo.

BIDÉ, s. m. : cheval châtré, espèce de poney qui va l'amble. R. c. *bidan*.

D. *Bidéte*, s. f. : jument qui va l'amble. *Bidéte d'al(e)ure*.
Bidāyon, s. m. : cheval petit et chétif.

Bière, s. f. : mort. *Pale come la bière.* R. a. h. a. *bara.*

Bieu, beu, s. m. : bief. R. * *bedum*, ag. s. *bed.*

Bieure, s. m. : beurre. R. *butyrum.*

D. *Bieûrée*, s. f. : 1° beurrée, tartine au beurre, 2° volée de coups.

Bignoche, s. f. : morceau de bois tortu et raboteux. R. (?) a. h a. *bungo.*

Bijute, s. f. : petite cabane.

Binbouor, Binbouorde, s. f. : pied du déversoir d'une écluse.

Bino, s. m. : petit monceau de terre ; — javelles de blé ou de sarrasin placées debout et liées ensemble. R. * *binare* dér. de *bis.*

Bio, a. : beau. R. *bellus.*

Bi(h)o, s. m. : corne dans laquelle les moissonneurs mettent leur pierre à aiguiser. Cf. + *bu(h)o.*

Biōté, s. f. beauté, R. * *bellitatem.*

Bique, s. f. : 1° chevalet de *fagottier;* 2° vieille femme maigre. R. * *bicca,* cf. it. *becco.*

Biroque, s. f. : mauvais cheval.

Bisbis, s. m. : discorde. R. corr. de *bisbille*, it. *bisbiglio.*

Biscouin (en), loc. ad. : de travers, de biais. R. *bis, cuneus.*

Bisa, s. m. : bissac. R. *bis,* * *saccus.*

D. *Bisaqué*, s. m. : petite besace.

Bison, s. m. : buisson. R. *buxus.*

D. *Bisoné*, s. m. : petit buisson. *Les Bissonets*, nom d'une terre à Formigny.

Bisognère, a. f. : buissonnière.

+ Bistoqu(i)é, v. n. : frapper à l'aveugle. R. *bis, toquié.* V. ce mot.

D. *Bistoquéte* (à la), loc. ad. : à l'aveuglette.

Bité, v. n. : 1° se toucher en parlant des billes, des palets, etc. 2° + viser. R. n. *bita.*

Biyo, s. m. : billot. R. a. *bille* (tronc d'arbre).

Bīzé, s. m. : 1° pigeon de colombier ; 2° martinet. R. * *bisus* de (?) *bombycius.*

D. *Bīzéte*, s. f. : macreuse (*Anas nigra*).

Bllan, 1° a. m. bllanque, f. : blanc ; 2° s. m. : ancienne monnaie de cinq deniers. R. a. *blanch.*

D. *Bllanj'lé*, v. n. : geler blanc.

Bllanj'lée, s. f. : gelée blanche.

Bllé, s. m. : blé. R. *bladum.*

D. *Bllèré*, s. m. : blaireau. R.* *bladarellus*.
Bllâtrié, s. m. : blâtier. R.* *bladarius*.

Blléchié, v. a. : blesser. R. a. *bletzen*.

D. *Bllécheure*, s. f. : blessure.

Blléque, * blléche, a. : blet(te). R. n. *bleyta* (amollir), suéd. *blöt* (mou) ; cf. βλάξ (mou).

D. *Bllèqui*, **bllèchi*, v. n. : devenir blet(te).

Bllète, s. f. : motte de terre. R. **blista*.

Blleu, a. : bleu. R. a. *blau*.

D. *Bllué*, *blleublleu*, s. m. : bleuet (*Centaurea cyanus*).

Blloche, s. f. : prune sauvage. R. a. *blotze* (prune).

Bllōde, s. f. : blouse. Cf. v. fr. *bliaut*.

Blloqué, s. m. : fuseau à dentelle. R. a. h. a. *bloc*.

Bōbe, a. : bègue. R. *balbus*.

Boche, s. f. : bosse. R. fl. *butse* (bosse).

D. *Bochié*, v. a. : bosser. *Ch'ēe tou bochi*.
Bochu, a. : bossu.

Bōdé, s. m. : espèce de lit de sangle. Cf. *baudet* (âne). R. got. *balths*, a. h. a. *bald*.

Bōe, bouōe, s. f. : boue. *Ba la boe:* va-nu-pieds, vagabond. R. c. *baw*.

Bōne, s. f. : 1° morceau d'étoffe qui sert à couvrir les yeux ; 2° corde qui attache la chaloupe au bateau (Port-en-Bessin). R.* *bodina*.

D. *Bōné*, v. a. : bander les yeux.
Bōnibōnā (*a*), loc. ad. : à colin-maillard.

† Bōque, s. f. : boue.

D. *Bōqu(i)é*, v. n. : s'attacher aux chaussures, aux roues d'une voiture, — en parlant de la neige, de la boue en temps de dégel, — en emporter à ses chaussures. *Come on bōque, come cha bōque agneu*. Cf. *boté*.

Bōquin, a. s. m. : originaire du Bocage. *Chabō bōquīn*.

Bordé, 1° v. a. : relever le drap et la couverture d'un lit sous le matelas. — 2° v. n. : ne pouvoir avancer, en parlant d'une voiture engagée dans une ornière, etc. R. nl. *bord*.

1. Bote, s. f. : botte, tresse de paille que les lessivières se mettent autour des jambes pour se garantir de l'eau. R. a. *bütte*.

D. *Boté*, v. n. : emporter de la neige, etc., à ses chaussures.

2. Bote, s. f. : amas de foin, de paille, etc. pressé et réuni par un lien. R. a. *botte* (tonneau).

D. *Bot'lé*, v. a. : mettre le foin ou la paille en *bottes*.
Bot'lāje, s. m. : action de *bot'lé*.
Botiyon, s. m. : *botillon*, petite botte.

Bou, Bosc, s. m.: gui (canton de Balleroy). R.* *boscus*.

BOUĀLE, s. f. pl. : boyaux d'une volaille, etc. R. * *botacula*.

BOUBON, s. m. : bonbon. R. *bonum*.

* BOUCHIE, s. f. : bouchée. R. *bucca*.

D. * *Bouchié*, v. a. : boucher.
* *Bouchié*, s. m. : boucher (* *buccarius*).

BOUÉJIÉ, 1° v. n. : bouger. *N'bouōje pā*. 2° v. a. : changer de place. R. * *bullicare*.

BOUÉSON, s. m. : morceau de linge attaché à une baguette et qui sert à laver la vaisselle. R. * *boscionem*.

D. *Bouésoné*, v. n. : faire des riens, faire mal une chose.
Bouésogné, s. m. : qui s'amuse à des riens, maladroit.
Bouéson'rie, s. f. : chose sans valeur ou mal faite.

BOUÉYI, v. n. : bouillir, fermenter en parlant du cidre. R. *bullire*.

D. *Bouéyi*, s. m. : bouilli.
Bouéyie, s. f. : bouillie.
Bouéyon, s. m. : bouillon. *Bouéyon bllān* : espèce de molène (*Verbascum thapsus*).
Bouéyoné, v. n. : bouillonner.

BOUÉSÉ, s. m. : boisseau. R. *bustellus*.

BOUĔSIÉ, v. a. : baisser. R. * *bassiare*.

D. *Bouĕsiĕre*, s. f. : cidre qui reste dans un tonneau en perce depuis longtemps.

BOUÉTEURE, s. f. : 1° bouture. 2° + ménage. *Fére sa bouéteure :* faire son ménage, sa cuisine. R. m. h. a. *bōzen*.

BOUĔZE, s. f. : morceau de bois. R. * *boscia*.

BOUĔZIÉ, v. a. : baiser, frapper. *J' vouée t' bouĕzié :* je vais t'en donner. R. *basiare*.

D. *Bouĕzé*, s. m. : baiser, partie d'un pain qui, dans le four, a touché un autre pain et se trouve ainsi sans croûte.

BOUFÉ, v. n. : manger avidement. Cf. *bāfré*.

D. *Boufe*, s. f. : gourmandise, bonne table. *Ete for su la boufe.*
Boufar, s. m. : grand mangeur.
Bouf'labale, s. m. : gourmand.

BOUI, s. m. : buis. R. *buxus*.

BOUJE, s. m. : 1° partie renflée d'un tonneau ; 2° ventre, panse. *Prande du bouje*. R. *bulga*.

D. *Boujéte*, s. f. : petit sac en toile pour mettre de l'avoine.

BOUJOU, s. m. : bonjour. R. *bonum diurnum*.

BOULINGUÉ, s. m. : petit poisson qui sert d'appât pour la pêche des maquereaux. (Port-en-Bessin et Arromanches.)

BOUNÉ, s. m. : bonnet. *Bouné cāré :* fusain (*Evonymus europæus*). R. * *bonettus* de *bonus*.

D. *Bounéte*, s. f. : coiffure de femme de forme arrondie.

BOU(O)CFOUŌNÉ, v. n. : mettre sens dessus dessous, gaspiller. R. *bucca*, *furnum*.

D. *Bou(o)cfouōn'rie*, s. f. : gaspillage.

Bou(o)cfouōgné, s. m. : qui gaspille, qui fait les choses sans soin.

BOUOCSONÉ, v. n. : perdre son temps à des riens.

D. *Bouocson'rie*, s. f. : chose facile à faire ou sans valeur.

Bouocsogné, s. m. : qui fait les choses de travers.

BOUOLANJIÉ, v. a.-n. : boulanger. R. (?) *bulla*.

D. *Bouolanjié*, s. m. : boulanger.

Bouolanj'rie, s. f. : boulangerie.

BOUŌLAR, s. m. : bouleau (*Betulus alba*). R. *betulus*.

BOUŌLE, s. f. : boule. *Bouōle de nĕje :* viorne (*Viburnum opulus*). R. *bulla*.

D. *Bouōlé*, 1° v. a. : faire rouler; 2° v. n. : rouler.

Bouōlo, s. m. : qui ressemble à une boule. *Grō bouōlo :* enfant gros et gras.

Bou(o)loté, v. n. : aller assez bien.

BOUON, a. : bon. *Qu'ch'ĕe bouon !* R. *bonus*.

D. *Bouon'man*, ad. : simplement, sans apprêts. *An bouon'man :* franchement.

BOUOR, s. m. : bourg. R. a. *burg*.

BOUŌRACHE, s. f. : bourrache. R. ar. *boratsch*.

BOUŌRAQUE, s. m. : filet à prendre la crevette (Asnelles).

† BOUORBE, s. f. : bourbe. R. c. *berw*.

D. *Bouorbié*, s. m. : bourbier.

† BOUORDE, s. f. : bourde, tourte aux poires ou aux pommes.

D. *Bouord'lo*, s. m. : poire ou pomme entourée de pâte et cuite au four.

BOUORE, s. f. : 1° bourre; 2° femelle du canard; cf. *cane ;* 3° femme grosse et lente. R. *burra*.

D. *Bouōré*, v. a. : bourrer.

Bouōr'lié, s. m. : bourrelier, sellier.

Bouōrée, s. f. : fagot à un lien, *bourrée*.

Bouōr'lé, v. a. : faire des *bouōrée(s)*.

Bouōr'loū, s. m. : faiseur de *bouōrée(s)*.

Bouōriche, s. f. : bourriche.

Bouōru, a. : brutal, brusque.

Bouéréte, s. f. : petite *bouore* (cane).

Bouéro, *bouoro*, s. m. : jeune canard.

Bouéroté, v. n. : marcher lentement et lourdement comme une *bouore*.

BOUŌRÉ, s. m. : bourreau. R. * *burellus* de *burra*.

BOUŌRI, s. m. : ânon. R. *burricus*.

D. *Bouōrique*, s. f. : ânesse. *Fĕre tourné an bouōrique.*

Bouōriqué, *bouōrico*, s. m. : petit âne.

BOUORGOGNE, s. f. : coiffure de femme à ailes non pendantes. R. *burgundia*.

BOUORJÈNE, BOUORJOLÈNE, s. f. : bourdaine (*Rhamnus frangula*).

BOUORJON, s. m. : bourgeon. R. a. a. *burjan*.

D. *Bouorjoné*, v. n. : bourgeonner.

BOUORSE, s. f. : bourse. R. *bursa*.

D. *Bouorsouflé*, v. a. n. : boursoufler, enfler.

Bouorsoufleure, s. f. : boursouflure.

BOUŌZE, s. f. : bouse. *Bouōze de vaque*. R. (?) a. *butze*.

D. *Bouōzée*, s. f. : large bouse.

Bouōziyé, v. a. : bousiller.

Bouōziyāje, s. m. : bousillage.

BOUQUE, s. f. : boucle. R. * *bucula*.

BOUQUÉ : 1° s. m. sing. : un des noms de la crevette franche (*Palæmon serratus*) ; — 2° s. m. pl. *bouquĕe* : fleurs. R. * *boschettum*.

D. *Bouqu'toū*, s. m. : filet à crevettes.

BOUSTIFĀLE, s. f. : mets abondants.

D. *Boustifāyé*, v. n. : manger avec gourmandise.

BOUTÉLE, s. f. : bouteille. R. *buticula*.

BOUTOŪ, s. m. : filet à crevette que l'on pousse (boute devant soi (Isigny). R. m. h. a. *bōzen*.

BRACHE, s. f. : brasse. R. * *brachia*.

D. *Brachie*, s. f. : brassée.

Brach'lo, s. m. : brassière d'enfant.

BRAGUE, s. f. pl. : pantalon. — sing. : devant du pantalon. R. *bracca*.

D. *Braguéte*, s. f. : partie ouverte du pantalon.

BRAN, s. m. : son. R. c. *bran*.

D. *Brané*, a. : marqué de taches de rousseur.

Branée, s. f. : son délayé dans de l'eau.

BRANQUE, s. f. : branche. R. c. *brac*.

D. *Brancu*, a. : couvert de branches.

BRĀZIYÉ, s. m. : galette cuite sous la *braise*. R. a. *bras*.

÷ BRÉÈNE, s. f. : perdrix qui n'a pas couvé. R. ? ag. s. *barrayn* (stérile).

BRÉQUE, s. f. : brèche. R. a. a. *brecha* (rupture), nl. *breke*.

D. *Bréque-dan*, s. m. : édenté.

BREU, s. m. : levier qui maintient fixe l'essieu. R. Pour *breul* ; v. ce mot.

D. *Breulé*, v. a. : fixer l'essieu à l'aide du *breu*.

BREUL, s. m. : duvet des petits oiseaux (par analogie du duvet avec un taillis). R. * *brogilus* du c. *brog* (éminence).

BREŪLÉ, v. a. n. : brûler, être tout près. R. * *perustulare*.

D. *Breūloū*, s. m. : brûleur, morceau de bois non entièrement consumé qui brûle sans flamme et avec fumée.

Breūlée, s. f. : volée de coups.

Breūloné, v. n. : brûler mal et lentement.

BREUME, s. f. : brume. R. *bruma*.

BREUNE, 1° a. f. : brune ; 2° s. f. : soir. R. a. *braun*.

D. *Breuni*, v. n. a. : devenir ou rendre brun.

BRÉZI, s. m. : bois de Brésil ou de Campêche. *Sec, salé come brézi*. R. * *brasilium* de (?) a. a. *brëstan*.

D. *Bréziyé*, v. a. : réduire en petits morceaux.

BRI, s. m. : bruit. R. * *brugitus*.

BRICHE, s. f. : excrément. *D'la briche !*

BRI(Y)É, v. a. : broyer, pétrir à sec. *Pin bri(y)é* : pain à pâte ferme et courte. R. * *bricare ;* cf. s. *breca n*.

BRI(Y)ĔRE, s. f. : bruyère. R. * *brugaria*.

BRIN, s. m. : petit morceau, rien. *Yān a brin :* il n'y en a pas. R. c. *brienen*.

D. *Brino*, s. m. : petit brin.

Brinoté, brignoté, v. a. : manger du bout des dents.

BRINGUE, s. f. : fille mal tournée, dégingandée. *Grande bringue*.

BRINJE, a. : de couleur brune en parlant des vaches. R. * *bruneus* de l'a. *braun*.

D. *Brinjé*, a. : de couleur tirant sur le *brinje*.

BRIYÉ, v. n. : briller. *Cha n' brile pā :* cela ne brille pas. R. * *beryllare*.

BRĪZIÉ, v. a. : briser, labourer. *Brizié eune erbāje :* mettre un herbage en labour. R. a. a. *brestan*.

D. *Brizeure*, s. f. : brisure, labour.—*A la br.:* après un seul labour.

BRO, s. m. : broc. R. * *broccus* (?)

*BROCOLI, s. m. pl. : jeunes pousses que les choux coupés à l'automne donnent au printemps. R. it. *broccoli*.

BRŌE, BROUE, s. f. : écume. R. * *broda*, a h. a. *prod*.

D. *Broué*, v. n. : écumer.

BROQUE, s. f. : broche. R. * *brocca*.

D. *Broquéte*, s. f. : membrum virile.

BROSQUIN, s. m. : brodequin. R. fl. *brosekin*.

BRŌTÉ, v. a. : broûter. R. ag. s. *brustian* (bourgeonner).

D. *Brōtiyon*, s. m. : reste de pomme, etc. mangée. Cf. *rōtiyon*.

BROUÉTEŪ, s. m. : bruant *(Parus caudatus)*.

BROUINE, s. f. : pluie fine, *bruine*. R. cf. *broe, broue*.

D. *Brouiné, brouasé, brouachiné*, v. n. : pleuvoir légèrement.

BRŌYÉ, v. a. : brouiller. R. v. *breul*.

D. *Brōyon*, s. m. : brouillon.

BRU, s. f. : nouvelle mariée. R. a. a. *brūt*, n. *brūdhr*.

BRUMAN, s. m. : nouveau marié. R. n. *brūdhr mannr.*

BRUTA, a. : brutal. R. *brutalis.*

BUL'TÉ, v. a. : bluter. R. * *burra.*

BULÉTRIÉ, s. m. : filet en forme de pyramide à base hexagonale, qui sert à prendre les homards (Port-en-Bessin). R. (?) * *burra.*

BUNÉE, s. f. : caprice. *I va par bunée.*

BUNÉTE, s. f. : fauvette traîne-buisson (*Accentor* ou *silvia modularis*). R. Pour *brunéte* de l'a. *braun.*

+ BU(H)O, s. m. : 1° piége à taupes; 2° corne dans laquelle les faucheurs mettent leur pierre à aiguiser; v. *bi(h)o.* R. * *buca* (buie.)

BU(H)OTE, s. f. : 1° petite limace grise; 2° nom, dans le canton de Trévières, de la crevette grise (*Crangon vulgaris*[1]). R. id.

D. *Bu(h)oqu(i)é,* s. m. : filet en forme de poche, qui sert à prendre la *bu(h)ote.*

BŪQUE, s. f. : bûche. R. * *busca* pour * *bosca.*

D. *Būquéte,* s. f. : bûchette.

Buquiyie, s. f. : amas de bûchettes.

* *Būchié,* s. m. : bûcher.

BUR, s. m. : habitation. Conservé dans *Bur-le-Roi.* R. a. h. a. *būr.*

D. *Buré,* s. m. : porcherie.

* BURIO, BURO, s. m. : bureau. *L' gran buro,* l'hospice général à Bayeux. R. * *burrellus* de * *burra.*

BUTÉ, v. a.-n. : heurter, arrêter, rassasier. *S' buté :* se dégoûter. *J'an sieū buté :* j'en suis fatigué. R. a. *bōzen.*

D. *Butée,* s. f. : montée, côte.

BUTIYON, s. m. : panier haut et étroit. R. * *buticulonem.*

D. *Butiyie, butiyée,* s. f. : plein un *butiyon.*

BŪZOQU(I)É, v. n. : passer son temps à des riens. R. *busio.*

C

CĀ, a. : chaud. R. *calidus.* V. *cā(s),* 1, 2, 3.

CABĀ, s. m. : lourde voiture, vieux meuble. R. ar. *cafass* (panier).

CĀBLLÉ, 1° v. a. : fermer violemment; 2° v. n. : se fermer avec bruit, battre en parlant d'une porte, etc. *La porte a cābllé toute la gneu.* R. * *cadabulum* de καταβολή.

1. Dans ce sens ce mot n'a pas de pluriel.

CABO, s. m. : petit tas de foin, fait le premier jour de la fenaison. R. **capottum*.

CĀBREŪ, s. m. : conducteur de bestiaux. R. **caprorem*.

1. CACHIÉ, v. a. n. : chasser, conduire, enfoncer en frappant. R. *captiare*.

D. *Cache*, s. v. f. : 1° chasse; avenue, chemin étroit. *N'ĕte pā o bou d' sé cache* : n'être pas au bout de sa peine, n'être pas près d'avoir fini; 2° rut. *Vaque an cache*.

Cache-mounée, cache-pouque, s. m. : garçon meunier.

Cache-puche, s. f. : nom vulgaire de la *mentha pulegium*.

Cacheū, cachoū, s. m. : chasseur, conducteur de bestiaux.

Cachar, a. : paresseux, qu'on ne peut faire marcher. *Jeuman cacharde* : jument qu'on est obligé de frapper sans cesse.

Cachie, s. f. : troupe. *Cachie d' vaque*.

2. CACHIÉ, v. a. : cacher. *Veū-tu t' cachié?* R. *coactare*.

D. *Cachar*, a. : qui se cache, dissimule.

+ CACOUAR, a. : frileux, malade. R. *ca* et fr. *couar(d)*.

+ CACOUE, s. m. : roseau (Arundo phragmites). R. *ca*, préf. péjoratif, et *coue;* v. ce mot.

* CADÉCHISE, s. m. : catéchisme. R. *catechismus*.

CAFOUIN, s. m. : café faible et léger. R. corr. de *café*.

CAGNAR, s. m. : réchaud. R. it. *cagna*, dér. de *canis*.

CĀGNON, s. m. : chaîne qui relie la *hĕ̆e* à l'*és'lé* de la charrue. R. ** catenionem*.

CA(H)AN, s. m. : pot de terre surmonté d'une anse.

CĀJE, s. f. : cage. R. *cavea*.

D. *Cajie*, s. f. : plein une cage.

CALANJIÉ, v. a. : obtenir par-dessus le marché. R. **calumniare;* cf. ang. *challenge*.

CALÉ, v. n. : céder, reculer. R. ** chalare*.

D. *Calar*, s. m. : qui cède, poltron.

CAL'BOTE, s. f. : grumeau de lait. R. *coagulare* et?

D. *Calboté*, v. n. : prendre en grumeaux, en parlant du lait.

CALIBĔRDĀ, int. : patatras. R. *cali* et onom.

CALIBŌDÉE, s. f. : mauvais ragoût. R. *cali*, préf. péjoratif, et (?. Cf. A. Darmesteter, *De la formation des mots composés*, p. 112.

+ CALIBORGNON, s. m. : qui a la vue basse. R. *cali* et *borgne*.

CALICHE, s. m. : calice. R. *calicem*.

CALIFOUORQUÉTE (a), loc. ad. : à califourchon. R. *cali* et *furca*.

CALIMACHON, s. m. : (co)limaçon. R. *ca*, ** limacionem*.

1. CALIN, s. m. : petit limaçon de mer de forme arrondie (*Turbo littoreus*). R. pour *carlin*. Cf. *ran*.

2. CALIN, s. m. : éclair de chaleur. R. **calinus* dérivé de

calēre. Cf. prov. *calina* : chaleur ; *caline* (patois de Bray) : chaleur étouffante.

Calo, s. m. : silique du colza. V. *écalo*.

Calto, s. m. : barbue (*Pleuronectes rhombus*).

Cam'lo, s. m. : marchand ambulant. (Nom de l'étoffe donné à celui qui la vend.) R.* *camelotum* de *camelus*.

† Camiêre, s. f. : camomille (*Matricaria chamomilla*).

1. Can, s. m. : champ. *Amōn lé cān* : dans les champs. — R. *campus*.

D. *Canpagne*, s. f. : plaine. *La campagne de Formigny*.

2. Can, s. m. : côté, champ. R. *cantus*.

D. *Canté*, v. a. : incliner, mettre de champ.

Canté, s. m. : chanteau, reste d'un pain, morceau de pain bénit offert à celui qui doit le rendre à la fête suivante.

Canchière, s. f. : sillon transversal laissé au bord d'un champ.

Cantouorné, v. n. : tourner. *L'pié m'a cantouorné*. (*Cantus tornare*.)

Cān(t), prép. : quand, avec. *Cān li, d'cān li, cān-t é li, d'cān-t é li* : avec lui, en même temps que lui. R. *quando*.

Canbre, s. m. : chanvre. R. *cannabus*.

D. *Can'vière, canivière*, s. f. : chènevière.

Can'vieū, canivieū, canivū : s. m. : chènevis.

Can'bote, s. f. : chènevotte.

Canchon, s. f. : chanson. R. *cantionem*.

Candéle, s. f. : 1° chandelle. 2° gouet (*Arum vulgare*). — *Candéle d'glache* : stalactite formée par la congélation de l'eau qui tombe des toits, etc. R. *candela*.

D. *Candélié*, s. m. : 1° chandelier ; 2° fabricant de chandelles.

Cand'leur, s. f. : chandeleur (*candelarum*).

1. Cane, s. f. : cruche. R. a. *kanne*.

D. *Canée*, s. f. : plein une *cane*.

2. Cane, s. f. : femelle du canard. R. a. h. a. *kan* (barque).

D. *Canéte*, s. f. : jeune ou petite *cane*.

Canéte, canique, s. f. : bille.

Caniqu(i)é, v. n. : viser ou toucher avec une bille.

* Can'son, s. m. : caleçon.

Cani, v. n. : moisir, *chanir*. R. * *canire*.

Canté, v. a.-n. : chanter. Conservé dans les noms propres *Cantelou, Cantepie*, etc. R. *cantare*.

Caouan, s. m. : hibou. R. a. *chouch* (choucas).

Capé, s. m. : 1° chapeau ; — 2° couche de lie qui se forme sur le cidre après la fermentation. R. * *cappellus*.

D. *Capélié*, s. m. : chapelier.

Capéle, s. f. : chapelle. R. * *cappella*.

D. *Cap'lin*, s. m. : chapelain.

CAP'LEUZE, s. f. : chenille. R. *cattu pilosa*. Cf. ang. *catterpilar*.

CAPIN'CŌCHE (a), loc. ad. : sans faire de bruit. R. *capīna* (peau de chèvre), * *calcea*.

CAPOGNÉ, v. a. : donner des coups sur la tête. R. *caput* ou *ca* et *pugnus*.

CAQUEŪ, s. m. : couteau pour ouvrir les huîtres. R. hol. *kaakeu*.

† CARĀ, s. m. : sorcier.

CARABIN, s. m. : sarrasin (*Polygonum fagopyrum*). R. *calabrinus*.

† CARAPON, s. m. : bonnet d'homme en fourrure.

CARBO, s. m. : proscarabée (*Meloe proscarabæus*) [1]. R. Corr. d'*Escarbot*.

* CARCAN, s. m. : mauvais cheval. R. a. h. a. *querca ;* v. *quercan*.

CARDON, s. m. : nom donné à la crevette grise à Isigny. R. *cardonem*. Cf. *bu(h)ote* et *crévuche*.

CARDRON, s. m. : chardon. R. *cardonem*.

D. *Cardronéte*, s. f. : chardonneret (*Fringilla carduelis*).

CĀRÉ, v. a. : mesurer. R. *quadrare*.

D. *Cāre*, s. f. : angle et arête d'un corps, mesure d'un objet, morceau carré. *Eune care d'bouèe.*

Cāré, s. m. : 1° morceau de jardin carré. *Un cāré d'chou.* — 2° pierre de taille tendre de la grande oolithe qu'on trouve à Caen et à Creully, *carreau*. — 3° maladie de la pierre. (R. **quadratellum*.)

CĀRÉE, s. f. : charrée, cendre lessivée. R. * *carrada*[2].

D. *Cārié*, *cāroū*, s. m. : morceau de toile carré qui recouvre le linge dans la cuve et sur lequel on place la cendre qui doit être lessivée.

CAR'FOUO, CAR'FOUŌR, s. m. : carrefour. R. *quadrifurcum*.

CARĔM'PÉNĀN, s. m. : crèpe faite avec de la farine de froment et qu'on mange le mardi-gras ; *carême-prenant*. R. *quadragesima*, *prehendentem*.

CARI, s. m. : cheval petit mais vigoureux.

† CARIMĀLO, s. m. : charivari. R. *cari* pour *cali* et ?

CARNE, s. f. : 1° mauvaise viande, 2° cheval rétif. R. *carnem*.

1. Les enfants s'amusent à cracher dessus en lui disant : carbo, donne-moi de ton sang, et le *carbo* docile répand un liquide rougeâtre analogue à du sang.

2. Dans le patois de la vallée d'Yères (S.-Inf.), *carrée* signifie *chartée*. Cf. *Rom.* VI, 595.

† Cāron, s. m. : charron. R. * *carronem.*

Car(t), a. et s. m. : quart. *L'car m(ou)īn d'eune heure :* une heure moins un quart. *L'quĕr é l'car :* tout le monde. R. *quartus.*

D. *Carte,* s. f. : le quart du pot. (Un demi-litre.) R. *quarta.*
Cartron, s. m. : le quart de la livre.

Cart'lé, v. a. : mettre ou couper en quatre. *Pin cartlé :* petit pain de luxe fendu en quatre. R. * *quadratellare.*

1. Cā(s), a. : cassé. *Soné l'cā.* R. *cassus.*

2. Cā(s), s. m. : avoir, biens, meubles. *Perde tou san cā.* R. *casus.*

3. Cā(s), s. f. : chaux. *Fouōr a cā.* R. *calcem.*

Cās'qu(i)é, s. m. : étui à aiguilles. R. *capsa.*

Caso, s. m. : enveloppe en corne des fuseaux à dentelle R. * *capsottum* de *capsa.*

Castafouine, s. f. : excréments.

Castagneū, s. m. : geai de vigne ou petit grèbe (*Pod. minor*).

† Castara, s. m. : homme bizarre.

Castrole, s. f. : casserole. R. * *caza* de l'a. h. a. *kezi.*

Ca(t), s. m. : chat. *Erbe o ca :* nom de la *nepeta cataria.* R. *cattus.*

D. *Cate,* s. f. : chatte.
Caté, v. n. : faire ses petits en parlant de la chatte.
Catoné (s'), v. r. : se tapir. Cf. *cati* (s').
Catōn (a), loc. ad. : à quatre pattes.

*Cataplase, s. m. : cataplasme. R. κατάπλασμα.

Cate, a. : quatre. *I n'vō pā lé cate fĕr d'un tchin.* R. *quatuor.*

Cāté, s. m. : château. R. *castellum.*

Cat'linéte, s. f. : grèbe huppé (*Podiceps cristatus*). R. Dim. de *Catherine.*

Cati (s'), v. r. : se tapir. Cf. it. *quatto* dér. de *coactus.*

Catouōyé, v. a. : chatouiller. R. * *catulliare.*

Catuné (s'), v. r. : froncer le sourcil. Cf. *cati*(s').

*Cayaman, s. m. : nom du bernard-l'hermite (*Pagurus Bernhardus*). R. Corruption de *caïman.*

Cāyé, v. a. : cailler. R. *coagulare.*

D. *Cāyi,* a. : tacheté de noir et de blanc.
Cāyo, s. m. : caillot.

Cayou, s. m. : caillou.

Ceuré, s. m. : enfant de chœur. R. *chorus.*

Ceuru, a. : courageux, vigoureux. Cf. *quéru.* R. * *corutus.*

Ceuyé, v. a. : cueillir. R. * *colligare.*

CHA, pr. : ça, cela. *Por cha oui* : certainement. R. *ecce hac.*

* CHĀ, s. m. : bouillon clair, lavage.

CHABO, s. m. : 1° sabot; 2° lourdaud.

D. *Chaboté*, v. n. : marcher lourdement et avec bruit.

* CHABOUÉSO, s. m. : diable ou crapaud de mer (*Cottus scorpius*).

CHACOUTÉ, v. n. : bavarder.

CHAF'TÉ, a. : tacheté, froissé. Cf. *chaf'té* dér. de *chavate.*

CHAND(R)E, s. f. : cendre. R. *cinerem.*

D. *Chandriyon*, s. m. : qui passe sa vie au coin du feu, *cendrillon.*

* CHANJIÉ, v. a. : changer. R. * *cambiare.*

* CHANPLURE, s. f. : chante-pleure, robinet. V. *sanplure.* R. *canta, plora.*

CHAN(T), a. : cent. R. *centum.*

D. *Chantĕne*, s. f. : centaine.

* CHANTR'OLE, s. f. : piége formé d'un nœud coulant, qui sert à prendre les petits oiseaux. R. *cantare.*

* CHAPÉ, v. n. : aller de long en large. R. *cappa.*

D. * *Chapié*, s. m. : chantre qui porte la chape.

* CHAP'LÉ, s. m. : enduit formé de matière sébacée et de poussière sur le cuir chevelu des jeunes enfants. Cf. *capé.*

* CHAPOTÉ, v. n. : causer sans discernement. Cf. *chacouté.*

* CHARLO, s. m. : surnom du geai. R. *Carolus.*

* CHARME (*à*), loc. ad. : à merveille. *I s'porte à charme* ou *come un charme.* R. *carmen* ou peut-être *carpinus.*

* CHARTUQU(I)É, s. m. : charcutier. R. *caro, coctus.*

* CHĀTROU, s. m. : 1° qui châtre; 2° pieuvre (*Octopus vulgaris*). R. *castrare.*

CHAVATE, s. f. : savate.

D. *Chaf'té*, v. a. : déformer des chaussures.

Chaf'qu(i)é, s. m. : savetier.

CHE, pr. : ce. R. *ecce hoc.*

1. * CHÉ, s. f. : viande, chair. R. *caro.*

2. CHÉ, s. m. : paquet de chanvre non roui. R. * *cherium.*

CHÉLIÉ, s. m. : cellier. R. *cellarium.*

CH'RĔNE, S'RĔNE, s. f. : vase en terre de forme oblongue, percé à sa partie inférieure et dans lequel on met la crème. R. b. a. *schrantsen* (déchirer).

CHĔRFEUL, CHĔRFU, s. m. : cerfeuil. R. * *cerefolium.*

CHĔRFOUI, v. a. : serfouir. R. * *circumfodire.*

CH'RIZE, s. f. : cerise. R. *cerasus.*

D. *Ch'rīzié*, s. m. : cerisier.

*CHĔRJIÉ, v. a. : charger. R. *carricare*.

D. **Chĕrje*, s. f. v. : charge.

CHĔRVÉLE, s. f. : cervelle. R. **cerebella*.

CHĔR-VOLÃN, s. m. : cerf-volant ou lucane (*Platycerus cervus*). R. *cervum volantem*.

CHIBOLÉ, v. a. : secouer, agiter.

CHICON, s. m. : 1° morceau de pain; 2° laitue romaine. R. * *ciccum*.

CHICOTÉ, v. n. : marchander. R. (?) * *ciccum*.

D. *Chicoqu(i)é*, s. m. : qui marchande.

*CHIÉ, a. m., * CHIĔRE f. : cher. R. *carus*.

CHIFE, s. f. : 1° chiffe; 2° femme déguenillée. R. a. s. *chip*.

D. *Chif'té*, v. a. : fripper, chiffonner.

Chif'qu(i)é, s. m. : marchand de chiffons.

CHIGNOLE, s. f. : mauvais couteau.

CHĪLÉ, v. unip. : tomber en averse. *Come cha chile*. Cf. *jilé*.

D. *Chīlée*, s. f. : averse.

CHĪMAN, s. m. : ciment. R. *cæmentum*.

CHIME, s. f. : pousses d'un chou, etc., qui a été coupé. R. *cyma*.

D. *Chiméte*, s. f. : jeune ou petite *chime*.

Chimé, v. n. : pousser des rejetons, des *chimes*.

CHIM'QU(I)ĔRE, s. m. : cimetière. R. *cæmeterium*.

CHIN, ad. : ci. *Ichin* : ici. R. *ecce hic*.

CHĪN, n. : cinq. R. *quinque*.

D. *Chincante*, n. : cinquante.

Chincantĕne, s. f. : cinquantaine.

CHINCHOU, CHINSOU, a. : coriace, qui se rompt mal, en parlant du bois.

CHINÉLE, s. f. : fruit de l'épine-noire (*Prunus spinosa*). R. * (*coc*)*cinella*.

D. *Chinélié*, s. m. : épine noire.

CHINTURE, s. f. : ceinture. R. *cinctura*.

CHĪPÉ, v. n. : pousser des rejetons. R. * *cippare*.

D. *Chīpée*, s. f. : cépée, rejets touffus.

CHIPOTÉ, v. a. : remuer, agiter; marchander. R. (?) ag. s. *chipe* (lambeau).

D. *Chipoqu(i)é*, s. m. : qui marchande.

CHIQUE, s. f. : gros morceau de pain. Cf. *chicon*.

D. *Chiqu'tãyé*, v. a. : déchiqueter, couper en petits morceaux R. De *chiquet*, dim. de *chique*.

CHIRE, s. f. : cire. R. *cera*.

D. *Chireū*, a. : cireux, chassieux.

* CHĪVAN, s. m. : oiseau de tempête (*Procellaria pelasgica*). R. *caca ventum*.

CHIVE, s. f. : cive. R. *caepa*.

D. *Chibo*, s. m. : *cibot*, pousses de l'oignon repiqué.

CHOCHONÉ, CHONCHONÉ, v. n. : s'associer à deux pour faire une chose, en particulier fournir l'un un cheval, l'autre une voiture ou bien une charrue, pour former un attelage, labourer un champ en commun. R.* *socionare* de *socius*.

* CHŌDÉ, s. m. : soupe faite avec du lait et du cidre doux. R.* *Caldellum*.

† CHŌLE, s. f. : vogue, réputation. (Pluquet.)

CHOLÉ, v. a. : tourner.

CHOPĔNE, s. f. : chopine, mesure de la contenance d'un litre. R. a. *schoppen*.

CHOUĔNE, s. m. : petit pain mollet. Cf. br. *choanen*[1].

CHOUĔNOLE, s. f. : manivelle, treuil.

CHUCHIÉ, v. a. : sucer. R. *succare*.

D. *Chuche*, s. f. pl. : fleurs de chèvre-feuille dont on suce le sucre.

Chuchon, s. m. : enfant sevré qui cherche ou continue à téter.

Chuchoné, v. n. : parler à voix basse, se concerter, s'associer pour quelque chose. Cf. *chochoné*.

CHUCRE, s. m. : sucre. R. *sácchărum*.

D. *Chucré*, v. a. : sucrer; p. p. : friand.

CHUE, s. f. : ciguë. *Grande chue* (*Conium maculatum*). *P'tite chue* (*Æthusa cynapium*). R. *cicuta*.

CHUQUE, s. f. : souche. R. * *ceoca*.

D. *Chuquéte*, s. f. : petite souche, éclat de bois.

Chucar, s. m. : grosse souche noueuse.

CLLABŌDÉ, v. n. : courir dans la boue. R. *clabauder*; confondu avec *clapoter*.

CLLANQUE, *CLLANCHE, s. f. : loquet d'une porte. R. n. *klinka*, a. *klinke*.

D. *Cllanqu(i)é*, v. a. : lever le loquet ou la *clenchette* d'une porte.

CLLAQUE, s. f. : 1° claque ; 2° grive litorne (*Turdus pilaris*). R. Onomatopée.

D. *Cllaqu(i)é*, v. n. : claquer, bavarder.

Cllaqué, s. m. : bavardage; pl. *cllaquĕe* : nom vulgaire de la *digitalis purpurea*.

Cllacar, s. m. : espèce de crabe (*Portunus puber*).

1. CLLÉ, s. f., clef. pl. *cllée* : espèce de coins en bois que l'on enfonce entre les jumelles du pressoir, pour augmenter la pression. R. *clavis*.

1. La forme normande rend inadmissible l'étymologie *canonicus* proposée par M. Littré.

D. *Cllavoū*, s. m.: levier muni d'un crochet en fer qui tient fixe le *bano*.

2. CLLÉ, a. m. : clair; f. *cllère*. R. *clarus*.

CLLICHE, s. f. : dyssenterie. R. (?) a. h. a. *kliozan*.

D. *Cllich(i)é*, v. n. : avoir la dyssenterie.

Cllichar, s. m. : qui a la dyssenterie.

CLLINQUE, s. f. : coqueluche. R. (?) nl. *klikken*.

CLLIQUÉTE, s. f. : petit poisson de mer plat. R. fr. *cliqueter*.

+ CLLŌPOUIN, s. m. : espèce de crabe (*Cancer pagurus*). R. *pugnus*, *clausus*. A Saint-Malo on appelle ce crabe *poing clos*.

CLLOQUE, s. f. : cloche. R. * *clocca*.

D. *Clloquéte*, s. f. : clochette.

Clloqu(i)é, v. n. : rendre un son sourd, résonner.

CLLOQU(I)É, * CLLOCHIÉ, v. n. : clocher. R * *cloppicare*.

CLLOU, s. m. : clou, furoncle. R. *clavus*.

D. *Clloūqu(i)é*, s. m. : cloutier.

CLUCHIÉ, v. n. : glousser. R. n. *klocken*, ag. s. *cloccan*. Cf. l. *glocire*, prov. *clussi*.

D. *Cllucheuze*, s. f. : poule qui glousse, couveuse. Cf. a. *glucke*.

C'MAN, ad. : comment. *C'man-tèche?* comment est-ce? R. *quomodo, mentem*.

C'MANDÉ, v. a. : commander. R. *commendare*.

C'MODE, a. : commode. R. *commodus*.

D. *C'modité*, s. f. : commodité; pl. latrines.

C'MUN, a. : commun, vulgaire. R. *communis*.

1. CO, ÉCO, ad. : encore. R. *hanc horam*.

2. CO, s. m. : cou. R. *collum*.

3. CO, s. m. : coq. *Chanté l' co:* imiter le chant du coq, en parlant des poules, ce qui est un présage de mauvais augure[1]. R. * *coccus*.

D. + *Cocangule*, s. m.: le grand hydrophile (*Hydrophilus piceus*).

Coclico, s. m. : nom du *papaver rhœas*.

Cocsidroule, s. m. : nigaud, grand fat (*Coq citrouille*).

1. CŌCHIÉ, v. a.: chausser. *Cōchié dé chou :* les serfouir en les couchant et en en garnissant le pied de terre. R. * *calceare*.

D. *Cōche*, s. f.: 1° chausse. bas ; 2° poche qui termine le *chalut*.

Cōchéte, s. f. : chaussette.

Cōchon, s. m.: 1° chausson ; 2° espèce de tourte aux pommes.

2. CŌCH(I)É, v. a.: chauler. R. * *calciare*.

D. *Cōchie*, s. f.: chaussée.

Cōchīn, s. m. pl.: décombres, plâtras.

1. Voir *Mélusine*, p. 47 (20 janv. 1877).

COCHONÊ̆E, s. m. pl. : fruits de l'églantier (*Rosa canina*). R. fr. *cochon*.

D. *Cochognĕre*, a. f. : qui concerne la rose sauvage. *Ronche cochognĕre* : églantier.

COCO, s. m. : œuf, terme enfantin. R. *co* 2.

D. *Cocoponéte*, s. m. : nigaud, tâtillon.

* COCODRILE, s. m. : crocodile. R. *crocodilus*.

* COCZA, s. m. : colza (*Brassica arvensis*). R. fl. *koolsæd*.

CŌDRON, s. m. : chaudron. R. * *calderonem*.

D. *Cōdronée*, s. f. : plein un chaudron.

Cōdrogné, s. m. : chaudronnier.

CŌFÉ, v. a. : chauffer. R. * *calefare*.

D. 1° *Cōfe*, s. f. v. : 1° bois qui sert à chauffer en particulier le four ; — 2° l'action de chauffer. *A la cōfe du fouo* : pendant qu'on chauffe le four.

Cōféte, s. f. : chaufferette.

2 CŌFE, s. m. : coffre. R. *cóphinus*.

† COFI, v. a. : chiffonner, bosseler, gauchir.

COFICHE, s. f. : espèce de patelle (*Patella vulgaris*) appelée aussi *bĕlin* et *fllic*. R. *co*, ag. s. *fish* ; cf. *gofiche*.

COFIN, s. m. : cornet de papier. R. *cophinus*.

CŌFRĀLE, s. f. : bateau d'une volaille. Dér. de *coffre*. V. *cōfe* 2.

CŌGU(I)ĔRE, s. f. : R. *caldaria*.

CŌLATE, * CHŌLATE, s. f. : tringles de bois sur lesquelles on attache le glu des couvertures en chaume. R. l. *calcem*, a. *latte*.

* COLIDOR, s. m. : corridor. R. it. *corridore*.

COLIFAMÉ, a. : efféminé, coquet. R. *Coli* pour *Colin* (nom propre) et *femina* ; cf. fr. *colifichet*.

COLIN, s. m. : espèce de gade (*Gadus carbonarius*). R. *Colin*.

COMANCHIÉ, C'MANCHIÉ, v. a. : commencer. R. * *cuminitiare*.

D. *Comanch'man*, *c'manch'man*, s. m. : commencement.

COME, cj. : comme. *Come chi come cha* : pas très-bien. — *Come tou* : beaucoup. R. *quomodo*.

CŌMONI, a. : pourri, en parlant du bois.

CONS'VÉ, v. a : concevoir. R. * *concipĕre*.

D. *Cons'vābe*, a. : concevable.

CŌNE, s. f. : corne. R. * corna.

D. 1. *Cōné*, v. n. : sonner de la corne, faire du bruit et en particulier parler haut. *Cōné o-z oréle*.

2. *Coūōné*, *cōné*, v. a. : donner des coups de corne.

CONÉLE, s. f. : corneille. R. *cornicula*.

CONÈTE, v. a. : connaître. R. *cognoscere*.

CONFIÈRE, s. f. : consoude (*Symphytum officinale*).

CONPŌ, s. m. : culture qui prépare un champ à en recevoir une autre. R. *compositus*.

CONSEL, s. m. : conseil. R. *consilium*.

D. *Conséyé*, v. a. : conseiller.

CONSOMÉ, v. a. : abîmer, dévaster. R. *consommare*.

D. *Consomé*, 1° a. abîmé, couvert de boue. — 2° s. m. : fumier entièrement pourri.

CONTE, prép. : contre. R. *contra*.

CONTRINDE, v. a. : contraindre, R. *constringere*.

CONV'NI, v. n. : convenir. — p. p. *convīn*. R. *convenire*.

COQUE, s. f. : bucarde de mer (*Cardium edule* et *rusticum*). R. *concha*.

D. *Coquile*, s. f. : coquille. R. *Conchylium*.

Coquiāje, s. m. : coquillage. (Nom sous lequel on désigne les crustacés et en particulier le homard.)

COQUÉ, s. m. : 1° jeune coq; 2° espèce de pomme à cidre arrondie et grise. R. *coq*.

COQUÈNE, s. f. : coquine. R. *coquina*.

CŌQUE-SOUŌRI, s. f. : chauve-souris. R. *chouch* (?), ou *calca soricem*.

CŌQU(I)É, v. a. : chausser (une poule). R. *calcare*.

CŌQU(I)ÈRE, s. f. : côtière, pignon. R. * *costaria*.

CORBÉLE, s. f. : corbeille. R.* *corbicula* de *corbis*.

D. *Corbiyon*, s. m. : corbillon.

CORDE, s. f. : id. ; — ligne de fond pour pêcher les congres. R. *chorda*.

D. *Cordé*, s. m. : cordeau.

CORIJIÉ, v. a. : corriger, attendrir. R. * *corrigare*.

CORLU, s. m. : courlis (*Numenius arcuatus*). Cf. ang. *Curlew*.

CORLIEU, s. m. : petit courlis (*Numenius phæopus*).

* CORPORANCE, s. f. : corpulence. R. *corpulentia*.

CORSU, a. : gros de corps. R. *corpus*.

CŌSÉ, s. m. : plume dont les barbes ne sont pas encore développées ; — plume d'oie. — *Grō cōsé :* penne de l'aile. — *N'avé qu'lé grō cōsée*, se dit d'un oiseau dont les plumes ne font que commencer à pousser. R. Dim. de *cosse*, dérivé lui-même du nl. *schosse*, ang. *cod*.

COUANE, s. f. : couenne. R. *cutanea*.

* COUCHIÉ, v. a. : coucher. R. *collocare*.

COUCOU, s. m. : 1° coucou (*Cuculus canorus*). — 2° primevère officinale (*Primula officinalis*). — *Pin d'coucou :* un des noms de l'*oxalis acetosella*. R. *cuculus*.

COUDRE, s. f. : coudrier. R. * *colrus* de *corylus*.

COUE, s. f. : queue. R. *cauda*.

D. *Couéte*, s. f. : petite queue.

1. *Coué*, a. : muni d'une queue. *Ver coué :* larve de la mouche des communs (*Scathopse nigra*).

2. COUÉ, v. a. : couver. *Métoū d'poule a coué :* nigaud. R. *cubare*.

D. *Couée*, s. f. : couvée, grande quantité. *Eune couée d'éfān.*

† COUĔE, s. m. : paquet de chanvre roué. (Pluquet.)

COUĔFE, s. f. : coiffe. R. *cofea*.

D. *Couĕfié*, v. a. : coiffer; p. p. *couĕfi*.

Couĕfeure, s. f. : coiffure.

COUĔNE, s. m. : poltron, bête. R. *cutanea*.

COUĔPÉ, s. m. : copeau. R. * *coispellus*.

COUÉRĀJE, s. m. : courage. R. * *coraticum*.

COUÉRÉE, COURÉE, s. f. : rate. R. * *corata*.

COUÉRIACHE, a. : coriace, courageux, vigoureux. R * *coriaceus*.

COUÉRI, COUORI, v. n. : courir. R. * *currire*, p. p. *couoru :* couru ; — *couéru :* recherché.

D. *Couérеū*, *couéroū*, s. m. : coureur.

Couĕrsié, *couorasé*, v. n. : courir çà et là.

Couĕrsié, s. m. : coureur, rôdeur.

Couĕr'rie, s. f. : action de courir çà et là.

Couérante, s. f. : dyssenterie.

COUÉTE, s. f. : 1° lit de plume ; 2° † courte-pointe. R. *culcita*.

D. *Couéti*, s. m. : coutil.

COULÉ, 1° v. a. : passer (le lait), etc. ; 2° v. n. : se fondre en coulant. R. *colare*.

D. *Couloū*, s. m. : passoire, *couloir*.

Couline, s. f. : torche de paille[1] avec laquelle on se promène le soir de la veille des Rois en chantant le refrain suivant :

Couline vå lolo;
Pipe ō poumĭé,
Guerbe ō bouésé,
Bieure é lé,
Tout à planté[2].

1. Probablement on s'est servi aussi de torches en résine, de là le nom de *couline*.

2. « Couline vaut (produit) (?) lait; qu'un pommier fournisse une pipe (de cidre) ; une gerbe, un boisseau (de grain) ; que tout, beurre et lait, soit en abondance. » Cf. Pluquet, *Essai historique sur la ville de Bayeux* (in-8°. Caen, 1829), p. 18.

Couliné, 1° v. n. : se promener avec une *couline* et par extension avec une lumière quelconque ; 2° v. a. : brûler en se promenant une lumière inutilement, la faire *couler*. *Quĕ qui-la a couliné come cha la candéle ?*

COUŌDE, s. m. : coude. R. *cubitus.*

COUŌD(R)E, v. a. : coudre. R. *consuere.*

D. *Couōséte*, s. f. : couturière de bas étage.

COUORBÉ, v. a. : courber. R. **curvare.*

COUŌR, a. : court ; fém. *couorte. Ête a couōr* : être sans argent. — *Grō couōr, p'ti couōr*, s. m. : espèces de pommes à cidre de forme aplatie. R. *curtus.*

D. *Couortō*, s. m. : courtaud.

Couōrbatu, a. : courbatu. (*Curtus, batuere.*)

Couōrbateure, s. f. : courbature.

COUŌR, s. f. : cour. R. *chortem.*

COUORJE, s. f. : courge. R. (*cu*)*curbita.*

COUORTI, COUÉRTI, s. m. : jardin. R. *curtile.*

COUŌTÉ, v. n. : coûter. R. *constare.*

D. *Couōtāje*, s. m. : frais, dépense.

Couōtajeū, a. : coûteux.

COU(Ō)VRI, v. a. : couvrir. R. *cooperire.*

D. *Coūvroū, couōvroū*, s. m. : couvreur.

COU, s. m. : coup. *Trop à cou :* trop tôt. R. **colpus.*

D. *Coupé*, v. a. : mettre moitié d'eau sur du cidre. — *S'coupé* v. r. : être hors de prix.

Coupasé, v. a. : déchiqueter à coups de couteau, etc.

COURBAN, s. m. : espèce de tourbe qu'on trouve à Asnelles.

COUTÉ, s. m. : 1° couteau ; 2° espèce de solen. R. *cultellus.*

D. 1. *Cout'lé*, v. a. n. : donner des coups de couteau, *coutelasser* [1].

2. COUT'LÉ, v. a. : plier le linge. R. *coute* de *culcita.*

*COUT'PIÉ, s. m. : cou-de-pied. R. *collum pedis.*

COUTEUME, s. f. : coutume. *Eune fée n'ée pā couteume.* R. *consuetudinem.*

COUYON, s. m. : poltron. R. κολεός.

D. *Couyoné*, 1° v. n. : faire le poltron ; 2° v. a. : se moquer, en faire accroire.

CŌVÉTE, s. f. : corneille de clocher (*Corvus monedula*). R. a. *chouc.*

CRACHIÉ, v. n. : cracher. R. n. *kraki.*

D. *Crachiné*, v. n. : 1° cracher peu et souvent ; 2° tomber en pluie fine.

Crachināje, s. m., *crachinée*, s. f. : pluie fine.

CRĀGNÉRE, s. f. : maison en ruine. R. b. a. *Karn* (entaille).

CRAMAYIE, s. f. : *crémaillère.* R. **cremaculus.*

CRAN, s. m. : scie non montée. R. b. a. *Karn.*

1 *Mar martéle, avri coutéle, mé dou, quant i s'y mé, ch'ée l'piĕre d'to*.

CRANQUE, s. f. : crampe. R. s. *cramp*.

CRAPĀ, s. m. : crapaud. R. n. *kraup, krjūpa*, ag. s. *creōpan*. — *Crapā volān*: engoulevent. — *Crapā d'mé* : chabuisseau. — *Pin d'crapā* : nom de diverses espèces de champignons du genre agaric.

CRAPE, s. f. : crabe. V. *grape*. R. a. *krabbe*.

CRAQU'LIN, s. m. : cartilage. R. *crac*.

* CRASE, s. f. : vilain tour. R. *crassa*.

CRĀYÉ, v. n. : cracher avec effort. R. **craculare* ; cf. a. *krähen* et n. *kraki*.

D. *Crāyo*, s. m. : crachat épais.

CRÉQUE, s. f. : crèche. R. a. s. *cribbia*.

CRȨ̈RE, v. a. : croire. p. p. *creu*. R. *credere*.

* CRÉSANE, s. f.: crassane.

+ CRÉSÉ, s. m. : lampe en fer à crochet.

CRÉSON, s. m. : cresson. *Créson a la noué* : nom de la *cardamine hirsuta*. (Corruption de *cresson alénois*.) R. *crescionem*.

1 CRȨ̈TE, v. n. : croître. p. p. *creu*. *Mōvouēze èrbe crēe torjoū asé*. R. *crescere*.

D. *Crēsan*, s. m. : croissant, espèce de faucille pourvue d'un long manche.

Crēsance, s. f. : croissance.

Crétine, s. f. crue rapide d'une rivière.

2 CRȨ̈TE, s. f. : crète. R. *crista*.

D. *Crēt'lé*, v. n. : se dit du chant particulier que font entendre les poules quand elles sont sur le point de pondre.

+ CRÉTI, v. n. : frémir (Pluquet).

CRÉTŌN, s. m. pl. : résidus de la graisse que l'on fait fondre [1].

CREULE, s. f. : réunion de plusieurs grondins suspendus à une corde pour en faire un lot.

CRÉVON, QUȨ̈RVON, s. m. : chevron. R. **capronem*.

CRÉVÉTE, QUȨ̈RVÉTE, s. f. : crevette franche (*Palæmon serratus*). R. **capretta* (chevrette).

D. *Crévuche, quērvuche*, s. f. : crevette grise à Bayeux (*Crangon vulgaris*).

CRIATEURE, s. f. : créature, femme de mauvaise vie. R. *creatura*.

CRĪBE, s. m. : crible. R. *cribrum*.

CRICOUI, s. m. : criquet, chose peu nourrissante. *Viv'd'cricoui*.

* CRIGNE, CRȨ̈GNE, s. f. pl. : racines des mauvaises herbes qu'on arrache pour les brûler. R. **crinea* de *crinis*.

1. Cette graisse salée et épicée sert à faire une soupe très-estimée.

D. *Crignache*, s. f. : chevelure longue et mêlée.

Crignère, s. f. : crinière.

CRINDE, v. a. : craindre. R. *tremere*.

CRIEŪ, CRIOŪ, s. m. : crieur. R. *quiritare*.

CRION, s. m. : crayon. R. *creta*.

CRIQUE, s. f. : point du jour. *S' lëvé dêe la crique* (*du jour*). R. nl. *kricken*, ang. *creek* (id.) [1].

CRIQUÉ, s. m. : grillon (*Gryllus domesticus* et *Acrydium stridulum* et *grossum*). R. Onomatopée. Cf. kymr. *cricell*, nl. *krekel*, ang. *cricket*.

1. CRO, s. f. : pierre tendre qui se trouve à la surface d'une carrière. (Pluquet.) R. c. *crag*.

2. CRO, s. m. : croc. R. n. *krōk*.

D. *Croqué*, s. m. : crochet.

Croqu(i)é, v. a. : accrocher, attraper. V. *acroqu(i)é*.

Croque-pëzée, s. f. : mélange de plantes : vesce, pois.

CROCQU(I)É, s. m. : marchand d'œufs. R. pour *coquetier* de *coccus*.

CROÏ, a. : revêche. *Pie croï* : pie grièche appelée aussi pie cruelle (*Lanius excubitor*). R. * *crudius*.

CROPI, v. n. : croupir. R. n. *kryppa*.

CROUPÉTE, s. f. : courbette, révérence. R. diminutif de *croupe*.

D. *Croupōn*, *croup'tōn* (a), loc. ad. : accroupi [2].

CRŌTE, CROUŌTE, s. f. : croûte. R. *crusta*.

D. *Crōton*, *crouōton*, s. m. : petite croûte.

CROUÉ, CROUOUÉ, s. f. : croix. R. *crucem*.

CROUĚE, CROUOUĚE, s. f. : courroie. R. *corrigia*.

1. CROU(Ō)LÉ, v. n. : roucouler. R. (?) *corotulare*.

D. *Croūleū(r)*, s. m. : éleveur de pigeons.

2. CROUŌLÉ, CRŌLÉ, v. n. : crouler. R. *corotulare*.

D. *Crou(ō)lée*, s. f. : grande quantité.

CUJÉLIÉ, s. m. : alouette des bois ou farlouse (*Alauda arborea*.)

1. Cf. b. a. *De krik vam dage* : aurora rutilans. E. Müller, *Etymologisches Wœrterbuch der englischen Sprache*, s. v. *creek*. Ce mot est-il identique avec les vocables nl. *krieken*, ang. *creak*, gr. *κρίκειν*, fr. *criquer*, it. *criccare*, qui sont formés par onomatopée?

2. Il peut se faire que *croupōn* vienne plutôt de *cropi* que de *croupéle*, ou, ce qui est peut-être plus exact, que *cropi* ait contribué à lui donner sa forme définitive.

CULIÈRE, s. f. : courroie qui attache la selle à la croupière. R. *culus*.

CUNBLLÉ, s. m. : culbute, cabriole. R.* *cumba*.

D. *Cunblloté*, v. n. : faire des cabrioles.

CURO, s. m. : emplâtre, vésicatoire. R. *corium*.

*CUSTŌ, s. m. : sacristain. R. *custos*.

D

DADIN, [1], s. m. : niais, faiseur de riens. R. (?) ang. *dandle*; cf. a. *tandeln*.

1. DALE, s. f. : pierre d'évier. R. b. br. *dar*.

2. DALE, s. f. : rigole. R. ar. *dalulah* (?).

D. *Dalo*, s. m. : ruisseau (d'une rue).

Dalée, s. f. : quantité d'eau suffisante pour remplir une *dale*.

DAMĀJE, m. : dommage. R. **damnaticum*.

DĀN, prép. : dans, sur. *Il ẽe monté dān l'ābre.* — *Dān par ou* : imparfait, en suspens. *L'sié tou dān par ou.* R. *de intus*.

DAN, s. m. : dent. R. *dentem*.

D. *Danté*, v. a. : mordre.

Dantu, a. : qui a de fortes dents.

DANCHIÉ, v. n. : danser. R. a. h. a. *dansōn*.

D. *Danche*, s. f. : danse ; volée de coups.

DANJIÉ, s. m. : danger. R. **dominiarium*.

DAR, s. m. : vaudoise commune (*Squalius leuciscus*.) R. ag. s. *daradh*.

DARE, s. f. : bedaine, panse. R. c. *tar*, *dorr* (ventre.)

D. *Darée*, s. f. : plein la panse, — de quoi la remplir.

DARNE, s. f. : portion, morceau, tranche. R. br. *darn* (id.) Cf. sansc. *darana* : division.

DATE, s. m. : urine.

D. *Daté*, v. n. : uriner.

DĀZÉE, s. f. : bouse (de vache).

1. Ce mot semble avoir été modifié sous l'influence de *adais* avec lequel il est devenu presque synonyme.

DÉ, s. m. : doigt. *Grō dé* : pouce. *Chīn dée* : astérie ou étoile de mer. Cf. *fifote*. R. *digitus*.

D. *Dée*, s. m. : dé à coudre.

D. *Déyo*, s. m. : doigtier.

DÉBALTAFRIZÉ, v. a.: attraper, déranger. R. *dé*, ?, *friser*.

DÉBĚNE, s. f.: ruine. *Ěte dān la débène*: être mal dans ses affaires. R. *dé*, w. *biner*.

DĚBĚRJIÉ, v. n.: donner la pâtée à ses petits, en parlant des pigeons. R. *dé*, *běrje*.

DÉBĚRNĚQU(I)É, v. a.: dépêtrer. R. *dis*, c. *bernea* (jambe).

DÉBŌCHIÉ (s'), v. r.: se désespérer, se désoler. *In'n'ée tou débōchi*. R. *dé*, *bauche*.

DÉBOUŌLÉ, v. n. : s'ébouler. R. *dé*, *bouōle*.

DÉBOUŌRÉ, v. a. : débourrer. R. *dé*, *bouōre*.

DÉBOUORSÉ, v. a. : débourser. R. *dé*, *bouorse*.

D. *Débouōr*, s. m.: débours.

DÉBRAGUÉ (s'), v. r. : 1° ôter son pantalon (ses *bragues*); 2° se séparer de biens d'avec sa femme. *Il ěe débragui*: il est divorcé. R. *dé*, *brague*.

DÉBREŪLÉ, v. a. : enlever le *breu* d'une charrette. R. *dé*, *breu*.

DÉBŪQU(I)É, *DÉBŪCHIÉ, v. n.: décharger une voiture au haut d'une côte ou après un passage difficile, afin d'aller chercher à vide d'autres matériaux, etc., auxquels on ajoutera ensuite les premiers pour faire une charge complète. R. *dé*, *būque*.

DÉCABOCHÉ, a. : dont les *caboches* (clous à deux têtes) ont été arrachées. R. *dé*, *caboche* (*capoceus*).

DÉCALOTÉ, v. a. : enlever le dessus d'une chose. R. *dé*, *calotte*.

DÉCALOFRÉ, v. a.: débarrasser de son enveloppe. R. *dé*, *écalofré*.

DÉCARÉMÉ, v. a.: faire oublier le carême par un bon repas. R. *dé*, *carême*.

DÉCASÉ, v. a. : faire sortir, faire marcher, donner de l'activité. — *S'décasé* : se presser. R. *de*, *capsa*.

DÉCLLANQU(I)É, v. a. : soulever la *cllanque* d'une porte, l'ouvrir. R. *dé*, *cllanque*.

DÉCLLAYÉ, v. a.: décharger un tombereau en le faisant basculer. R. *de*, *clavis*.

DÉCŌCHIÉ, v. a. : déchausser. R. *dé*, *cōchié*.

DÉCORSE, s. f.: diarrhée. R. *de*, (?) *excorticea*.

DÉCOUŌD(R)E, v. a.: découdre. R. *dé*, *couōd(r)e*.

D'DĀN, ad. : dedans. *No l'a mi d'dān* : on l'a mis en prison. R. *de*, *de intus*.

DÉDOMAJIÉ, v. a. : dédommager. R. *dé*, *damāje*.

DÉFACHON (d'), loc. ad. : de prompte *défaite*, facile à vendre. R. *dis*, *factionem*.

DÉFILÉE, s. f. : longueur. R. *dis*, *filum*.

DÉFILOQU(I)É, v. a.: effilocher. R. *dis*, **filoccare*.

DÉFIQU(I)É, v. a. : détacher une vache, etc., attachée au *quẽ̆r*. R. *dis*, **figicare*.

DÉFŪN(TE), a. : feu. *Défūn sa mẽ̆re, sa défūnte mẽ̆re*. R. *defunctus*.

DÉGAJIÉ, v. a.: dégager. R. *dis*, **vadiare*.

DÉGANÉ, v. a.: contrefaire. R. *dis*, a. h. a. *geinōn* (ouvrir a bouc he).

DÉGĀYÉ (s'), v. r. : se rouler, prendre ses ébats, en parlant d'un cheval, etc. R. *de* et un radical qu'on retrouve dans *s'égailler*, probablement *æquare*. Cf. pr.* *degalha(r)* : laisser perdre, prodiguer, et *eigaier* Hon. : éparpilleur, *eiga(r)*, arranger.

DẼ̆GNE, a. : digne. R. *dignus*.

DÉGOTÉ, v. a.: déniaiser, rendre soigneux. R. *dis*, (?) *gutta*.

D. *Dégoté*, a. : alerte, fin, rusé, vigilant.

DÉGOU, s. m.: action de dégoutter. *Yo d' dégou*: eau de pluie tombée du toit. R. *dis*, *gutta*.

DÉGOUĀYÉ, v. n. : dégoiser. R. *dis*, (?) *gula*.

DÉGOULÉ, v. n. : vomir. R. *dis*, *gula*.

DÉGOUŌ, s. m. : dégoût. R. *dis*, *gustus*.

D. *Dégouōté*, v. a.: dégoûter.

DÉGOUORDI, v. a. : dégourdir, faire tiédir. R. *dis*, *gurdus*.

DÉGŌZIYÉ, v. n.: vomir, crier de toute sa force. *Qu'ée qu'il a à dégōziyé come cha?* R. *dé*, *gosier*.

DÉGRABOLIZÉ, v. a. : dégrader, déprécier, perdre de réputation.

DÉGRAVINÉ, v. a. : raviner. R. *dis*, *gravis*.

D. *Dégravine*, s. f. : crue d'eau (Trévières.)

DÉGRẼ̆SIÉ, v. a.: dégraisser, amaigrir une terre. R. *dis crassus*.

D. *Dégrẽ̆se*, s. f. : action de dégraisser, ce qui enlève l'engrais d'une terre.

DÉGRIYÉ, v. n. : glisser le long d'un talus. R. *dis*, *craticulum*.

DÉGROŪLÉ, v. n. : dégringoler. R. *dis*, *corotulare*.

DÉG'NASÉ, v. a. : faire partir, mettre en train. R. *dé*, *g'nase*; v. ce mot.

DÉG'NIYI, a. : déguenillé. R. *dé*, *guenille*.

DÉHANQUI, a. : déhanché. R. *dé*, *hanque*.

DÉJUNÉ, D'JEUNÉ, v. n. : déjeuner. R. *dis*, *jejunare*.

DÉJUQU(I)É, v. a. : faire descendre les poules, etc., du *juc*, les faire lever. *S' déjuqu(i)é* : se lever. R. *dé*, *juc*; v. ce mot.

DÉLĀBRE, s. v. : garnement, enfant qui brise tout. Cf. mil. *dislabrare*. R. *dis*, *labrum*.

DÉLACHIÉ, v. a. : délacer, R. *dis*, *laqueus*.

DÉLAIDE, s. f. : Adélaïde.

DÉLĀSIÉ, v. a. : délasser. R. *dis*, *lassus*.

DÉLE, s. f. : portion de terre labourable. R. a. s. *dēl* (partie).

* DÉLIBÉRÉ, v. a. : débarrasser, rendre libre. R. *de*, *liberare*.

DÉLIÉ, v. a. : délayer. R. *dilatare*.

* DÉLIJANSE, s. f. : diligence. R. *diligentia*.

DÉLIQU(I)É (s'), v. r. : se lécher. *I s'an délique lé barbe.* R. *dé*, *liqu(i)é* (a. *lecken*).

DÉMACHONÉ, v. a. : démaçonner. R. *dé*, *machoné*.

DÉMANJIÉ, D'MANJIÉ, v. n. : démanger. R. *dis*, *manducare*.

D'MANTÉ, DÉMANTÉ (s'), v. r. : s'occuper, s'inquiéter. *In'n së démante dë riin.* R. * *dementare*.

DÉMARCHIÉ (s'), v. r. : marcher avec affectation. R. *dé*, *marchié* ; v. ce mot.

DÉMARÉ, 1° v. n. : s'en aller, partir en parlant d'une voiture embourbée ; 2° v. a. : faire avancer. R. *dis*, nl. *marren* (attacher).

D'MĔLÉ, v. a. : démêler. R. *dis*, **misculare*.

D. *Démĕleū*, *d'mĕleū*, *démĕloū*, *d'mĕloū*, s. m. : démêloir.

D'MEURÉ, a. : impotent, incapable de se servir. *Il ĕe d'meuré d'un brā.* R.* *demorāre*.

DÉMIN (a), loc. ad. : hors de portée, incommode. R. *de*, *manus*. Cf. *amin*.

+ DÉMION, s. m. : mesure d'une demi-pinte ou d'un quart de litre [1]. R. *dimidius*, ?

1. *Marie Pinlon qu'ĕme mū sa pinte qué son démion.*

DÉMIŌNE, s. f. : demi-aune, mesure dont se servaient autrefois les tailleurs, les couturières, etc. R. *dimidius*, got. *alcina*.

D'MOUÉZÉLE, s. f. : 1° hie de paveur ; 2° libellule ; 3° grèbe huppé ; 4° réunion de trois ou quatre javelles placées debout les têtes liées ensemble ; 5° mesure d'eau-de-vie de la contenance d'un demi-décilitre. R. * *dominicella*.

D'MOUIN, ad. demain. R. *de*, *mane*.

DÉMUCHIÉ, v. a. : trouver, prendre, ce qui était caché. *Il a démuchi l' nic*. — *S'démuchié* : se montrer, sortir de sa cachette. R. *dis*, * *mutiare* ; cf. m. h. a. *muzen*.

DÉNIQU(I)É, * DÉNICHIÉ, v. a. : dénicher. R. *dis*, *nidificare*.

D'NONCHIÉ, v. a. : dénoncer. R. *denuntiare*.

DÉPANDE, v. a. : dépendre. R. *de*, *pendere*.

D. *Dépāndanté*, v. a. : dépendre (une porte, etc.), démantibuler.

DÉPATROŪYÉ (s'), v. r. : se tirer d'affaire. R. *dé*, *patroule* (patrouille.)

DÉPĀYÉ, v. a. : dépailler. *Sté quère là èe toute dépāyie*. R. *dis*, *palea*.

DÉPÉTRASÉ (s'), v. r. : se dépêtrer. R. *dis*, *pastorium*.

DÉPÉTRĀYI, a. : qui a les vêtements en désordre, la poitrine découverte. R. *dis*, * *pectoralia*.

DÉPIÉ, s. m. : dépit. R. *despectus*.

D. *Dépièté*, v. a. : dépiter, désespérer.

D'PIEŪ, ad. : depuis. R. *dis*, * *posk* pour *post*.

DÉPIŌSÉ, v. a. : enlever la peau, écorcher. R. *dis*, *pellis*.

DÉPLLĚZI, s. m. : déplaisir, R. *dis*, * *placire*.

DÉQUĚNÉ, v. a. : déchaîner. R. *dis*, *catena*.

DÉQUĚRÉ, v. a. : détacher une vache, etc., attachée au *quĕr*. R. *dé*, *quĕr* ; v. ce mot.

DÉQU(I)ĚDI, v. a. : faire tiédir. R. *dé*, *tiédir*.

DÉRACHINÉ, v. a. : déraciner. R. *dé*, *rachène*.

DÉRADÉ, v. n. a. : sortir de l'ornière en parlant d'une voiture. R. *dé*, *rade*, (n. *reida*.)

DÉRANJIÉ, v. a. : déranger. R. *dé*, *ranjiè*.

DÉRAVĚNE, s. f. : crue subite des eaux. R. *dis*, *rapina*. Cf. *dégravène*.

DÉRĚNÉ, 1° v. a. : déboucler la sangle qui attache le collier à la selle ; 2° v. n. : discontinuer. *Parlé sān dérĕné*. R. *dis*, *retina*.

D'RIN, a. : dernier. R. *de*, * *retranus*.

DĔRLĪN, s. m.: bruit métallique d'une chose qui tombe. R. Onomatopée.

D. *Dĕrlingu(i)é*, v.n. : rouler, rebondir avec bruit. *I l'a anvié dĕrlingu(i)é conte l'mur.*

DÉROBÉ (s'), v. r.: se cacher pour pondre en parlant d'une poule, etc., R. *dis*, a. a. *rauba.*

DÉROMP(R)E, v. n.: discontinuer, s'arrêter. *I l'a fé sān dérompe.* R. *dis*, *rumpere.*

DĔRTE, s. f.: 1° dartre; 2° espèce de pholade. R. c. *darwden.*

+ DÉRUNÉ, v. a.: défaire, déranger. R. *dis*, a. h. a. *rūmen.*

DÉSABIYÉ, 1° v. a.: déshabiller. — 2° s. m.: corps de jupe et corsage. R. *dis*, *habitus.*

DÉSANDE, v. n.: descendre. R. *descendere.*

DÉSARJANTÉ, a.: pauvre[1]. R. *dis*, *argentum.*

DÉSÉQU(I)É, v. a.: dessécher. R. *dis*, *siccare.*

DÉSĔSIÉ, v. n.: cesser. R. *dis*, *cessare.*

DÉSESPÉ, s. m.: désespoir. *An désespé d'li*: ne comptant plus sur lui. R. *dis*, *esperem.*

D'SOUŌ, ad.: dessous. R. *de*, *subtus.*

D'SU, ad.: dessus. R. *de*, *sursum.*

DÉTAMÉ, v. a.: faire perdre l'étamage. R. *de*, *stagnum.*

DÉTAQU(I)É, v. a.: détacher, (délier, enlever les taches.) R. *dé*, *taque*; v. ce mot.

DÉTAYÉ, v. a.: détailler. R. *dé*, * *taleare.*

D. *Détal*, s. m.: détail.

DÉTCHIRÉ, v. a.: déchirer. R. *dis*, a. a. *skirran.*

DÉTCHULOTÉ, v. a.: déculotter. —p. p. *détchuloté*: séparé de biens d'avec sa femme. Cf. *débragué*. R. *dé*, *tchulote*; v. ce mot.

DÉTESTĀBE, a.: détestable. R. *detestabilis.*

DÉTEURDE, v. a.: détordre. R. *dis*, *torquere.*

D. *Déteur*, s. m.: entorse. *S'doné un déteur.*

DÉTOUORBÉ, v. a.: déranger. R. *disturbare.*

D. *Détouorbié*, s. m.: brouillon, qui dérange les autres.

DÉTOUORNÉ, v. a.: détourner. R. *dis*, *tornare.*

D. *Détouor*, s. m.: détour.

DÉTRANPE, s. f.: mélange de farine et de lait avec lequel on fait la *galette*. R. *dis*, *temperare.*

1. *Il ĕe come le bon Gueu d'Arras, il ĕe bien désarjanté.*

DEU, 1° p. p. : dû ; — 2° s. m. : ce qui est dû. V. *d'vé.*

DEUL, s. m. : deuil, douleur, crêpe. R. *dolēre.*

DEUMÉ, s. m. : duvet. R. *dumetum.*

DEUMÉ, v. n. : muer. R. * *dumare* de* *duma* (n. *dūn.*)

D. *Deume*, s. f. : mue des oiseaux.

D'VALÉ, v. n. : descendre. R. *de, vallis.*

D'VĀN, ad. : devant. *D'vān quë* : avant que. R. *de, abante.*

D. *D'vanté*, s. m. : tablier.

D'vant'lée, s. f. : plein un tablier.

D'vantélière, s. f. : espèce de jupon, ouvert et boutonné sur le côté, que prennent les femmes pour monter à cheval.

D'VÉ, v. a. : devoir. R. *debēre.* Cf. *deu.*

* D'VINADE, s. f. : énigme, charade. R. *divinare.*

DÉVIZAJIÉ, v. a. : regarder avec persistance ou effrontément quelqu'un. R. *de*, * *visaticum.*

D'VIZE, s. f. : borne qui sert de limite aux champs. R. *divisare.*

DÉVRĀQU(I)É (s'), v. r. : s'en aller en bouillie en parlant d'un mets. R. *dé, vrac* ; v. ce mot.

D. *Dévrāque*, s. f. : chose confuse, désordre, débâcle. *S'an alé à la dévrāque.*

Dévrāquie, s. f. : mets trop cuit.

DÉZANNUÉ, v. a. : désennuyer. R. *dis, in, odio.*

DÉZANPĀNDANTÉ, v. a. : détacher d'une *anpāndantée.* R. *dés, anpāndanté* ; v. ce mot.

DÉZANQUĚRÉ (s'), v. r. : se détacher, en parlant d'une bête *fichée.* R. *dés, anquěré.* Cf. *déquěré.*

DÉZORIYÉ, v. n. : couper les oreilles. R. *dis, auricula.*

DICHIN, ad. : d'ici. R. *de, ecce hic.*

DIÉE, DIS, a. : dix. *Diée sou. I yān a dis.* R. *decem.*

DIĚMANCHE, DINMANCHE, s. m. : dimanche. R. *die(m) dominica(m).*

DIGU(I)É, v. a. : piquer. R. ag. s. *dicjan.* Cf. fr. *dague.*

D. *Digué*, s. m. : aiguillon.

Digoū, s. m. : ce qui sert à piquer, à *diguié.*

Digoné, v. a. : piquer sans discontinuer.

Digar, s. m. : épinoche (*Gasterosteus aculeatus.*)

Digue, s. f. : vieille femme acariâtre.

DIJÉSION, s. f. : digestion. R. *digestionem.*

DĪNĀN, a. v. : dinatoire. *Déjeuné dīnān.* R. * *disjunare.*

DĪNDĀN, s. m. : son des cloches. R. Onomaoptée.

DĪNDĀND'RIE, s. f. : dinanderie. R. *Dinant*, n. pr.

DIRE, 1° v. a. : dire. 2° v. n. : aller, marcher (en parlant d'un instrument de musique), tourner (en parlant d'un sabot). *Come i di biin! Fēre dire* : jouer (d'un instrument), faire aller (un sabot). *I n'sé pā l'fēre dire*. R. *dicere*.

DIRIJIÉ, v. a. : diriger, conduire. R. * *dirigare*.

DISCONTÉ, v. a. : escompter. R. *dis*, *computare*.

D. *Disconte*, s. f. : escompte.

DJA, ad. : dia. R. *di*, *va*. Cf. br. *dia*.

DO, prép. : avec. R. *de*, *apud*. V. *o*.

DOBICHE, s. f. : vieille femme avare. Cf. ang. *daub*.

DOLEURE, s. f. : copeau de bois enlevé avec la doloire ou avec la varlope. R. *dolare*.

DŌNE, s. f. : femme ridicule, sorcière. *Vieule dōne*.

DOQUE, * DOCHE, s. f. : patience (*Rumex crispus* et *obtusifolius*.) R. ag. s. *docke*.

DORMI, v. n. : dormir. R. *dormire*.

D. *Dormāyé*, v. n. : dormir mal, *dormailler*.

Dormeūze, s. f. : coiffure de femme sans *ailes*.

DOUBE, DOUOBLE, s. m. : double. R. *duplum*.

D. *Doubélié*, *doublié*, s. m. : nappe.

DOU, a. m. : doux. *Douche*, f. : douce. R. *dulcis*.

D. *Douch'man*, ad. : doucement.

Douchamēre, s. f. : nom du *solanum dulcamara*.

DOUÉ, s. m. : lavoir, ruisseau. R. *ductus*.

DOULEU, s. f. : douleur. R. *dolorem*.

D. *Douleureū*, a. : douloureux.

DOUNÉ, DONÉ, v. a. : donner. R. *donare*.

DOUŌZE, a. : douze. R. *duodecim*.

D. *Douozēne*, s. f. : douzaine.

Douoziēme, a. : douzième.

Dou(o)zévēque : nom d'une espèce de pomme à cidre bonne à manger. *Pome d' dou(o)zévēque*.

DOUTÉ, v. n. : douter. R. *dubitare*.

D. *Doutanche*, * *doutanse*, s. f. : soupçon.

DOUVE, s. f. : 1° fossé plein d'eau ; 2° renoncule (espèce de). *Grande douve* : nom de la *ranunculus lingua*.—*P'tite douve* : nom de la *ranunculus flammula*. R. *doga* (δοχή).

DOU(Ō)YĀN, a. v. : douloureux, en parlant d'une plaie. R. *dolēre*.

DOUŌYI, a. : sensible à la douleur. R. *ductilis*[1].

DRAJIE, DRANJÉE, s. f. : dragée. R. pr. *dragea*.

DRANÉ, s. m. : filet qu'on traîne à la marée basse. R. *Alé o drané*. R. ag. s. *dragan*. Cf. ang. *dragnet*.

DRAPÉ, s. m. : lange d'enfant. R. * *drappellum*.

DRÉ, a. : droit. R. *directus*.

D. *Dréchié*, v. a. : dresser. (* *Directiare*).

Dréneu, *drénou*, s. m. : nœud droit. *A drénou*. (*Directus nodus*.)

DRĔNÉ, DRÈNÉ, v. n. : parler lentement. R. ag. s. *dragan*.

DRIĔRE, adv. et s. m. : derrière, arrière. R. *de*, *retro*.

DRIGUE, s. m. f. : drille. *Bouon drigue* : bon garçon. *Vieule drigue* : femme peu honorable. R. a. h. a. *drigil*.

D. *Drigan*, s. m. : petit sabot.

Drigase, s. f. : femme perdue.

DROUE, 1° s. f. : nom du *bromus mollis*; 2° s. m. : sources d'eau douce dans les falaises de Port en Bessin[2].

DRUJIÉ, v. n. : s'amuser, mener une vie de dissipation[3]. R. c. *drud*.

* DUIRE, v. a. : dresser, maîtriser. *Ch' të duiré* : j'aurai raison de toi. R. *ducere*.

DUR, a. : rude, qui a perdu ses éléments alcooliques, en parlant du cidre. R. *durus*.

D. *Durchi*, v. a. n. : durcir, devenir *dur*, en parlant du cidre. R. * *durcire*.

Durcheur, s. f. : partie enflée et dure.

E

ÉBĔLUÉ, v. a. : éblouir. R. *ex*, *bis*, *lucem*.

D. *Ébĕlue*, s. f. : éblouissement.

Ébĕlué, a. : étourdi.

ÉBÉQU'TÉ, v. a. : enlever le bout, le *bec*. R. *ex*, *beccus*.

D. *Ébéquĕte*, s. f. pl. : pinces à dents pointues.

ÉBĔRE, v. a. : boire, absorber l'humidité. — *S'ébĕre*, v. r. :

1. Malgré leur origine différente on voit que le patois normand a fini par considérer *douōyān* et *douōyi* (ou *douōyé*) respectivement comme le participe présent et le participe passé d'un même verbe *douyé* pour *doulé* (*douloir*).

2. Pluquet leur donne le nom de *vrou*.

3. *I fō fĕre vie qui dure é non vic qui druje.*

tremper, s'imbiber d'eau, par exemple en parlant du linge mis dans la cuve ; s'assécher, s'évaporer en parlant de l'eau. *Eune fée qu' cha s' s'ra ébeu* : une fois que l'eau aura été absorbée. R. *ex, bibere.*

ÉBLLĚTÉ, v. a. : 1° écraser les mottes de terre ; — 2° jeter des mottes de terre à quelqu'un. R. *é, bllěte.*

D. *Ébllětoū*, s. m. : morceau de bois en forme de rouleau avec lequel on écrase les *bllětes.*

ÉBOUĀYÉ, v. a. : faire sortir ou enlever les boyaux du ventre. R. *é, bouāle.*

ÉBOUDINÉ, v. a. : écraser, faire sortir les *boudins* du corps. R. *ex*, * *boldinus* pour * *bod(e)linus.*

ÉBOUŌLÉ, v. n. : s'ébouler. R. *ex, bulla.*

D. *Ébouōl'man*, s. m. : éboulement.

ÉBOUQU'TÉ, v. a. : émousser, rompre le bout. R. *ex.* a. h. a. *bōzen.*

ÉBRANQU(I)É, v. a. : ébrancher. R. *é, branque.*

ÉBRÉQU(I)É, v. a. : ébrécher. R. *é, bréque.*

ÉBRĚRE (s'), v. r. : pousser un cri fort et subit. R. *ex*, * *ragire.*

D. *Ébré*, s. m. : cri subit. *Il a fé un ébré.*

ÉBRITÉ, v. a. : ébruiter. R. *ex, rugitus.*

ÉCABOCHIÉ, v. a. : écorner. R. *ex, capoceus.*

ÉCACHE, s. f. : échasse. R. h. *schaats.*

ÉCALE, s. f. : écaille, huître. R. got. *scalja.*

D. *Écalé*, v. a. : 1° écaler ; 2° écailler ; 3° déchirer. — *Pée écalé* : petits pois. *Il a écalé sa tchulote.*

Écaleur, écaloū, s. m. : écailler.

Écaleure, s. f. : déchirure ; gousses des pois *écalés. Lé-z écaleure d'pée.*

Écalō, s. m. pl. : siliques du colza battu.

Écalofre, s. f. : gousses des petits pois, des fèves, des haricots, etc.

Écalofré, v. a. : écaler des petits pois, etc.

ÉCALIÉ, s. m. : barrière fixe en forme d'échelle par-dessus laquelle on passe. R. * *scalarius.*

ÉCALOUÉ, v. a. : 1° poursuivre à coups de cailloux ; 2° enlever les pierres d'un champ. R. *é, caillou.*

ÉCAMÉ, s. m. : 1° pierre plate placée verticalement à l'entrée d'un cimetière, d'un herbage, etc. ; 2° côtés mobiles d'une charrette à gerbes (Caumont). R. *scamellum.*

ÉCAPÉ, v. n.: échapper. R. *ex*, *cappa*.

D. * *Écapade*, s. f. : échappade, échappée.

ÉCAPLLÉ, v. a. : donner à un madrier sa forme. R. *ex*, * *capulare*.

ÉCARÉ, v. a.: impatienter, mettre hors de soi. R. *ex*, a. s. *cara*.

ÉCĀRÉE, ÉCĀREURE, s. f.: largeur des épaules, d'une porte, etc. R. *ex*, *quadrare*.

ÉCASTILE, s. f. pl.: morceaux de bois aplatis sur une de leurs faces et réunis à leur extrémité, entre lesquels on fait passer les tiges du chanvre pour en enlever les graines. R. *é*, *castille*.

D. *Écastiyé*, v. a.: égréner le chanvre.

ÉCEUME, s. f.: écume. R. a. h. a. *scum*.

D. *Éceumoū*, s. m. : écumoire.

1. ÉCHANJIÉ, v. a.: échanger. R. *ex*, *cambiare*.

2. ÉCHANJIÉ, v. a.: essanger, laver une première fois le linge avant de le lessiver. *Échanjié la lessive*. R. * *exsaniare* confondu avec * *excambiare*.

ÉCHIGNÉ, v. a.: éreinter, *échiner*. R. a. h. a. *skina*.

D. *Échineū*, s. m.: espèce de grand couteau.

ÉCLLINCHIÉ, v. a.: éclabousser, faire sauter de l'eau, etc., sur quelqu'un. R. *ex*, a. h. a. *chlinkan*.

D. *Écllinchie*, s. f.: éclaboussure.

ÉCLLÉTE, (EQU'LÉTE), s. f. pl.: barres transversales que l'on met sur le bât d'un cheval, etc., pour transporter des gerbes de blé. V. *équéle*.

+ ÉCLLIQUÉTE, s. f. : batte de masque. R. *é* et *clique*, onomatopée.

ÉCNÉ, (ÉQU'NÉ), a.: mince, maigre. *Come il ēe-t écné*. R. (?) *skina*.

ÉCOCHIÉ, v. a. : écraser, écaler. R. *ex*, (?) fl. *schosse*.

D. *Écochéte*, s. f. pl.: casse-noisettes.

ÉCOCTÉ, (ÉCOQU'TÉ), v. a.: briser les épis sur la tige. *S'bllé la ēe tout écocté*. R. *ex*, (?) *concha*.

ÉCŌDÉ, v. a.: échauder. R. * *excaldare*.

D. *Écōdé*, *Écōdi*, p. p. a.: mûri avant son entier développement.

ÉCŌFÉ, v. a.: échauffer. R. *ex*, * *calefare*.

D. *Écōfēzon*, s. f.: échauffaison, échauffement.

Écōfeure, s. f.: échauffure.

ÉCORCHE, s. f.: écorce. R. * *excorticea*.

D. *Écorchié*, v. a.: écorcer, écorcher.

Écorchoū, s. m.: écorcheur, équarrisseur.

Ecoré, v. a.: appuyer, étayer. R. n. *skora*, (ang. *shore*.)

Écoreū, s. m.: vendeur de poisson à la criée. R. ag. s. *scor*, (ang. *score*).

Écoué, a.: dont la queue a été coupée. R. *ex*, *caudatus*.

Écouésin, s. m.: botte faite des herbes et de la paille de rebut, après que le *glui* a été fait. V. *escoué*.

Écouite, s. f.: derrière d'une voiture.

Écouorté, v. a: écourter. R. *ex*, *curtus*.

Écouté, v. a: attendre, prêter l'oreille. R. *a(u)scultare*.

D. *Écoute*, s. f. v.: 1° attente. *Ête o-z écoute*; 2° pl.: (amas de) neige qui persiste après le dégel.

Écouteū, *Écoutoū*, s. m.: écouteur.

Écraboūyé, v. a.: écraser, *écarbouiller*. R. *ex*, **carboculare*.

Écramé, v. a.: écrémer. R. *ex*, *crema*.

D. *Écramichōn*, s. m. pl.: mélange de crème et de lait, qui reste sur les pots à lait, après qu'on a enlevé la partie épaisse de la crème.

Écrāz(i)é, v. a.: écraser. D. *ex*, n. *krasa*.

D. *Écrā*, s. m.: grande quantité. *Yéra un écrā d'pome st'anée*.

Écréle, s. f.: 1° petite crevette des ruisseaux et des puits (*Gammarus* ou *niphargus putaneus*). 2° enfant décharné. *Mouēgre come eune écréle*. R. n. *schrael*.

Écreūlé, a.: à moitié cuit. *Ch'n'ēe qu'écreūlé*. R. *ex*, *crudus*.

Écri, s. m.: cri subit. R. subst. v. de *s'écrier*.

Écrieu, s. m.: écrou, vis de pressoir. R. *scrobis*.

Écrouōlé, v. n.: écrouler. R. *ex*, *corotulare*.

Éd'gouté (s'), v. r.: s'égoutter. R. *ex*, *de*, *gutta*.

Éfabi, a.: pâle, défait, tremblant.

Éfan, s. m.: enfant. R. *infantem*.

Éfarfāyé, v. a.: disperser en effrayant. R. *ex*, suéd. *farfall* (papillon). Cf. it. *farfalla*, pr. *esfarfalha*.

Éfarvate, s. f.: petite rousserolle (*Sylvia arundinacea*.)

Éfllanchi, v. a: échancrer (une chemise). R. *ex*, *flaccus*.

Éforchié (s'), v. r.: s'efforcer. R. *ex*, *fortia*.

Éfouchié, [1] v. a.: faire peur, mettre en fuite. R. *ex*, ag. s. *folc* (troupeau).

1. La forme *effouquié* est donnée par M. Moisy, mais je ne l'ai pas entendue.

D. *Éfouchi*, p. p. : effarouché, peureux, timide. *Qu'il ẽe-t éfouchi !*

ÉFOUDRÃYÉ, v. a.: faire fuir, disperser en faisant peur. R. *ex, fulgur*.

ÉFOURACHIÉ, v. a.: effaroucher. R. *é, farouche* transformé en *fourache*, peut-être sous l'influence des formes *éfouchié, éfoudrãyé*.

ÉFRÉYÃBE, a.: effroyable. R. *ex, * frigidabilis*.

ÉGACHIÉ, v. a.: agacer les dents, en parlant d'une chose acide, d'un bruit, etc.. V. *agachié*.

ÉGALI, v. a.: faire éprouver ce mélange d'engourdissement et de douleur qu'on ressent dans les mains, quand on ne serre pas assez un objet qui reçoit une commotion. R. *é, gali*.

ÉGOẼNE, s f.: scie à main.

D. *Égoïné*, v. a.: égorger.

ÈGRE, 1° a.: aigre, acide; 2° s. m.: vinaigre. R. *acrum*.

ÉGRIYOŨ, s. m.: déversoir, écluse. R. *ex, craticulum*.

ÉGROUÉ, v. a.: égréner. R. *ex*, ag. s. *grut*.

D. *Égrouĩn*, s. m. pl.: grains, épis qui tombent quand on charrie le blé trop mûr ; rebut du battage.

ÉG'NOTÉ, 1° v. n. : manger difficilement. — 2° v. r. : *S'ég'noté* : tuer ses puces, en parlant d'un chien. *Qu'ẽe qui viin s'ég'noté la ?* R. *é* et *g'note*.

ÉGU, a. : aigu. R. *acutus*.

D. *Éguchié*, v. a.: aiguiser. P. p. *éguchi* : pointu.

ÉGUÉRÉ, v. a. : égarer. R. *ex*, a. h. a. *warõn*.

ÉGULE, s. f. : aiguille. R. * *acucula*.

D. *Égulie*, s. f. : aiguillée. *Eune égulie d'fi.*

ÉLÉTÉ, v. a. : élaguer, ébrancher un arbre. R. *ex*, a. *latte*.

ÉL'VEURE, s. f. : petite ampoule qui vient sur la peau. R. *ex, levare*.

ÉLẼZIÉ, v. a. : élargir. R. *ex, latus*.

D. *Élẽze*, s. f. : largeur. *Doné d'l'élẽze.*

ÉLIÉ, v. a.: séparer le cidre qui a bouilli de la lie. R. *é*, fr. *lie*.

D. *Élieũ*, s. m. : tonneau où l'on met le cidre à fermenter, afin de l'*élié* ensuite.

ÉLINGUE, s. f. : 1° fronde ; 2° espèce de *gode* (*Gadus molva.*) R. a. h. a. *slinga*.

D. *Élingu(i)é*, v. a. : lancer avec une fronde.

ÉLOQU'TÉ, v. a. : 1° déchirer, mettre en loques ; 2° épandre le fumier resté en tas dans un champ. R. *ex*, n. *lõkr*.

ÉLUJIÉ, v. a. : ennuyer, troubler, agacer par son bavardage, par un bruit continu. R. *ex*, * *ludicare*.

D. *Élūj'man*, s. m. : bruit continu, tracas, ennui.

ÉMAGU(I)É, v. a. : écraser. R. a. h. a. *smāhjan* (amoindrir). Cf. it. *smaccare*.

ÉMÉ, v. a. : aimer. *J'éme*. R. *amare*.

D. *Émābe*, a. : aimable.

ÉMÉ, * ÉMOUÉ, s. m. : plancher du pressoir posé sur la *brebis* entre les quatre jumelles, et qui sert à recevoir le marc. R. *ex*, a. h. a. *magan*.

+ ÉM'RĀ, ÉMÉRIYONÉ, a. : gai, joyeux, éveillé comme un *émerillon*. R. *s* prosthétique et *merula*.

ÉMEULÉ, a. : brisé de fatigue, *moulu*. R. *ex*, * *molare*.

ÉMICTÉ, a. : déchiqueté, effilé, en lambeaux. R. *ex*, *mic...*

ÉMIÉ, v. a. : écraser, presser. Cf. *rémié*. R. *ex*, *mica*.

+ ÉMOLANTÉ, v. a. : abîmer, fatiguer. R. *ex*, (?) *molere*.

ÉMOULÉTE, s. f. : petite meule à aiguiser avec son montage. R. *ex*, *molere*.

ÉM(OU)ŌQU(I)É, v. a. : 1° chasser les mouches; 2° ranimer le feu en remuant les charbons ; écarter la mèche d'une chandelle, etc., pour rendre la lumière plus vive; remuer, retourner légèrement. R. *ex*, *musca*.

ÉPÅLE, s. f. : épaule. R. *spatula*.

ÉPANDE, v. a. : épandre, étendre. *Épand'l'fouin*. R. *expandere*.

+ ÉPAPLOURDI, a. : étonné, effaré. R. *ex*, *papa(re)?*, *luridus*.

ÉPATÉ, v. a. : enlever un drageon, une bouture. R. *é*, *patte*.

ÉPEC, s. m. : pivert (*Picus major.*) — *Langue d'épec* : nom vulgaire du *carex glauca*. R. a. h. a. *speh*.

ÉPĔNE, s. f. : épine. R. *spina*.

D. *Épĕne blanche* : aubépine (*Cratægus oxyacantha.*)

Épĕne nĕre : prunier sauvage (*Prunus spinosa.*).

ÉPIĔRÉ, v. a. : poursuivre à coups de pierres. R. *ex*, *petra*.

ÉPIĔTÉ, v. a. : endolorir, écorcher les pieds, comme la pluie le fait, par exemple, après une longue route, aux bœufs qui n'ont pas encore été ferrés. p. p. *épiété* : qui ne peut plus marcher. R. *ex*, *pedem*.

ÉPIGNOCHE, s. f. : fausset. R. **spiniocia*.

ÉPINGUE, s. f. : épingle. R. *spinula*.

ÉPIŌSÉ, ÉPIŌTÉ, v. a.: écorcher, enlever la peau. R. *é, pio* (peau) de *pellis*.

ÉPLLEŪRÉ, v. a. : enlever l'écorce, la *pelure*. R. *é, plleure* (pelure) de *pellis*.

ÉPLLUQU(I)É, v. a. : éplucher. R. *ex*, **pilucca* de *pilum*.

D. *Éplluqueure*, s. f. : épluchure.

Éplluquéte, s. f. : petit morceau de bois, etc., qu'on ramasse ou épluche.

ÉPONÉ, a. : épuisé par la ponte, en parlant des poules. R. *ex*, **ponare*.

ÉPOUFÉ, a. : essoufflé. R. *é* et *poufé*.

ÉPROGNĚRE, s. f. : derrière et devant d'une charrette à gerbes. R. a. h. a. *sporon*.

ÉPURÉ, v, a. : laisser ou faire dégoutter l'eau d'un objet mouillé. R. *ex, purare*.

D. *Épurīn*, s. m. pl. : dernières gouttes d'un liquide.

ÉQUÉLE, s. f. : échelle. R. *scala*.

D. *Équ'léte*, v. *écllête*.

ÉQUĚRBOTÉ, v. a. : éparpiller les charbons. R. *ex*, *carbonem*.

ÉQUIBO, s. m. : bout de fer, de bois, etc. R. * *stipottum* de *stipa*. Cf. *étibo* et *étigo*.

D. *Équiboqu(i)é*, v. n. : asticoter, trouver à redire à tout.

ÉQUILE, s. f. : nom de l'*ammodytes tobianus*, petit poisson qui se cache dans le sable à mer basse. R. *squilla*.

ÉRACHIÉ, v. a. : arracher. R. *ex*, **radicare*.

ÉRAGNIE, s. f. : araignée, toile d'araignée. V. *aragnie*.

ÉRĀJE, s. m. : air, ressemblance. R. **aeraticum*.

ÉRAJIÉ, v. n. : enrager. R. *in*, **rabiare*.

D. *Éraji*, p. p. : enragé, emporté, infatigable. *Il ĕe-t éraji*.

ĚRBE, s. f. : herbe, pâturage. *Méte a l'ěrbe :* mettre dans un herbage ou dans un pré un cheval, une vache, etc., qui étaient à l'écurie ou à l'étable. *Ěrbe a Robĕr :* espèce de géranium (*Geranium robertianum*). — *Ěrbe sīn jan* : armoise commune (*Artemisia vulgaris*.) V. *pico*, *sure*. R. *herba*.

D. *Ěrbé*, v. a. : remplir d'herbe, faire pousser l'herbe. *S'ĕrbé* : se garnir d'herbe.

Ěrbé, p. p. plein d'herbe, dont l'herbe est épaisse et touffue.

Ěrbāje, s. f. : herbage, pâturage dont on ne fauche pas l'herbe.

Ȅrbajié, v. n.: mettre des bestiaux dans un herbage pour les engraisser; engraisser le bétail.

Ȅrbajié, s. m.: engraisseur de bétail.

Ȅrbié. s. m.: plate-bande. *Un ȅrbié d'pée.*

ȄRE, s. f. : aire. R. *area.*

D. *Érée*, s. f. : quantité, ce qui est sur l'aire.

Érie, ériée, s. f. : accès. *Eune ériée d' touo* : un accès de toux.

Éreure, s. f. : (premier) labour donné à un champ.

ÉRIȄRE, ad. : arrière. *An ériȅre d' li.* R. *ad, retro.*

ȄRJUÉ, v. n. : endèver. *Fȇre ȇrjué.*

ȄRNÉ, a. : éreinté, qu'on ne peut faire avancer. *Quéle bȇte ȇrnée.* R. *ex, renem.* Cf. v. fr. *éreiner.*

ÉRONCHE, s. f. pl. : ronces, broussailles. R. *é* augmentatif et *ronche (ramicem).*

ÉSAVÉ, v. a. : déterminer un érythème de la peau, comme le fait par exemple le frottement d'une étoffe neuve et rude, le séjour trop prolongé des malades, etc. au lit, le contact de linges mouillés. *S'ésavé:* s'écorcher, en parlant d'un enfant, etc. R. * *essavare* (*ex, aqua*).

D. *Ésaveure*, s. f. : érythème de l'épiderme.

ESCOUDÉ, s. m. : secousse brusque imprimée avec le coude ou l'épaule. *D'un cou d'escoudé i l'a fé tunbé.* R. *ex, cubitus.*

ESCOUÉ, v. a. : secouer. R. * *excutare.*

D. *Escouse*. s. f. : secousse.

ÉSȄMÉ, v. n.: essaimer. R. *examen.*

ÉSEU, s. m. : essieu. R. **axiculus.*

D. *És'lé*, s. m. : essieu de charrue.

ÉSÉ, ÉSIN (Formigny), s. m. : petite écluse. *Ésiā* pl. : barrage qui sert à maintenir le niveau du bief d'un moulin. R. **axicellus.*

*ESPADRON, s. m. : espadon. R. it. *spadone.*

D. *Espadroné* (s'), v. r. : se défendre, se débattre.

ESPAR, s. m. : pièce de bois. R. a. *sparren.* Cf. gaël. *spār.*

ESPÉRÉ, v. a. : attendre quelqu'un. *Espȇre mé diée minute.* R. *sperare.*

ESPÉSIŌTÉ, s. f. : chose remarquable. *Par espésiōté:* par rareté du fait. R. *specialitatem.*

ESPITÉ, v. n. : viser au but avec une bille. Cf. *bité.*

ESPŌZIÉ, v. a. : exposer. R. *ex, pausare.*

D. *Espōzision*, s. f. : exposition, danger. *Ya pā d'espōzision* : cela n'est pas à craindre.

Espōzouĕr, s. m. : ostensoir, reposoir.

ESPRĚE, ad. : exprès. *Par esprĕe :* à dessein, avec intention. R. *expressus.*

Esquéléte, s. m. : squelette. *Il ĕe come un esquéléte.* R. σκελετός.

ESQUINTÉ, v. a. : épuiser, harasser, mettre sur les dents. R. *ex, quintus.* Cf. pr. *esquintar.*

ESTATUE, s. f. : statue. R. *statua.*

ESTOMAC, s. m. : sein, poitrine. *O (é) l'a mi dān s'n estomac.* R. *stomachus.*

ÉSUYÉ, v. a. : essuyer. R. *exsucare*, (it. *asciugare*).

D. *Ésui, ési*, s. m. : essuie-mains.

ÉTA, s. m. : étal. R. a. h. a. *stal.*

ÉTABLIE, s. m. : établi. R. *stabilire.*

ÉTĀNCHON, s. m. : étançon. R. v. fr. *ester.*

D. *Étanchoné*, v. a. : étançonner.

Etanpĕrque, s. f. : perche qui sert à appuyer, à soutenir. R. *estant* et *perque.*

ÉTANDE, v. a. : étendre. R. *extendere.*

D. *Étante*, s. f. v. : 1° l'action d'étendre ; 2° le lieu où l'on étend le linge pour le sécher ; 3° profit que fait quelque chose, par exemple un mets. *Fĕre d' l'étante.*

† ÉTANPI, v. a. : appuyer. R. *estant*, ?

ÉTANQU(I)É, v. a. : étancher. Cf. esp. et pr. *estancar* de (?) *stagnum.*

*ÉTCHÉLE, s. f. : échelle. V. *équéle.*

ÉTCHURÉ, v. a. : écurer. R. *ex, curare.*

ÉTCHŪRIE, s. f. : écurie. R. a. h. a. *skura.*

ĔTE, v. : être. R. **essere.*

+ ÉTÉLE, s. f. : étoile. R. *stella.*

D. *Ét'lé (s')*, v. r. : s'étoiler. *L'tan ĕe biin ét'lé s'sĕr.*

Ét'lé, s. m. : hirondelle de mer. *Grān-t ét'lé* : *sterna hirundo.* — *P'ti-t ét'lé* : *sterna minuta.*

ÉTĔRS'LÉ, s. m. : tiercelet (*Falco nisus*). *Vif come un étĕrs'lé.* R. *é* et *tiercelet* (**tertiolus.*)

ÉTĔRLINQU(I)É, v. a. : pousser, lancer avec violence. *I l'a étĕrlingué conte l' mur.* R. a. s. *sterling* ou a. h. a. *sturilinc.*

ÉTĔROU, s. m. : espèce de crible à larges trous qui sert à

enlever les pierres, la plus grosse paille du grain. R. *ex*, *terra*.

ÉTEURD(R)E, v. a. : tordre. R. *extorquere*.

ÉTIBO, s. m. : petit morceau de bois, etc., dont on se sert pour agacer. R. **stipottum* de *stipa*.

D. *Étiboqu(i)é*, v. a. : agacer. Cf. *équiboqu(i)é*.

ÉTIGO (Formigny), s. m. : brindille, petite souche qui sort de terre. R. Corruption vraisemblable de *étibo*.

ÉTIQU'NAR, s. m. : canard sauvage à longue queue (*Anas acuta*.)

ÉTO, s. m. : partie du chaume coupé restée en terre ; champ dont la récolte est faite. *Un éto d' bllé*. *La fêre o-z'éto*[1]. R. a. h. a. *stupfila*, (a. m. *stoppel*).

ÉTOQU(I)É, v. a. : 1° briser les mottes de terre ; 2° enlever l'*éto* d'un champ ; 3° séparer la paille du grain. R. 1, 3, *é*, *toqu(i)é*. 2, *éto*.

Étocoū, s. m. : 1° rouleau de bois fixé au bout d'un manche et avec lequel on *étoque*. Cf. *éblētoū*. 2° crible à larges trous. Cf. *étērou*.

ÉTORÉ, v. a. : pourvoir quelqu'un de quelque chose, la lui fournir. *S'étoré* : s'acheter quelque chose. R. *instaurare*.

D. *Étore*, s. m. : achat, emplette. *Fêre sé-z étore*.

†ÉTORÉ, s. m. : coqueluche.

ÉTOUPÉ, v. a. : boucher un four, en calfeutrer la porte avec de la boue. R. **stuppare*.

D. *Étoupā*, s. m. : morceau de bois qui sert à boucher le four.

ÉTOUORDI, v. a. : étourdir. R. *ex*, *turdus*.

D. *Étouordison*, s. m. : tournis des moutons[2].

ÉTOUORNÉ, s. m. : 1° étourneau (*Sturnus vulgaris*) ; 2° étourdi. R. **sturnellus*.

ÉTRA, s. m. : piste. *Sieure à l'étra*. R. *stratum*.

D. *Étraqu(i)é*, v. a. : suivre à la piste.

ÉTRANJIÉ, s. m. : étranger. R. **stranearius*.

ÉTRANJIÉ, v. a. : étrangler. R. *strangulare*.

ÉTRÉ, a. : étroit. R. *strictus*.

ÉTRILE, s. f. : 1° étrille ; 2° espèce de crabe appelé aussi *cllacar* (*Portunus puber*) R. *strigilis*.

D. *Étriyé*, v. a. : étriller, battre.

1. Foire qui se tient à Bayeux le 3 septembre.
2. Mémoires de la *Société vétérinaire des départements du Calvados et de la Manche*. Bayeux, 1834.

Étriyie, s. f.: volée de coups.

ÉTRIN, s. m.: paille. R. *stramen.*

ÉTRIPÉ, v. a.: presser de manière à faire sortir les tripes, déchirer. *Il a étripé sé bā.* R. *é, tripe.*

ÉTRIVÉ, v. n.: endêver. *Fêre étrivé*: taquiner. R. a. h. a. *streban.*

ÉTUNBÉ (s'), v. r.: tomber, arriver. *Cha s'étunbe ma.* R. *ex*, n. *tunban.*

EUNE, a. f.: une. R. *una.* V. *yeune.*

EUYIE, s. f.: œillade. R. **oculare.*

ÉVARÉ, v. a.: effarer, effrayer. R. *ex,* (?) *warōn.*

D. *Évar*, s. m.: cri soudain de surprise, etc. *Pousé un évar.*

ÉVĚRTIN, s. m.: caprice subit. R. *ex, vertere.*

ÉVÉYÉ, v. a.: éveiller. R. *evigilare.*

D. *Évéyi*, a.: alerte, gai.

*EXANPE, s. m.: exemple. *Par exanpe*: allons donc. R. *exemplum.*

*EXIJIÉ, v. a.: exiger. R. **exigare.*

D. **Exijībe*, a.: exigible.

ĚZE, s. m.: 1° fortune, aisance. *Il ĕe-t a s'n ĕze*; 2° pl. besoins naturels. *Fêre sé-z ĕze.* R. **asia* de *ansa.* Cf. *Rom.* V, 349.

D. *Ěz' mān*, s. m. pl.: besoins naturels.

Ězi, a.: qui est dans l'aisance.

F

FĀ, s. f.: faux. R. *falcem.*

FĀBE, s. f.: fable. R. *fabula.*

FACHE, s. f.: face. *An fache dé li.* R. *facies.*

FĀCHIÉ, v. a.: fâcher. R. prov. *fastigar.*

FACHON, s. f.: façon, chose façonnée. *Eune fachon d'bieure.* R. *factionem.*

D. *Fachoné*, v. a.: façonner.

FĀGNÉ, s. m.: 1° choses jetées en désordre. *Quél fāgné!* 2° lieu où on les jette. R. **fœnarius.*

FALE, s. f.: gorge, jabot d'un oiseau. R. n. *fiall*, a. h. a. *fël*, ag. s. *fell* (peau).

D. *Falée*, s. f.: plein la *fale.*

Falu, a.: qui a une grosse *fale. Pijon falu.*

Faluc, s. f.: galette, espèce de gâteau plat cuit au four.

FALMḖQUE, s. f.: flammèche, étincelle. R. **falmisca* pour **flammisca*.

FAMḖNE, s. f.: famine. R. **famina*.

FANDE, v. a.: fendre. R. *findere*.

FANÉTE, s. f.: lenticule d'eau qui couvre les mares. (*Lemna minor*, *major* et *polyrhiza*.) R. **fœnetta*.

FANGUE, s. f.: fange, boue. R. **fanica*, g. *fani*, a. h. a *fenni*. Cf. pr. *fango*.

FANIE, n. pr.: Stéphanie.

FARḖNE, s. f.: farine. R. *farīna*.

*FARMAS'RIE, s. f.: pharmacie. R. φαρμακεία.

*FASILISÉ, v. a.: faciliter. R. *facilis*.

FAVĀ, s. m.: chaume desséché de la fève. V. *feuve*.

FAYI, a.: faible. R. *fallire*, sans doute par suite de l'expression : *le cœur lui a failli*.

1. FÉ, s. f.: foi. *Ma fê oui* : certainement. R. *fides*.

2. FÉ, s. m.: fer. R. *ferrum*.

D. *Férāle*, s. f.: ferraille. (**Ferracula*.)

Férāyé, v. a.: faire entendre un bruit de ferraille, remuer de la ferraille.

FḖBÉ, s. m.: espèce de jeu de barres qu'on joue le soir. R. *Phœbe*.

1. FÉE, s. m.: faîte, haut. *O fée d' l'ābre*. R. *fastigium*.

D. *Fêté*, v. a.: mettre un faîte.

Fêteure, s. f.: faîtage, faîtière.

2. FÉE, s. f.: fois. *Eune fée n'ḗe pā couteume*. R. *vicem*.

FÉGNAN, s. m.: fainéant. R. *facit*, **necentem*.

D. *Fégnanté*, v. n.: fainéanter.

Fégnāntize, s. f.: fainéantise.

FEL, a.: courageux, vigoureux, prompt à s'emporter. R. a. h. a. *fillo*, ag. s. *fell*.

F'NÉ, v. a. n.: faner. R. **fœnare*.

D. *F'neū*, *f'noū*, s. m.: faneur. — *F'neūze*, f. : faneuse.

F'nḗzon, s. f.: fanaison.

F'nāle, s. f. pl.: herbes sèches. Cf. *fouāle*.

F'NḖTE, s. f.: fenêtre. R. *fenestra*.

F'NOŪ, s. m.: fenouil (*Fœniculum officinale*). R. **fœnuculum*.

FḖRE, s. f. : foire. R. *fēria*.

FĚRE, v. a. : faire. *Fěre a deũ, fére d'ansanbe*: s'associer pour le jeu, etc. R. *facere.*

FĚRMAN, s. m.: meuble, tout ce qui se ferme à clef. R. *firmare.*

FÉSĀBE, a.: faisable. R. *facibilis.*

FÉSIÉ, v. a.: fesser. R. a. *fitse* (latte) ou *fissa.*

D. *Fése-lāron*, s. m.: petit houx (*Ruscus aculeatus.*)

FĚTRE, s. m.: panaris. Cf. ang. *fester.*

FEUMÉ, v. n.: fumer. R. *fumare.*

D. *Feumie*, s. f.: fumée.

F(e)umoũ, s. m.: morceau de charbon non entièrement consumé et qui fume quand on l'allume.

FEŪPE, s. f.: vêtement, objet de rebut. R. *fibra*. Cf. it. *felpa*, a. *felbel* et *peũfe.*

D. *Feũpié*, s. m.: fripier.

Feũp'rie, s. f.: objets sans valeur.

FEUVE, s. f.: fève. R. *faba.*

FEŪYON, FIEŪYON, s. m.: frêlon. Cf. *fieule.*

FEŪYU, 1° a.: feuillu. V. *fieũyu.*

1. FI, s. m.: fil. *Fil an cat(r)e*, s. m.: eau-de-vie. R. *filum.*

D. *Filache*, s. f. : filasse. *Pome d'filache* : espèce de pomme à cidre filandreuse.

Filachié, s. m. : tisserand.

2. FI, s. m. : fils. R. *filius.*

D. *Fieu*, s. m. : garçon. (*Filium.*)

Fisé, s. m. : garçon, petit fils (terme de tendresse).

FIA, int. : fi.

FIĀB(L)E, a. : digne de confiance. R. **fidabilis.*

FIANCHE, s. f. : confiance. R. *fidentia.*

FIÉ, s. m. : fiel. R. *fel.*

FIÉE, s. f. : grande quantité. R. *viata* de *via.*

FIĚB(L)E, a. : faible. R. *flebilis.*

FIĚR, a. : fier, dédaigneux. R. *ferus.*

D. *Fiěr'man*, ad. : beaucoup.

Fiéro, a. : un peu fier.

FIÉTE, s. f. : confiance. V. *fé* 1.

FIEULE, s. f. : feuille. R. **folia.*

D. *Fieũyāje*, s. m. : feuillage.

Fieũyu, a. : feuillu, touffu. V. *feũyu.*

Fieũyo, s. m.: feuillet (d'un livre). Pl. *f(i)eũyō* : troisième estomac des ruminants, *feuillet.*

Fieũyoté, v. a. : feuilleter.

Fiẽve, s. f. : fièvre. R. *febris*.

Fifote, s. f. : 1° astérie ou étoile de mer ; 2° frai de poisson rejeté par la mer. R. ag. s. *fife*, *fōt*. Cf. *chin dẽe*.

Fignon (trou), a. : podex. R. *finis*.

Figu(i)é, *fijié, v. n. : figer. R. **figicare*.

Filbẽr, s. m. : Philibert. *Noué d' filbẽr* : espèce de noisette, entourée en entier d'une enveloppe charnue. Cf. ang. *filbert*, a. *lambertnuss*.

File, s. f. : fille. R. *filia*.

Fil'té, v. n. : chasser au filet. R. **filettum*, dér. de *filum*.

D. *Filqu(i)é*, s. m. : chasseur au filet.

Fin, s. m. : foin. R. *fœnum*.

Finé, v. n.-a. : ruser, trouver. R. *finitus*.

D. *Finachié*, v. n. : finasser.

Finaré, s. m. : homme rusé, habile. (*Finitus naris*.)

Fino, s. m. : madré, rusé.

Finoté, v. n. : avoir recours à des ruses.

1. Find(r)e, v. a. : feindre. R. *fingere*.

2. Find(r)e, v. n. : céder, fléchir. R. *frangere* ; v. fr. *fraindre*. Cf. *fouind(r)e* et *ffindre*.

Fingue, fungue, interj. affirmative. *Ma fungue oui*. R. (?) *fica*.

Fini, v. a. n. : finir. R. *finire*.

Fiqu(i)é, v. a. : ficher, attacher une vache, etc., par une corde à un pieu au milieu d'un champ. *I fō pouẽte o qu' no-z ẽe fiqui*. R. **fixicare*.

+ Firli, s. m. : fretin. V. ***virli***.

Firlic, s. m. : limaçon de mer, appelé aussi *calin* et *gojin*.

Firou, nom propre usité dans la locution : *Ch'ẽe la noblése à Martin Firou ; va t' couchié, tu soup'rā d'mouin*.

Fisqu(i)é, v. a. : regarder fixement. R. **fiscare*.

Fiyéte, s. f. : fillette, javelles réunies ensemble et placées debout. R. **filietta*.

Fiyeu, fiyo, s. m. : filleul. R. **filiolus*.

Fīzé, s. m. : fuseau. R. **fusellus*.

Fīzée, s. f. : volige placée sur les solives. R. * *fusata*.

Fllā, int. : bruit d'un corps qui tombe. R. Onomatopée.

Fllaflla, s. m. : embarras. *Fẽre du fflaffla*. R. *fla* par onomatopée.

FLLANBE, s. f. : flamme. R. *flammula*.

D. *Fllanbé*, v. n. : brûler avec flamme. *Il ée fllanbé* : il est perdu.

Fllanbée, s. f. : feu clair.

FLLANÉ, v. n. : 1° paresser ; 2° bavarder. R. n. *flana*.

D. *Fllagné*, s. m. : paresseux, bavard. *Vieule fllagnĕre*.

FLLANQUIN, s. m. : morceau de viande entre l'épaule et la tranche grasse, *flanchet*. R. *flaccus*.

FLLAQUIN, a. : mollasse, maigre. R. *flaccidus*.

FLLĔ̈E, s. m. : fléau. R. *flagellum*.

FLLĔ̈LÉ, v. n. : être agité par le vent en parlant d'une fenêtre, d'une porte. R. (?) *flagellare*.

FLLÉME, s. f. : paresse. *Il a la fléme*. R. *flegma*.

FLLEU, s. f. : farine. R. *florem*. Cf. ang. *flour*, n. *flūr*.

D. *Flleuréte*, s. f. : 1° moisissure qui se forme sur les *baissières* du cidre ; 2° première (couche de) crème qui vient sur le lait.

FLLEURI, v. n. : fleurir. *Jon fileuri* : nom du *butomus umbellatus*. R. **florire*.

FLLEUME, s. f. pl. : pituite. *Rande dé flleume*. V. *flléme*.

FLLIE, s. f. : patelle vulgaire (*Patella vulgata*.) Cf. *tĕ̈riné*.

FLLION, s. m. : espèce de telline (*Donax anatinum*.)

+ FLLIND(R)E, v. n. : céder, fléchir en parlant d'un membre malade. Cf. *find(r)e* 2.

FLLIP, s. m. : 1° Philippe, nom propre ; 2° breuvage composé d'un mélange de cidre, d'eau-de-vie et de sucre. Cf. ang. *flip*.

+ FLLIPSOSÉ, v. n. : avaler avidement. R. Pour *fripe-saucé*.

FLLON, s. m. : tumeur, gros bouton. R. a. h. a. *flado*.

FLLONDE, s. f. : carrelet (*Pleuronectes flesus*.) R. n. *flydhri*, (ang. *flounder*).

FLLOQU(I)É, v. n. : pendiller, aller de çà et de là. *Flloqu(i)é o manche* : être sur le point d'être disgrâcié, d'échouer. R. *floccus*.

*FLLUCSIA, s. m. : fuchsia.

FOCHE, FOUACHE, s. f. : petit pain au beurre. R. *focacia*.

D. *Fochéte*, s. f. : 1° + nom vulgaire du *lotus corniculatus* ; — 2° nom d'une espèce de pomme à cidre sucrée et bonne à manger.

FOLE, s. f.: filet flottant dont on se sert en haute mer, en particulier pour pêcher la raie. R. *follis*.

FONDE, v. n. : fondre. R. *fundere*.

FŌN, s. m. : fond et fonds. R. *fundus*.

D. *Fōnsé*, v. n. : 1° enfoncer, creuser plus avant ; — 2° se jeter, s'élancer sur ; — 3° mettre bas en parlant des lapins, etc.

Fōnsée, s. f. : portée.

+ *Fōnsu*, a. : creux, profond. Cf. *anfōn*.

FŌQU(I)É, v. a.-n. : faucher. R. * *falcare*.

D. *Fōque*, s. f. v. : ce qui est fauché dans un temps déterminé, l'action de faucher.

Fōqueū, *fōcoū*, s. m. : 1° faucheur ; 2° insecte de la famille des araignées (*Phalangium opilio*.)

Fōcar, s. m. : serpe recourbée en crochet à son extrémité.

Fōqué, s. m. : 1° + espèce de serpe ; — 2° croc-en-jambe. Cf. *ganbé*.

FORANGUE, s. m. : inflammation eczémateuse du pourtour de la bouche sous l'influence de la fièvre, du rhume, etc. R. *foris*, ?

FORBEU, a. : fourbu. R. *foris*, *bibere*.

D. *Forbéteure*, s. f. : fourbure.

FORCHE, s. f. : force. R. *fortia*.

D. *Forchié*, 1° v. a. : forcer, faire violence ; — 2° v. n., prendre de la force.

Forchie, s. f. : portée (de lapins, etc.)

Forchi, v. n. : grandir, prendre de la force.

FORJE, s. f. pl. : cisailles pour tondre les haies, *forces*. R. *forfices*.

FORJIÉ, 1° v. a. : forger ; — 2° v. n. : se frapper les fers en marchant, comme le font certains chevaux. R. *fabricare*.

FORMĀJE, s. m. : fromage. R. *formaticum*.

* FORSÉ, v. a. : faire violence à une fille, etc. V. *forchié*.

D. * *Forsée*, s. f. : portée d'une chienne, etc. V. *forchie*.

FORTEUNE, s. f. : fortune, richesse. R. *fortuna*.

FŌSÉYEUR, s. m. : fossoyeur. R. * *fossatorem*.

* FŌSILE, s. f. : faucille. R. * *falcilla*.

D. *Fōsiyon*, s. m. : faucille non dentée, espèce de serpe.

FŌTÉ, v. n. : faire une faute. R. *faute* (**fallita* de *fallere*.)

FOUA, int. : pouah !

FOUĀGNÉ, s. m. : objets en désordre. R. * *fœnarium*.

D. *Fouăgnĕre*, s. f. : lieu de débarras, endroit où tout est sens dessus dessous.

FOUĀLE, s. f. pl. : feuilles, branches sèches, etc., qu'on ramasse pour mettre au feu. R. **focalia.*

FOUĀYÉ, v. n. : fouailler. R. *fouet* de *fagus.*

D. *Fouāyie*, s. f. : bruit des coups de fouet, volée de coups de fouet, troupe de gamins.

FOUÉE, s. f. : feu clair. R. * *focata.*

1. FOUĔNE, s. f. : fouine, martre des hêtres. R. *fagina.*

2. FOUĔNE, s. f. : fouine, espèce de trident. R. *fuscĭna.*

D. *Fouĕné, fouèné*, v. n. : pêcher à la fouine.

FOUI, v. a.-n. : fouir. R. **fodire.*

FOUIND(R)E, v. n. : céder. V. *find(r)e* 2.

FOUO, s. m. : four. R. *furnus.*

D. *Fouōné*, s. m. : fourneau, four à chaux. (**Furneltus*).

Fouōnée, s. f. : fournée.

Fouōni, s. m. : fournil.

Fouōniyé, v. n. : tourner et retourner, mettre sens dessus dessous en cherchant quelque chose.

Fouōniyar, s. m. : qui furète partout.

FOUŌR, s. m. : endroit où un objet se bifurque. *L'fouōr du tchu, l'fouōr d'sa tchulote.* R. **furcus.*

FOUORQUE, s. f. : fourche. *Fouorque à guĕrbe* : fourche en fer à deux dents. *Fouorque à māle* : fourche en fer à trois dents qui sert à remuer ou à charger le fumier. R. *furca.*

D. *Fouorquie, fouorqu'rée*, s. f. : quantité de fumier, etc., qu'on peut enlever avec la fourche.

Fouorcu, a. : fourchu.

Fouorqué, s. m. : 1° branche fourchue ; — 2° entre-deux des jambes. Cf. *fouōr.*

Fouorquéte, s. f. : fourchette.

FOUŌRE, FOURE, s. f. : foire. R. *foria.*

D. *Fouéré*, v. n. : foirer.

Fouérā, fouéreū, fouéroū, a. : foireux.

Fouéroū, s. m. : derrière. *Pran garde quë l'morvoū n'anporte l'fouéroū* : prends garde de faire la culbute.

FOUORMI, FROMI, s. m. : fourmi. R. * *formicus.*

D. *Fouormiyé, fromiyé*, v. n. : fourmiller.

Fouormiyĕre, fromiyĕre, s. f. : fourmilière.

FOUORNI, v. a. : fournir. R. a. h. a. *frumjan.*

FOUŌRÉ, s. m. : fourreau. R. * *fodrellus* du g. *fōdr*. Cf. a. h. a. *fuotar*, ang. *food*.

D. *Fouōré*, v. a.: fourrer. — *S'fouōré :* se faufiler.

Fouōrāje, s. m. : fourrage.

Fouōreure, s. f. : fourrure.

FOUŌYÉ, v. a. : fouiller. R. **fodiculare*.

D. *Fouōyasé*, v. a.-n. : chercher à fouiller.

Fouōyi, s. m. : fouillis.

FOURÉ (s'), v. r. : blettir, en parlant des fruits. *Père fourée*: poire blette. Cf. *fouōré*.

FOUTE, v. a. : jeter, donner, perdre. — *I ya foutu pa la tête* : il le lui a jeté à la tête. — *Vā tu m'foute l'can :* Vas-tu t'en aller.—*J'sieū foutu :* je suis perdu.— *Jān fout(r)e* : homme sans bonne foi. R. *futuere*.

D. *Foubā*, s. m. : gros cidre, qui jette à *bas*.

D. *Foutinasé*, v. n.: faire des riens, perdre son temps. *Qu'ée qu'i foutinase la ?*

Foutinas'rie, s. f.: chose futile ; tromperie.

Foutinéte, s. f.: plaisanterie, espèce de grog.

FRĀN, a. : franc, bon, vigoureux. *Frān d'colié*: qui tire bien, en parlant d'un cheval ; droit en affaires, en parlant d'un homme. — *Frān bllé* : blé barbu (*Triticum aristatum.*) — R. a. h. a. *franko*.

Frān, s. m. : pommier, poirier sauvage ou venu de graine que l'on élève. *Gréfé su frān.*

FRASIE, s. f. : Euphrasie.

FRÉ, a. s. m. : froid. R. *frigidus*.

FRËMÉ, v. a. : fermer. R. *firmare*.

D. *Frëmāyé*, v. a. : fermer fréquemment une porte, chercher à la fermer.

FRËNĀYÉ, v. n. : faire du bruit en agitant, remuer. R. (?) *frenum*.

FRËMI, v. n. : frémir, trembler. R. * *fremire*.

D. *Frëmeur*, s. f. : frayeur, frisson.

FRËMAN, adv. : fortement, rudement, vite. R. *firma* ou *forti*, *mente*.

FREŪLÉ, v. a. : frôler, battre. R. * *frictulare*.

D. *Freūlée*, s. f. : volée de coups.

Freūlié, *freūyié*, s. m. : vagabond, rôdeur.

FRICACHIÉ, v. a. : fricasser, dépenser, perdre. R. g. *friks* ou l. * *friscaciare* de *frixus*.

D. *Fricachie*, s. f. : fricassée.

FRICHON, s. m. : frisson. R. *frictionem*.

FRILOŪ, a. : frileux. R. * *frigidulosus*.

FRINVALE, s. f. : fringale. R. *fames*, br. *gwall* (mauvais).

D. *Frinvalié*, s. m. : grand mangeur, insatiable.

FRIOLÉ, v. n. : avoir grande envie. R. * *frigiolare*.

FRIPE, s. f. : chose éclatante, mais sans valeur ou de mauvaise qualité. *Émé la fripe* : aimer le luxe. R. subst. verbal de *friper* dérivé de *fibra*. Cf. *Rom*. III, 143.

D. *Fripoule*, *fripouye*, s. f. : gens de rien. *Ch'ĕe d'la fripoule*.

FRĪZIÉ, 1° v. a. : friser, effleurer ; 2° v. n. : être frisé. R. fr. *fris-le* (boucle).

D. *Frīzon*, s. m. : enfant dont les cheveux sont naturellement frisés.

FROŪE, FROE, s. f. : sciure de bois. R. subs. verbal de *froer* Cotg. (frotter), dér. de *fricare*.

FRŌLÉ, v. a. : émietter. R. * *frictulare*. Cf. *freūlé*.

D. *Frōlée*, s. f. : pain émietté dans du lait.

FROMI, s. m. : fourmi. V. *fouormi*.

D. *Fromiyé*, v. n. : fourmiller.

Fromil'man, s. m. : fourmillement.

Fromiyon, s. m. : 1° fourmi-lion ; 2° pl. picotement, démangeaison. R. 1° * *formicoleon* Isid. ; 2° * *formiculionem*.

* FRUITĀJE, s. m. c. : fruits (à couteau). R. *fructus*.

FRUSQUIN (sīn), s. m. : épargne.

FUMÉLE, s. f. : femelle ; — femme de mauvaise vie. R. * *femella*.

D. *Fumélié*, s. m. : coureur de femmes.

FUNJĚRE, s. f. : fougère. R. * *filicaria*.

FURÉ, v. a. : rendre furieux. — *S'furé*, se mettre en colère. R. * *furare*.

D. *Furé*, p. p. : furieux.

FŪ(T), s, m. : fût. R. *fustis*.

D. *Fūtāle*, s. f. : futaille.

Fūtée, s. f. : futaie.

Fūté, v. a. : rassasier, dégoûter. *Cha m'an a fūté*. — *S'fūté*, v. r. : se fatiguer, se dégoûter de quelque chose. *No s'ān fūte vite*. R. * *fustare*. Cf. v. fr. *fuster* (battre).

Fūtān, a. v. : qui dégoûte, fatigue, ennuie.

Fūté, a.-p. p. : rusé, fin. *Qu'il ĕc fūté*.

Futin, s. m. : nom de chat.

G

GĀ, s. m. : gars, garçon. R. (?) *carduus*.

+ GABÉRIIN, s. m. : trompeur de femmes. R. n. *gabba*.

GĀB(L)E, s. m. : pan de mur, pignon. R. n. gafl (b. l. *gabulum*). Cf. ang. *gable*, g. *gibla*.

GADOLIÉ, s. m. : garnement, vagabond. R. br. *gadal*.

GADOU, s. m. : vidangeur.

GAFÉ, v. a. : mordre, saisir avec les dents. R. c. *gaf*.

D. *Gafée*, s. f. : morsure.

GAJIÉ, v. a.-n. : gager, parier. R. * *vadiare*.

GALAPIAN, s. m. : vagabond. R. a. h. a. *gahlaufan*.

GALATINE, s. f. : usité dans la locution *ête an galatine* ; garder la chambre, être malade.

GALĔGNIE, s. f. : plein les deux mains.

GALÉ, s. m. : galet. R. br. *gal*, kym. *calen*.

D. GAL'TÉ, v. n. : se choquer en parlant des fenêtres, des portes agitées par le vent ; claquer en parlant des dents et par extension trembler. *Lé dān yān gal'tée d'fré.*

Galéte, s. f. : 1° gâteau plat ; 2° crêpe faite avec de la farine de sarrasin.

Gal'té, v. n. : faire de la *galéte*.

Galichon, s. m. : petite *galéte* faite avec le reste de la *détrampe*.

GALI, v. n. : éprouver une espèce d'engourdissement dans les mains, en serrant trop peu un objet sur lequel on frappe. *Lé mīn m'ān galise*. R. (?) *callus*.

GALIMĀFRÉ, v. n. : manger gloutonnement. R. *cali* et fl. *maflelen* ; cf. a. ang. *gallimawfrey*.

D. *Galimāfrée*, s. f. : mets grossier et abondant.

GALOCHE, s. f. : 1° mauvaise chaussure, savate ; 2° bouchon de liége ou morceau de bois cylindrique qu'on place debout, en le chargeant de pièces de monnaie, et qu'on cherche ensuite à abattre avec des palets, etc. ; jeu de bouchon. *Joué à la galoche*. R. **calopedia*.

D. *Galochié* : 1° v. a. : déformer ses chaussures ; 2° v. n. : marcher de travers.

GALVADĒRE, s. m. : vagabond. R. *cal* et ?.

GALVŌDÉ, v. a. : mettre en désordre, gâter, manger malproprement. *Galvōdé la soupe.* R. *cal,* et ?.

D. *Galvōdée*, s. f. : mets préparé grossièrement et sans soin.

Galvōgu(i)é, s. m. : mauvais ouvrier, qui brouille tout.

GAMACHE, s. f. pl. : guêtres. R. esp. *guadamaci.*

GAMÉ, v. n., a. : recevoir dans la gueule, dans le bec, etc., ce qui est jeté. *I game biin.* — *Game lé.* R. ag. s. *gamen.*

GANBE, s. f. : jambe. R. *gamba.* Cf. c. *cam...*

D. *Ganbe*, s. m. : croc-en-jambe. Cf. *fōqué.*

Ganbéte, s. f. : petit couteau à manche recourbé.

Ganbié, s. m. : crochet en bois auquel les bouchers suspendent leur viande.

Ganbiĕ̆re, s. f. : morceau de cuir ou d'étoffe qui sert à protéger les jambes.

GANBĔ̆RJIÉ (s'), v. r. : se redresser, prendre des airs. R. Peut-être pour *se goberger.*

GANDIYÉ (s'), v. r. : se balancer sur une chaise, etc. R. got. (?) *vandjan* ; cf. *gandolé (s').*

GANDOLÉ (s'), v. r. : id. Cf. fr. *se gondoler.*

GANGNÉ, v. a, n. : gagner. R. a. h. a. *weidanjan.*

D. *Gangneū, gangnoū*, s. m. : qui gagne.

Ga(n)gne-péteū, s. m. : rémouleur [1].

GAR, s. m. : oie mâle, *jars.* R. nor. *gassi.*

GARDIN, s. m. : jardin. R. a. h. a. *garto.*

D. *Gardiné*, s. m. : jardinet.

Gardinote (lé), s. pl. : quartier de Bayeux.

Gardiné, v. n. : jardiner.

Gardigné, s. m. : jardinier.

GARNI, v. a. : garnir. R. s. *warnian.*

GAQU(I)É, s. m. : mot usité dans la locution : *Couĕ̆fé come un gaqu(i)é* (un faiseur de jattes). R. *gate.*

* GAROU, s. m. : garnement. R. suéd. *varulf;* v. *varou.*

GARSE, s. f. : fille, femme légère. V. *gā.*

D. *Garsognĕ̆re*, s. f. : fille qui fraie avec les garçons.

GATE, s. f. : jatte. R. *gabata.*

D. *Gatée*, s. f. : plein une jatte.

GĀTÉ, s. m. : gâteau, enfant gâté. R. a. h. a. *wastel.*

GĀTÉ, v. a. : détruire, perdre, répandre. *Gāté d' l'yo :* uriner. R. *vastare.*

1. *Gangne-péteū, gangne la vie, si tu peūx.*

+ GAVÃ, a. : brutal, grossier. R. *gave* (? *cavea.*)

D. *Gavãyé*, v. n. : gaspiller, manger salement.

GAVÉLE, s. f. : javelle. R. **capella.*

D. *Gav'lé*, v. n., a. : mettre en javelle.

Gav'leũ, *yav'loũ*, s. m. : faiseur de javelles.

Gav'loũ, s. m. : morceau de bois recourbé qui sert à *gav'lé.*

GLLACHE, s. f. : glace. R. *glacies.*

D. *Gllachon*, s. m. : glaçon.

GLLANÉ, v. a., n. : glaner. R. **glenare.*

D. *Gllane*, s. f. : glane.

Gllaneũ, *gllanoũ*, s. m. : glaneur.

1. GLLEU, s. f. : glu. R. *glus.*

D. *Gllué*, v. n. : être gluant.

2. GLLEU, GLLU, s. m. : glui. R. c. *cloig.*

D. *Gllué*, v. a. : faire du glui.

Glluée, s. f. : paille propre à faire du glui.

+ GLLEUMÉ, v. a. : avaler.

GLLICHIÉ, v. n. : glisser. R. n. *glitsen.*

GLLIZE, s. f. : glaise. R. *glitea.*

GLLO, s. m. : ver blanc de la viande gâtée. R. *glutus.*

*GLLORIEŨZ'TÉ, s. f. : vantardise. R. **gloriositatem.*

GLLOTE, a. : visqueux, gluant. R. a. h. a. *kletto.*

D. GLLOTOGNÉ, s. m. : glouteron (*Lappa tomentosa.*)

GNAFÉ, v. a. : mordre à la dérobée. R. ag. s. *gnafan.*

D. *Gnafe*, *gnafée*, s. f. : morsure.

GNAQU(I)É, v. a. : mordre, saisir avec les dents. R. n. *gnaga.*

D. *Gnaquée*, s. f. : morsure.

G'NASE, s. f. : gamin. *Lé g'nase :* les enfants. V. *qu'nase.*

1. GNÉ, v. a. : nier. R. *negare.*

2. GNÉ, v. a. : noyer. R. *necare.*

GNÉCHE, s. f. : nièce. R. **neptia.*

GNÉLE, s. f. : nielle (*Agrostemma githago.*) R. *nigella.*

GNÉE, s. m. : 1° niais; 2° œuf ou objet en forme d'œuf laissé dans un nid pour empêcher les poules d'aller pondre ailleurs. R. **nidacem.*

GNEU, s. f. : nuit. R. *noctem.*

GNEULE, s. f. : *nuile*, nielle (*Uredo carbo.*) R. **nucula* p. *nebula.*

D. *Gneulé*, a. : *nuilé*, atteint de la nielle.

GNEŨRE, v. a. : nuire. R. *nocĕre.*

D. *Gneũsibe*, a. : nuisible.

GNOGNOTE, s. f. : chose insignifiante, terme de tendresse.

D. *Gnognoté*, v. a. : dorloter.

GNO(L), a. : indolent, paresseux. R. (?) *gnée*.

D. *Gnolé*, v. n. : faire le paresseux.

G'NOLE, s. f. : jambe. *Tire té g'nole d' la.*

G'NOTE, s. f. : dent. R. nor. *kenna* (mâchoire).

1. + GO, s. m. : bois. R. a. *wald*.

2. + GO, s. m. : coq (Pluquet). R. *gallus*.

D. *Gōpleumé*, a. : mal peigné, les cheveux en désordre ou mal coupés, semblable à un coq auquel on a arraché les plumes.

GOBIN, s. m. : morceau (de pain). *Il an a avalé un grō gobin*. R. *gobbe*, c. *gob* (bouche).

D. *Gobiyon*, s. m. : petit morceau.

GŌCHIÉ, a. : gaucher. R. a. h. a. *welk* (faible).

GODAYÉ, v. n. : godailler. R. v. fr. *godale* (*good ale.*)

D. *Godăi'rie*, s. f. : ribote.

GODE, s. f. : gade (*Gadus barbatus.*) R. γάδος.

GODICHE, a. : grotesque, ridicule.

D. *Godichon*, a. : gauche.

GODRON, s. m. : goudron. R. **alquitranum* de l'ar. *al qaṭran*.

D. *Godroné*, v. a. : goudronner.

GOFICHE, s. f. : nom de diverses espèces de *pecten* et en particulier du *pecten maximus*. R. ag. s. *gōd* ou *co* pour *ca* et *fish*.

GOGALE, s. m. : niais, sot. *Grăn gogăle*. R. c. *gog(an)*.

GOJE (Port), GOJIN (canton de Trévières), s. m. : limaçon de mer (*Turbo littoreus.*) R. *gurges*; *goje* et *gojin* sont pour *gorje* et *gorjin* [1]. Cf. *calin*.

GORIN, s. m. : pourceau. R. a. *gurren*.

GORJIĚRE, s. f. : ruban qui passe sous la gorge et sert à fixer la coiffure. R. *gurges*.

GORŌ, GOUORŌ, s. m. pl. : écrouelles. R. br. *gōr*.

GOSE, s. f. : mensonge. R. Cf. ang. *gossip*.

D. *Gosé*, v. n. : mentir.

GOTON, s. f. : diminutif de Marguerite.

GOUĂPÉ, v. n. : jaser, plaisanter. R. br. *goap*.

D. *Gouăpeŭ*, s. m. : mauvais plaisant.

GOUĂYÉ, v. n. : injurier, crier. R. (?) *gula*.

1. Sur certaines parties du littoral normand on leur donne le nom de *gorjeu*.

GOUBLIN, s. m. : revenant, esprit follet. R. **gobelinus* de κόβαλος.

D. *Goubliné*, v. n.: hanter, faire le revenant.

GOULE, s. f.: gueule, bouche. R. *gula*.

D. *Goulée*, s. f.: bouchée.

Goulète, s. f.: petite bouche.

Goulé, s. m.: verveux; filet en forme de poche qui sert à prendre les lapins ; passage étroit. *Rue du Goulet* : nom d'une ancienne rue de Bayeux.

Goulafre, goulu, a.: gourmand.

Gouliban, s. m.: gourmand.

Goulūman, ad.: avidement, avec gourmandise.

Goular, s. m.: bavard.

Goulière, gouyère, s. m.: ouvrier qui retire la chaux (en se tenant à la *goule*) du four.

GOUOR(D), a. : gourd, engourdi. R. *gurdus*.

GOUORMĀ, s. m.: 1° gourmand ; 2° goëland (*Larus fuscus*). R. irl. *gior* (se gorger).

GOURĀ, s. m.: gourmand. R. c. *gōr*.

GOURÉ, v. a.: tromper. R. nl. *gorre* (avare).

GOUŌ(T), s. m.: goût. R. *gustus*.

D. *Gouōté*, v. n.: goûter.

Gouōtu, a.: savoureux.

GOUROUFE, s. m.: blatte (*Blatta orientalis*).

+ GOUSPIYÉ, v. a.: houspiller.

GRADE, GRADÈLE, s. f. pl.: petites groseilles. R. n. *gaddr*, ag. s. *gād* (aiguillon) avec épenthèse de *r*. Cf. *gadelle* Lit. et a. *stachelbeere*.

D. *Gradélié*, s. m.: groseillier (*Ribes rubrum*.)

GRAFINÉ, v. n.: chercher à prendre. R. a. h. a. *grifan*.

GRĀN, 1° a.: grand ; 2° s. m.: grand-père. *Mān grān, ma grānde*.

D. *Grānman*, ad.: grandement.

GRANCHE, s. f.: grange. R. *granea*.

GRAPE, s. f.: crabe. *Grape érajie* : nom du *cancer mœnas*. — *Grape franche* : nom du *cancer pagurus*. R. v. fr. *grappe* (crochet), a. h. a. *krapfo*. Cf. *crape*, ag. s. *crabba*.

GRAPÉ, v. a: prendre, saisir. *S'grapé* : se cramponner, s'accrocher à. R. a. h. a. *krapfo*.

D. *Grapiyé*, v. n. : chercher à prendre, lésiner, *grappiller*. *I grapile su tou*.

Grapiyãje, s. m. : grappillage.

GRÃ (S), a. : gras, couvert de graisse. *Grãse pouléte* : anserine blanche (*Chenopodium album.*) R. *crassus*.

D. *Grãsiyé*, v. n.: grassayer.

GRAVÉ, a.: marqué. *Gravé d'pĕtite vérole*. R. nl. *graven*, a. *graben*.

GRÃYO, s. m.: graillon, miette. R. *craticulum*.

GRÉDINÉ, v. n.: lésiner. R. got. *grēdus* (avidité.)

GRÉNE, s. f.: graine. R. **grana*.

D. *Grégné*, *guĕrgné*, s. m.: grenier.

Gréné, *gréni*, *guĕrni*, v. n.: monter en graine.

Grénu, *guĕrnu*, a.: grenu, chargé de grain.

GRĚSE, s. f.: graisse, fumier. R. *crassa*.

D. *Grĕsié*, v. a. n.: graisser, engraisser un animal, fumer une terre. *I grĕse biin*.

Grĕsoū, s. m.: qui engraisse.

GRÉSI, s. m.: grésil. R. Dim. de *grêle* (m. h. a. *griezel*).

D. *Grésiyé*, 1° v. n.: grésiller. 2° v. a. couvrir. *Ch'an ĉe grésiyi*.

GRĚVE, s. f.: grive (*Turdus musicus.*)

GRI, GRÉE, s. m.: gril. R. *craticulum*.

D. *Griyé*, v. a.: griller (rôtir), dessécher. *L'solé a tout griyi*.

GRILE, s. f.: grille. R. *craticula*.

D. *Griyé*, v. a.: griller (fermer avec une grille) ; glisser. V. *dégriyé*.

GRIBICHE, s. f.: femme acariâtre et méchante. *Vieule gribiche*. R. ag. s. *gripān*.

GRICHIÉ, v. n. : être de mauvaise humeur. Cf. it. *grinza* et *grinchié*.

D. *Griche*, s. f. : grimace, mauvaise humeur. *Fĕre la griche* : faire la mine.

Grichu, a. : grognon. *Vieule grichue*.

GRIGNÉ, GRĚGNÉ, v. n. : pleurnicher. — + *Grigné dé dān* : grincer des dents. R. ag. s. *grennjan*.

GRIGNE, GRĚGNE, s. f. : croûte de pain. R. *granum*.

Grignoche, s. f. : morceau de croûte.

Grignochié, v. n. : grignoter.

GRĪJE, s. f. : 1° peigne qui sert à *teiller* le chanvre ; — 2° drague qui sert à la pêche aux huîtres. R. (?) fl. *gruysen*.

D. *Grijié*, v. a. : 1° plisser ; — 2° égrener le blé sans le battre avec le fléau, mais en le frappant contre un mur, une table.

Grijé, s. m. : pli fait à une étoffe.

Grijoū, s. m. : espèce de rateau à longues dents qui sert à faire le glui.

GRĪMACHE, s. f.: grimace. R. ag. s. *grīma*.

D. *Grīmachié*, 1° v. n. : grimacer; — 2° s. m. : grimacier.

GRĪMÉ, v. a. : griffer. R. m. h. a. *grimmen*.

GRIN,[1] s. m. : grain. R. *granum*.

GRINCHIÉ, v. a. : grincer. *Grinchié lé dān*. R. a. h. a. *gremizōn*.

GRINDE, v. a. : grincer. R. **grinnere* pour *grunnire*. Cf. v. fr. *grondre* ou m. h. a. *grinnen*.

D. + *Grindo*, s. m. : tourne-pierre (*Strepsilus interpres*).

GRINPLÉ, s. m. : grimpereau. V. *gripé* et *gripe-an-hā*.

GRIPÉ, v. n. : grimper. R. n. *grīpa*.

D. *Gripe-an-hā*, s. m. : grimpereau (*Certhia familiaris*.)

GRI, a. : gris. — s. m. : cheval gris. R. a. h. a. *grīs*.

D. *Grizi*, v. n. : devenir gris.

Grizé, s. m. : petite pomme à cidre de couleur grise. *Pome d'grizé*.

GRO, s. m. : eau fétide et fangeuse. R. n. *gorm*, ang. *gore* (limon).

GRŌ, 1° a. : gros, fort, riche. *Fēre l'grō* : faire le riche, l'homme d'importance. *Ch'ée-t un dé grō d'l'andré.* — *Grōcid(r)e*: cidre fort, sans eau. — 2° s. m.: cidre pur. *Bēre du grō*. R. **grossus*.

D. *Grosé*, s. m. : morceau extérieur du fagot plus gros que les branches du milieu, rondin. Cf. *par'man*.

Grosié, a. : gros, fort, brutal.

GRONÉE, s. f. : plein un tablier. *Eune gronée d'bran*. R. a. n. a. *gēre*. Cf. pic. *gron* : tablier.

GRONSÉ, v. n : murmurer entre haut et bas, gronder entre ses dents. R. a. *grunzen*.

GROUÉ, v. a. : émietter, égrener. R. ag. s. *grout*.

GROUIN, s. m. : groin. R. *grunnire*.

GROUĔZÉLE, s. f. : groseille. R. a. *kräusel* (*beere*).

D. *Grouĕzélié*, s. m.: groseillier à maquereaux (*Ribes uvacrispa*.)

+ GROUSÉ, v. n. : remuer légèrement (Pluquet.)

GRUJIÉ, v. a.: 1° dépouiller quelqu'un, manger son bien — 2° égrener le blé. Cf. *grijié*. R. b. a. *grusen*.

1. *Grain* s'est atténué en *grin*, au lieu de se développer en *grouin*, comme *pain* en *pouin*, évidemment à cause du mot *grouin* (groin).

GRUM'LO, s. m. : petit grumeau qui se forme dans le lait, etc. R. * *grumellottus.*

D. *Grum'loté*, v. n. : se cailler d'une manière incomplète ; se former en grumeaux.

GUÉ, 1° a. gai, un peu ivre ; — 2° s. m. geai (*Corvus glandarius.*) R. a. h. a. *gāhi.*

GUÉDÉ, s. m. : espèce de grondin (*Trigla hirundo.*) Cf. *guédi.*

GUÉDI, a.: rempli, couvert. *Ch'ĕe guédi d'taque.* R. a. h. a. *weidōn.*

1. GUĚRBE, s. f. : gerbe. R. a. h. a. *garba.*

D. *Guěrbé*, v. n. : gerber.

Guěrbé, s. m. : petite gerbe.

Guěrbiěre, s. f.: fenêtre de la grange par laquelle on entre les gerbes ; bouche démesurément grande.

2. GUĚRBE, s. m. : plongeon (*Colymbus glacialis.*)

GUÉRÉ, s. m. : jarret. R. br. *gār.*

D. *Guěrqu(i)é*, s. m., *guěrqu(i)ěre*, s. f. : jarretière.

GUĚRGNÉ, s. m. : grenier. V. *grégné.*

GUEŪ, s. m. : misérable, homme sans probité.

D. *Gueūzar*, s. m. : coquin, misérable.

Gueūze, s. f. : femme de mauvaise vie. *Couri la gueūze.*

Guëzéte, s. f. : fille légère, impertinente.

GUÉZI, a. : couvert, criblé. Cf. *guédi.*

GU(I)A, int. : dia. V. *dja.*

GU(I)ĀBE, s. m. : diable. *Gu(i)ābe* (de mer): baudroie (*Cattus scorpius.*) R. *diabolus.*

GU(I)EU, s. m. : Dieu. R. *Deus.*

+ GUIBOLE, s. f. : jambe. V. *Quibole.*

GUICHON, s. m. : tasse en bois de la contenance d'un tiers de litre. R. dériv. de *guiche.*

D. *Guichonée*, s. f. : plein un *guichon.*

GUIDON, s. m. : bride simple et à un seul mors. R. g. *vitan.*

GUIGNÉ, v. n.: se cacher à la cligne-musette. *Gui(g)ne*: cache-toi. R. a. h. a. *kīnan.*

D. *Gui(g)ne*, s. f. : lieu où se place celui qui *guine.*

GUILMUCHÉTE, s. f.: cligne-musette. R. *gui(g)ne* et *muchéte.*

GUINCHIÉ, v. n. : regarder de travers en baissant les oreilles, comme le font les chevaux qui mordent. R. a. h. a. *winkjan.*

D. *Guinchar*, s. m. : cheval qui *guinche*.

Guincheū, a. : qui guinche.

Guēne, *guine, s. f. : 1° espèce de cerise, *guigne*; — 2° pl. branchies de poisson; — 3° boursoufflures qui se forment à la surface des pains qu'on met au four. *Poussé dé guine*. R. a. h. a. *wihsela*.

Guiōme, s. f. : Guillaume. R. a. *Wilhelm*.

G'va, s. m. : cheval. R. *caballus*. Cf. *j'va*.

G'vēche, s. f. : chouette. *P'tite g'vèche* : chouette de pommier (*Otus passerina*). R. **capitia*.

G'veu, s. m. : cheveu. R. *capillus*.

G'vile, s. f. : cheville. R. **capicla* pour *capitula*.

H

Hā, s. m. : chien de mer, espèce de squale (*Mustelus vulgaris*). R. nl. *hai*, a. *hai*.

Hā, a. s. m. : haut, grand. *An hā* : en haut. f. *hâte*. *Éle ée pu hâte quë li*. R. *altus*.

Hagnéte, s. f. : 1° béquille; 2° mauvais couteau. V. *hâne*.

Halbréné, a. : desséché, roussi par le hâle. R. fl. *hael* et c. *bran*.

Halé, v. a. n. : tirer à soi. — *Halé o ceur* : vomir. R. a. h. a. *halōn*, n. *hala*.

Halĕzé, v. n. : respirer avec peine. R. *halare*.

Halipre, s. m. : dessèchement et gerçure de la muqueuse des lèvres sous l'influence du froid, etc. R. fl. *hael*+a. *lippe*.

Halmĕche, s. f. : dispute, querelle.

D. *Halmêchié*, v. n. : disputer.

Halo, s. m. : balles du blé, etc. mêlées au grain. V. *halé*.

D. *Haloté*, v. n. : remuer le van de manière à rassembler les *halos*, afin de pouvoir les enlever.

Hamé, s. m. : hameau. R. ag. s. *ham*, mot conservé dans *Etréham*, commune du canton de Trévières.

1. Han, s. m. : fantôme, revenant. V. *hanté*.

2. † Han, s. m. : souchet (*Cyperus longus*). R. a. *hanf* (chanvre).

Hâne, s. f. : vieille femme. R. *anus*.

D. *Hâné*, v. n. : maugréer.

Han'quin, han'tchin, s. m. : lambin, taquin. V. *hâne*.

D. *Han'quiné, han'tchiné*, v. n. : hésiter, tâtonner, marchander.

Han'tonēū, a. : qui produit ou a des hannetons[1]. R. *hanneton* (hahn).

[1] *Anée han'toneūze, anée pomeūze*.

HANON, s. m. : centaurée fausse jacée (*Centaurea nigra* et *nigrescens*). V. *Han* 2.

HANQUE, s. f. : hanche. R. fris. *hancke*, a. h. a. *ancha*.

HANSAR, s. m. : espèce de scie à main. R. Peut-être altération de *hansacs*[1], ag. s. *handseax*, n. *hand-sax* (couteau à main).

HANTÉ, v. a.-n. : fréquenter, courtiser. *I la hante d'pieũ un an*. R. n. *heimta*.

HAPÉ, v. a. : attraper, saisir. R. nl. *happen*.

D. *Hape*, s. f. : capture, prise, affaire. *La béle hape* : la belle affaire[2].

HAQUE, s. f. : hache. R. nl. *hacke*.

D. *Haqu(i)é*, **hachié*, v. a. : hacher.

HAR, s. m. : branche (?), lien formé de branches tordues et qui sert à attacher les fagots. R. m. h. a. *hart* (bois).

HARASE, s. f. : grand panier de forme rectangulaire. Cf. v. fr. *harasse* : bouclier.

HARDI, int. : courage. R. a. h. a. *harti*.

HARÉ, v. a. : exciter (Bocage). *Haré un tchin* : lancer un chien sur quelqu'un. R. a. h. a. *harēn* (crier). Cf. v. fr. *harier*.

HARÉE, s. f. : ondée, pluie de peu de durée. Cf. *horée* Cotgr. : «a great shower of rain».

HARI, int. : cri par lequel on encourage les ânes à marcher.

HARICOTÉ, v. n. : marchander. R. *hari(é)* (a. h. a. *harēn*) +..*coté*. Cf. *harigoter* (déchirer)[3].

D. *Haricoqu(i)é*, s. m. : qui marchande, taquin.

HARIGACHIÉ, HARIGOCHIÉ, v. n. : marchander, taquiner, disputer. Cf. *haricoté*. R. *hari(é)*+(*a*)*gachié*.

HARIN, s. m. : mauvais petit cheval.

HARIV'LÉ, v. n. : marchander. R. *hari(é)* (a. h. a. *harēn*)+*vel* (*vitellus*).

D. *Harivélié*, s. m. : mauvais marchand de bestiaux.

†HARMONÉ, v. n. : gronder, grommeler.

HARNẼE, s. m. : harnachement, équipement d'un cheval. R. br. *harnez*.

*HARNOUẼE, s. m. : attelage. *Harnouẽe d' trée j'vā*. R. *id*.

HĀT'LÉ, s. m. : rôti de porc. R. *hasta*. Cf. m. h. a. *harst* (gril).

HĀTI, s. m. : maladie du bœuf causée par des vers nématoïdes[4].

HĀTIVÉ, a. : hâtif. *Orje hātivé* (*Hordeum hexastichum*). R. a. et a. fris. *hast*, n. *hastr*.

[1] *L. R.* 562 fist de hansacs desmembrer : «divisit cultris».

[2] Dans ce dernier sens, *hape* se rapproche du n. *happ* (bonne chance), angl. *hap(py)*.

[3] Diez, *Etym. Wörterbuch*, II, c, s. v. *haligote*.

[4] Mémoires de la *Société vétérinaire des départements du Calvados et de la Manche*. Bayeux, 1834.

HAVÉ, s. m. : crochet qui sert à enlever les herbes aquatiques des rivières, etc. R. a. *haft*.

D. *Har'lé*, v. a. : enlever les herbes avec le *haré*.

Har'lâje, s. m. : action de *har'lé*.

HAVRON, s. m. : avoine stérile (*Avena fatua*). *Ch'ée havron é pée perchi* : l'un ne vaut pas mieux que l'autre. R. a. h. a. *habaro*.

HEC, s. m. : 1° assemblage de planches qu'on pose sur le marc avant de le presser; 2° partie inférieure de la porte d'une grange, etc. R. a. *heck*.

D. *Hêqué*, s. m. : ridelle de charrette.

HÉE, s. f. : 1° haie; 2° forte et longue pièce de bois formant le corps de la charrue. R. ag. s. *haga*, n. *hagi*.

HÉNT, s. m. : 1° brouillard épais; 2° maladie des oiseaux qui les fait tournoyer.

HÉRAN, s. m. : hareng (*Clupea harengus*). R. ag. s. *häring*.

D. *Hérângué*, s. m. : clupée spratte (*Harengula sprattus*).

Hérângu(i)ère, s. f. : palis munis d'un filet pour prendre les harengs.

HÉRCHE, s. f. : herse. R. *hirpicem*.

D. *Hèrchié*, v. n. a. : herser.

HÉRDLÉ (Formigny), HARDLÉ (Bocage), a. : se dit d'un œuf qui n'a pas de coquille et n'est entouré que de sa membrane interne[1]. Cf. Cotgr. *hardré*, *harde* : « a soft-sheld egge »; Dum. *hardé*. R. *hart*; cf. v. fr. *hardelle* (paquet).

HÉRE, a. : de mauvaise humeur. *Vo-z éte biin hère (a) s'sé* : vous êtes de bien mauvaise humeur ce soir. R. a. *herr*.

HÉRGAGNE, a. : de mauvaise humeur. V. *r'gagne*.

HÉRICHON, s. m. : hérisson (*Erinaceus europæus*). R. **ericionem*, de *ericius*.

D. *Hérichoné (s')*, v. r. : se hérisser.

HÉRPÉ, v. n. : prendre au fond de la casserole, se dessécher brusquement, en parlant d'une terre qui ne garde pas l'humidité. *Hèrpé d' sec*. R. a. h. a. *harfan*.

HÉZÉ, s. m. : petite barrière faite de branches entrelacées et qui ferme un enclos. R. Dim. de *hée*, formé à l'aide du suffixe *cellus*[2].

HIÉRE, s. m. : lierre. R. **hederus*.

HIN, s. m. : hameçon, *haim*. R. *hamus*.

HINGRE, a. : malingre, souffreteux. R. *ægrum*.

HINGUEŬ, a. : remuant, hargneux.

HINSE, s. f. : manche de la faux.

[1] C'est ainsi que le font souvent les poules trop grasses. Ce n'est donc pas un œuf de coq, comme on le lit dans les glossaires de MM. Duméril et Dubois; les œufs qu'on suppose être pondus par les coqs sont petits, mais pourvus d'une écaille, et une croyance populaire admet que, s'ils étaient couvés, il en sortirait un serpent.

[2] L'étymologie *hirpex* proposée par Diez est inadmissible à cause du *z*; *hirpex*, en admettant la chute de l'r, n'aurait pu donner que *hèche* en normand.

*Hō, ad. sert à former quelques superlatifs. Ex. *hō plène :* près de vêler, en parlant d'une vache; entièrement pleine, en parlant de la mer. R. *altus*, v. *hā*.

Hōbe, s. f. : espèce de buse (*Falco buteo*). R. ag. s. *hobby*.

Hoblon, s. m. : houblon. R. nl. *hop*.

Hōchié, v. a. : hausser. R. **altiare*.

Hodiné, v. n. : remuer (la tête).

Hogue, s. f. : hauteur. *Lé hogue d'Isigny*, partie de la ville située près du bassin (Pluquet). R. n. *haug-r* (colline).

Hōle, Houōle, s. f. : creux où se cache le poisson. *La haule de Surrain* (Duméril), nom donné à une place située près de l'église. R. n. et ag. s. *hol* (creux).

Honesté, s. f. : honnêteté. R. *honestatem*.

Hor, ad. : hors, excepté. *Hor li :* excepté lui. R. *foris*.

D. *Horzin*, s. m. : étranger.

Horion, s. f. : gros rhume épidémique. R. (?) *foris*.

D. *Horique*, s. f. : grippe épidémique.

1. Houlé, 1° v. a. : exciter (un chien) contre quelqu'un; 2° *s' houlé*, v. r. : se cacher dans un trou. R. n. *hol*.

2. Houlé, s. m. : hoyau, bêche. R. **agolettum*.

Hōulon, s. m. : espèce de godet en terre. Cf. *moque*. R. n. *hol*.

Houpe, s. f. : 1° houppe, huppe (touffe de plumes); 2° huppe (oiseau) (*Upupa epops*); 3° filasse qui reste, une fois le bon chanvre enlevé. R. *upupa*.

D. *Houpé*, v. n. : peigner (le chanvre).

Houpéte, s. f. : petite houppe.

Housiā, s. m. pl. : espèce de longues bottes. R. a. h. a. *hosa*.

Houstā, s. : femme hommasse.

Hoūté, v. a. : piocher, labourer avec la houe. R. a. h. a. *houwa*.

Huan, s. m. : 1° hibou (*Otus aluco*); 2° homme sauvage. R. Onomatopée *hu*. Cf. a. *hau* et *hu* (hibou).

† Huar, s. m. : lutin, farfadet. Cf. *huan*.

Hubi, a. : qui a les plumes hérissées, en parlant d'un oiseau malade. R. a. h. a. *hūba* (bonnet). Cf. *huré*.

*Hūchié, v. a. : placer en un lieu élevé, mettre dans la huche. R. **hutica*.

Hune, s. f. : tête, partie supérieure de la cloche par laquelle elle est suspendue. *Qu'ée qu'il a dān la hune?* R. n. *húnn*.

Hūo, Hūyo, int. : cri pour faire tourner les chevaux à droite.

Hūpé, a. : qui a une huppe; fier. V. *houpe*.

Huré, a. : hérissé. R. n. *húfa* (bonnet). *Rom.* IV, 361.

Hurlié, s. m. : chantre gagé pour dire l'office des chanoines. R. *ululare*.

I

1. I, int. : cri pour faire avancer les chevaux. R. *i(re)*.
2. I, pr. : il, devant une consonne. *I viin.* R. *ille.*
IcHIN, ad. : ici. R. *ecce, hic.*
+ ILÉ, s. m., ILÉTE, s. f. : petite île. R. *insula.*
ILEU, ILO, adv. : là. *I viin d'ilo.* R. *illoc.*
INCHIN, ad. : ainsi. R. *in, sic.*
INC'MODE, a. : incommode. R. *incommodus.*
INDÉNE, a. : indigne. R. *indignus.*
*INDROPIQUE, a. : hydropique. R. *hydropicus.*
*INDUQUÉ, p. p. : éduqué, formé. R. *educare.*
INGU(I)É, v. n. : aider. R. *adjutare.*
D. *Ingue*, s. f. : aide. *No n'a pā d'ingue d'aveuc li.*
INNÉ, a. : aîné. R. *antenatus.*
INMANCĀBE, a. : immanquable. R. **inmancabilis.*
INMANSE, a. : immense. R. *immensus.*
IN'ŪSĀBE, a. : qui ne s'use point. R. *in, *usare.*
*INPOCRITE, a. : hypocrite. R. *ὑποκριτής.*
INRASĀSIĀBE, a. : qu'on ne peut rassasier. R. *in, re, *adsatiare.*
INSOUFRĀBE, a. : insupportable. R. *in. sufferre.*
INTIBO, s. m. : petit morceau, éclat de bois. V. *étibo.*
ITOU, ad. : aussi. R. *hic. talis.*
ĪTRE, s. f. : huître. R. **ostrea.*
D. *Ītrière*, s. f. : huîtrière. banc d'huîtres.
IVÉ, s. m. : hiver[1]. R. *hibernus.*

J

JAC, s. m. : garçon sot et impertinent. R. *Jacobus.*
D. *Jacase*, s. f. : femme bavarde.
Jacasé, v. n. : bavarder.
Jacdale, s. m. : nigaud, sot.
Jaco, s. m. : surnom du geai, du perroquet, etc.
Jaqué, s. m. : écureuil (*Sciurus vulgaris*).
JAMOUĒE, adv. : jamais. *A jamouēe* : en grande quantité. R. *jam, magis.*
JĀNE, a. : jaune. R. *galbinus.*
D. *Jāné, jōné*, s. m. : renoncule des prés ou bouton-d'or (*Ranunculus acris*[2]).

[1] *Ch'ée l'bouon ome hivé qui plleume sé-z ouēe*, dit-on quand il neige.
[2] On se sert des *jōnée* et des *pāquéte* pour joncher les rues à la Fête-Dieu.

Jâuise, jôuise, s. m. : jaunisse.

JANO, s. m. : imbécile, nigaud. R. *Johannes*.

*JANQU(I)É, s. m. : chantier. R. *canterium*.

JAPÉ, v. n. : aboyer. R. (?) a. *jappen*.

D. *Japiné*, v. n. : japper souvent et peu fort.

Japéte, s. f. : petit chien qui ne fait qu'aboyer.

JAVINÉ, v. n. : parler sans discontinuer et pour ne rien dire. Cf. *japiné* et angl. *jabber* (babiller).

D. *Javinâje*, s. m. : bavardage.

Javin'man, s. m. : bavardage monotone et ennuyeux.

JÉGNAR, s. m. : qui se plaint sans cesse et sans raison. V. *jindc*.

J'LIF, m., J'LIVE, f. a. : qui a été gelé, qui se casse à la gelée. *Piêre j'live*. R. *gelu*.

J'MAN, JĔMAN, s. f. : jument. R. *jumentum*.

*JÉMO, a. : jumeau. R. *gemellus*.

JĔNÉ, v. n. : germer. R. *ger(mi)nare*.

JĔNE, s. m. : germe. R. **ger(mi)ne(m)*.

D. *Jĕnote*, s. f. : racine du *Carum bulbocastanum*.

J'NICHE, s. f. : génisse. R. *junicem*.

D. *J'nichon*, **j'nison*, s. m. : 1° jeune génisse, veau ; 2° seneçon (*Senecio vulgaris*[1]).

J'NOUŌ, s. m. : genou. R. **genuculum*.

D. *J'nouōyĕre*, s. f. : *genouillère*, morceau de cuir dont les moissonneurs s'entourent le genou gauche, afin de lier plus facilement les gerbes.

†*J'nouōyé*, s. m. : 1° espèce de vulpin (*Alopecurus geniculatus*) ; 2° espèce de véronique (*Veronica chamaedrys*).

J'nouōyé, v. n.-a. : donner un coup de genou, presser une gerbe avec le genou.

J'nouōyōn (a), loc. adv. : à genoux[2].

JĔRGON, s. m. : jargon.

D. *Jĕrgoné*, v. n. : jargonner.

*JÉROMIOME, s. m. : géranium.

*JĔRSE, JERCHE, s. f. : brebis qui n'a pas encore porté ou brebis stérile. R. **jercia* Duc.

J'TÉ, v. a. : jeter, suppurer, mettre bas. R. *jactare*.

*JEUDO, s. m. : jet d'eau.

J'VA, s. m. : cheval, lourdaud. *Grō j'va*. R. *caballus*.

JIB, s. m. : espèce de jeu de *toupie*. R. cf. angl. *gibe*.

JIBIĔRE, s. f. : gibecière. R. De *gibier*.

JIĔVRE, s. m. : grèbe oreillard (*Podiceps auritus*).

JIFE, s. f. : soufflet, *giffle*. R. (?) a. *kiefer*.

†JĪLÉ, v. a. : lancer un liquide avec une seringue. Cf. *chīlé* et *zīgué*.

[1] Dans ce second cas, il semble qu'il y a eu confusion du mot *senecionem* avec *junicionem*.

[2] C'est par erreur que cette locution se trouve plus haut après le mot *aj'nouōyé*

D. *Jilée*, s. f. : liquide que l'on lance. Cf. v. fr. *guilée*.

JINDE, v. n. : geindre. R. *gemere*.

JIRE, n. pr. : Gilles. R. *Ægidius*.

D. *Jiro*, s. m. : sot.

Jiréte, s. f. : petite fille étourdie.

JIZIÉ, s. m. : gésier. R. *gigerium*.

JOB, s. m. : employé dans la locution : *but(r)e l'job*, « perdre son temps, ne rien faire. » R. *Hiob*.

JOBÉ, v. n. : se tromper. *J'yé jobé* : je m'y suis laissé prendre. R. (?) *Hiob*. Cf. v. fl. *jobbe* (insulsus).

JODANE, s. m. : ganache, sot.

JODU, a. : sourd.

JOJO, s. m. : niais, sot. *Vieū jojo*. R. Onomatopée. Cf. *zozo*.

JŌE, JOUŌE, s. f. : joue. R. **gauta*.

JONFLLÉ, v. n. : souffler, la bouche ouverte, sur quelque chose de manière à la couvrir de vapeur. R. *conflare* (?).

† JONQU(I)É, v. a. : joncher. R. **juncare* de *juncus*.

D. † *Jonquéte*, s. f. : grande marguerite ou pâquerette (*Chrysanthemum leucanthemum*). Cf. *pāquéte*.

Jonqu(i)ère, s. f. : lieu couvert de joncs.

JOSTÉ, v. n., plaisanter. R. **juxtare*. Cf. v. fr. *joster*, pr. *jostar*.

D. *Jostouêzé*, v. n. : badiner, niaiser, folâtrer.

JOUI, v. n. : jouir, avoir la jouissance d'une terre. R. **gaudire*.

JOUINDE, 1° v. a. : joindre, (r)attraper. *Si j'tē jouīn*. 2° v. n. : atteler. *I n'a jouīn qu'a diê-z heure*. R. *jungere*.

D. *Jouinte*, s. f. : temps pendant lequel les chevaux de labour restent attelés, action d'atteler.

Jouintée, s. f. : ce que l'on peut prendre avec les deux mains. *Eune jointée d' bran*.

JOUO, s. m. : jour. *A ceur d' jouô* : toute la journée. R. *diurnum*.

D. *Jouōrnée*, s. f. : journée.

Jouōrnalié, 1° s. m. : qui travaille à la journée; 2° a. : changeant, inconstant.

JOUTÉ, v. n. : 1° lutter. *Veū-tu joūté?* 2° aborner. *I no joūte o couchān*. R. **juxtare*. Cf. *josté*.

*JUIF, s. m. : martinet. (Pluquet.)

JUJIÉ, v. n.-a. : juger. R. *judicare*.

JUN, a. : jeun. *A ceur jun* : sans avoir rien mangé. R. *jejunus*.

D. *Juné*, v. n. : jeûner.

JUPÉE, s. f. : distance. *I ya eune buone jūpée*. R. cf. *jupper* Cotg. « to shout » et angl. *to whoop* (crier).

JUQU(I)É, v. a.-n. : jucher, être juché, percher. R. **juccare* : cf. nl. *hukken* et angl. *to juke*.

D. *Juc*, *jucoū*, s. m. : juchoir. *Aré l'ér d' tunbé du jucoū* : être tout étonné.

JUTÉ, v. n. : rendre du jus. R. *jus*.

L

Labourör. s. m. : labour. R. *laborem.*

D. *Labouöré*, v. a. n. : labourer.

Labouoraü. s. m. : laboureur.

Lachié. v. a. : fouetter, frapper avec une corde. *lacer.* R. n. *laski*. angl. *lash* (fouet). Cf. *lachon.*

*Lăchié. v. a. : lâcher. R. **lascare*; v. *laquïé.*

Lachon. s. m. : lacet. R. **laqueonem.*

Lăgnèbe. s. f. : lanière. R. **lanaria.*

Lague. s. f. : espèce. R. ags. *lag* (loi).

D. *Lagui*, a. : d'une bonne ou d'une mauvaise espèce. *Il ee biin lagui.*

Lămön, ad. : ici, aux environs. R. *la amön.*

÷ Lanchon. s. m. : variété de l'*équile* (*Ammodytes lancea*). R. *lancea.*

Landon. s. m. : courroie; discours traînant.

D. *Landoné*. v. n. : lambiner, rabâcher.

Landoré. v. n. : traîner, lambiner. R. m. h. a. *lentern.*

Landré. ad. : là. R. *la* et *andré.*

Lané. s. m. : filet pour prendre la crevette.

Lanfee. s. m. : filasse, discours confus et embarrassé. *Méte du lanfee a eune sanplure. — Qué qu' ch'ee quë s'lanfée qui no conte?* R. *lanificium.*

Langui. v. n. : languir. R. **languire.*

Languïé. s. m. : landier. R. *l—andier.*

Lănlère. s. m. : indolent. R. *lentus* (?).

Lansman. s. m. : élancement. R. *lancea.*

Lantiponé. v. n. : lanterner. R. *lentus— ponare.*

*Lapidé. v. a. : importuner, ennuyer. R. *lapidare.*

Lapiné. v. n. : faire ses petits, en parlant de la femelle du lapin. R. (*c lap* de (?) *clepere.*

Lăquïé. v. a. : lâcher. R. *lascare* pour *laxare.*

Lăsié. v. a. : lasser. p. p. *lăsi* : fatigué. R. *lassus.*

Laton. s. m. : laiton. R. **latonem.* Cf. H. *latoen.*

Lavé. v. a.-n. : laver, en particulier laver le linge qui a été lessivé. *No lave agneu.* R. *lavare.*

D. *Lav'rie*. s. f. : 1° lieu où on lave la vaisselle; 2° pierre d'evier; 3° lavage continu.

Lav'tchiné. v. n. : laver sans discontinuer et sans utilité.

Lavoü, s. m. : lavoir.

1. Lé. a. : laid. *Fer' lé* : faire mauvaise mine. R. a. h. a. *leid.*

D. *Lédi*. v. n. : enlaidir.

2. Lé. s. m. : lait. — *Lé d' [illegible]* : partie séreuse de la crème

qui se sépare quand on fait le beurre. — *Lé trulé :* lait caillé. — *Lé d'pie :* nom vulgaire de l'*Euphorbia amygdaloïdes*. R. **lactem.*

D. *Léqu(i)ère*, s. f.-a. : laitière, qui donne beaucoup de lait. *Ch'ée-t eune bonone léqu(i)ère.*

Létron, s. m. : 1° poulain qui tette encore; 2° nom vulgaire du *Sonchus oleraceus.*

*Légeume, s. m. : légume. R. *legumen.*

L'jié, l'ji, a. : léger. R. **leviarius.*

Lémuje, s. m. pl. : plantes fourragères de la famille des papillonacées, en particulier le *Pisum arvense*, la *Vicia sativa*. R. **legumaticum.*

Léme, s. f. : lime. R. *lima.*

1. Léne, s. f. : laine. R. *lana.*

2. Léne, s. f. : ligne. R. *linea.*

Léque, s. f. : 1° tranche, morceau long et étroit. *Eune léque d'terre :* — 2° laîche, nom de différentes espèces de carex aquatiques. *Grande léque* (*Iris pseudo-acorus*). R. a. h. a. *lisca* (roseau).

Léqu(i)é, v. a. : lécher. V. *liqu(i)é.*

Léré : futur anomal de *laisser.*

Lérme, s. f. : larme, goutte. R. *lacryma.*

D. *Lérmié*, s. m. : larmier, saillie du toit qui permet à la pluie de couler.

Lérmo, s. m., *lérméte*, s. f. : goutte.

Léro, s. m. : loir (*Myoxus nitela*). *Dormi come un léro.* R. *(g)lirem.*

Lésié, l'sié, v. a. : laisser. R. *laxare.*

L'sive, s. f. : lessive. R. *lixivia.*

D. *Lésivière, l'sivière*, s. f. : femme qui lave la lessive, blanchisseuse.

1. Léte, s. f. : lettre. R. *littera.*

2. Léte, s. f. : laitance. V. *lé* 2.

D. *Létu*, a. : laité.

Létiche, s. f. : 1° belette; 2° animal fantastique qui ne paraît que le soir ou la nuit[1].

Leu, p. p. : lu. R. **legutus.*

Leū, a. pos. : leur. R. *(il)lorum.*

Leune, s. f. : lune. R. *luna.*

D. *Lenné*, a. : bien ou mal disposé.

L'vé, v. a. : lever. *Éte mal l'vé :* n'être pas de bonne humeur. R. *levare.*

D. *L'ri, l'vie*, s. m. : levier.

L'vouin, s. m. : levain. R. *levamen.*

Léze, s. f. : lé. R. **latia.*

Lézi, s. m. : loisir. R. **licire.*

Li, pr. pers. : lui. *Ch'ée li.* R. *(il)li.*

[1] On croit parfois que c'est l'âme des enfants morts sans baptême. (Cf. Pluquet, *Essai historique sur la ville de Bayeux*, p. 327.)

LIANE, s. f. : glane. V. *lié* 3.

LIAR, s. m. : nom vulgaire du *Populus nigra*. R. c. *llăi* (gris sombre).

LIBOUDEŪ, a. : gluant, visqueux.

*LIBRE, a. : qui peut se servir de. *I n'ĕe pā libre d' sé manbre.* R. *liber.*

1. LIÉ, LIN, pr. pers. : elle. *Ch'ĕe lié :* c'est elle. R. (*il*)*li*.

2. LIÉ, s. m. : lit. R. *lectum.*

3. LIÉ, v. a. : lier. R. *ligare.*

D. *Liān*, a. : qui se lie, fait amitié facilement.

Lian, s. m. : lien, en particulier lien fait avec du glui de seigle et qui sert à attacher les gerbes de froment.

Liache, s. f. : liasse.

Liāje, s. m. : action de lier.

Lieū, lioū, s. m. : lieur, celui qui lie les gerbes.

Lieūre, s. f. : corde qui sert à retenir la charge d'une charrette à gerbes.

LIĔJE, s. m. : coin en fer dont on se sert pour cercler les tonneaux.

LIÉNAR, n. pr. : Léonard. R. *Leonardus.*

LIĔR, s. m. : liard. R. basque *ardita* de *ardia* (brebis).

D. *Liĕrdé*, v. n. : lésiner, liarder.

LIĔRU, s. m. : lierre. R. **hederutus.*

LIÉTE, s. f. : layette, tiroir. R. fl. *laeye*, h. *laadje*, a. *lade.*

LIEUTRIN, s. m. : lutrin. R. **lectrinum.*

LIGNEU, s. m. : ligneul. R. **lineolus.*

LIJE, a. : vide. *R'vĕni a lije.* R. nl. *leeg.*

LIMĀ, s. m. : limace rouge. R. *limax.*

D. *Limache*, s. f. : limace, en particulier la limace grise. R. *limacem.*

Limachon, s. m. : escargot.

LIMON, s. m. : timon. Cf. esp. *limon*, fl. *lamoen*. R. (?) n. *limr*, angl. *limb* (membre).

D. *Limoné*, v. n. : remuer sans cesse, s'agiter comme un cheval au *limon.*

Limogné, s. m. : cheval attelé au limon ; f. *limognère.*

LINGNE, s. f. : ligne. V. *lĕne* 2.

LINO, s. m. : petite linotte (*Fringilla linaria*). R. *linum.* Cf. a. *lein*(*finke*).

LIORNE, s. f. : viorne (*Clematis vitalba*). R. Pour *viorne* (*Viburnum*), transformé en *liorne* sous l'influence de l'idée de *lier.*

*LIOTROPE, s. m. : héliotrope. R. ἡλιοτρόπιον.

LIQU(I)É, v. n. : lécher. R. ag. s. *liccian*, nl. *likken*, a. h. a. *lecchōn.*

D. *Liqu'ré, liqué*, a : friand.

Liqu'rie, s. f. : gourmandise.

Liquéte, s. f. : petit morceau. Cf. *lèque.*

Liqu'friche, léqu'friche, s. f. : lèchefrite.

Liqu'pla, léqu'pla, s. m. : gourmand, parasite.

**Lichouère*, s. f. : langue bien pendue, bavardage.

LIQU(I)ÈRE, s. f. : litière. R. **lectaria*.

LIRE, s. f. : femelle du canard. Cf. *bouōre* et *cane*. R. (*g*)*lirem*[1].

D. *Lir'lire, liréte*, s. f. : petite *cane*.

Liro, s. m. : petit canard.

LIVÈRJIN, s. m. : barge (*Numenius limosa*).

LIVÈRNĀJE, s. m. : vesce d'hiver. R. **hibernaticum* avec prosthèse de l'article.

LIZA, LIZON, n. pr. f. : abréviation et diminutif de *Élisa*.

LIZÉTE, n. pr. f. : abréviation de *Élisabeth*, nom de jument.

LĪZÉ, s. m. : liséré. R. a. *lista* (bordure).

LĪZOŪ, s. m. : liseur (grand). R. *legere*.

LOCHIÉ, v. a. : secouer un arbre, abattre des fruits avec une gaule. R. m. h. a. *lücke*.

D. *Lochāje*, s. m. : action de *locher* les pommes.

LOLO, s. m. : 1° mot enfantin qui sert à désigner le lait; 2° poupon, enfant gâté. *Grō lolo*. R. Onomatopée.

LŌNÉ, v. n.-a. : radoter, répéter toujours la même chose, ennuyer par son bavardage.

D. *Lōgné*, s. m. : radoteur.

Lōnāje, s. m., *lōn'rie*, s. f. : radotage.

LOQUE, s. f. : loche, petit poisson mou et gras du genre *Cobitis*. *Grā come eune loque*. R. cf. angl. *loach*.

LOQUÉ, s. m. : clef d'une porte extérieure, passe-partout. R. n. *loka* (fermer), ag. s. *loc* (claustrum), angl. *lock* (serrure).

LOQU'SONÉ, v. a. : battre, mettre en *loques*. R. fr. *loque* du n. *lök-r* (chose pendante).

LORÉTE, s. f. : nom vulgaire du *Daphne laureola*. R. **lauretta*.

LOUCHIÉ, v. n. : loucher, regarder de travers. R. *luscus*.

LOULOU, s. m. : mot enfantin, pou. R. Onomatopée.

LOUIZO, s. m. : diminutif de *Louis*. R. *Ludovicus*.

LOUIZON, s. f. : diminutif de *Louise*.

LOUŌR, a. : lourd. R. *luridus*.

D. *Louōrdi*, v. n. : devenir lourd, enlourdir.

LOUERIE, s. f. : foire aux domestiques. R. *locare*.

LOUSE, s. f. : 1° mensonge, fourberie; 2° vesse.

D. *Lousé*, v. n. : 1° tromper; 2° vesser.

LUCAN, LUGAN, a. : bizarre. R. ag. s. *locian*. Cf. *lāqu(i)é*.

D. *Lucané*, v. n. : flâner, bayer aux corneilles. *Qu'ēc qu' tu lucane lāmon?*

LŪE, s. f. : lieue. R. *leuca*.

LUNÉ, v. n. : regarder avec étonnement, bayer. R. *luna*.

D. *Lun'qu(i)é*, s. m. : badaud.

[1] Dans le Berry, *lire* signifie *loir* (l. *glirem*); il est difficile de ne pas conclure à l'identité du mot normand et du mot berrichon, mais il est singulier qu'ils aient pris des significations aussi différentes.

Lūqu(i)é, v. a. : regarder avec persistance. R. ag. s. *locian* (regarder), ag. *look*.

Lure, s. f. : répétition monotone de la même chose, sornette. R. n. *lúdhr* (trompette).

D. *Luré*, v. a. n. : répéter toujours la même chose.

Lurié, s. m. : bavard ennuyeux, diseur de riens, radoteur.

M

Ma(l), s. m. : mal. *Ma d'dān* : mal de dents. — *Mal an trin* : souffrant. R. *malum*.

D. *Malandurān*, a.-s. m. : grognon, intolérant, rude. (*Malum indurantem*).

Măcāle, s. f. : chose à manger, mangeaille. V. *māqu(i)é*.

Machacré, v. a. : massacrer, ravager, faire mal. R. a. *matsken* (égorger).

D. *Machacre*, s. f. : massacre, dévastation. *Pleume d' machacre* : plume de poule, de coq, mise dans un oreiller, un traversin, etc. au lieu de duvet d'oie ou de canard.

Machon, s. m. : maçon. R. *mac(h)ionem*. Cf. got. *maitan* (tailler) et **marcio* Duc. de *marcus*.

D. *Machoné*, v. a. : maçonner, faire grossièrement.

Machoneure, *machon'rie*, s. f. : maçonnage, maçonnerie.

Machue, s. f. : massue. R. *maxuca*.

Macré, s. m. : 1° maquereau (*Scomber vulgaris*); — 2° éphélides ignéales qui viennent aux jambes pour s'être chauffé de trop près; — 3° entremetteur. R. 1, 2 (?) *macula*. — 3, fl. *makelaer*.

Macroule, s. f. : grande foulque (*Fulica atra*). R. cf. *macré*.

† Măgnan, s. m. : chaudronnier ambulant. Cf. it. *magnano*.

Magnac, s. m, : maniaque. R. *mania*.

Magné, v. a. : manier. R. **manicare*.

D. *Magnābe*, a. : maniable.

Magnère, s. f. : manière. R. **maneria*, de *manus*.

Malar, s. m. : canard mâle. R. *masculus*.

Māle, s. m. : fumier. R. *mar(gi)la*. Cf. a. fr. *marle* (marne).

D. *Mālé*, v. a. n. : fumer un champ.

Māleure, s. f. : action de *mâler*, fumage.

Mālière, s. f. : fumière.

Malène, a. f. : maligne. R. *maligna*.

Maleu, s. m. : malheur. *Qué maleu*. R. *malum augurium*.

Malēzi, a. : malaisé. R. *mal* et *ēzi*.

D. *Malēzée*, s. f. : fuite précipitée[1].

Malin, s. m. : véron (*Phoxinus lævis*). R. *malignus*.

[1] *Danchié la malēzée par la cronēzée.*

MALON, s. m. : escarre, croûte qui se forme sur un ulcère. R. *mar(gi)la*. Cf. pr. *mālon* (brique, dalle).

MALPIÉTÉ, a. : mauvais marcheur. Cf. *épiété*. R. *mal* et *piété*.

MAN, a. : mon. *Man père*. R. *meum*.

MĀN, s. m. : larve du hanneton, appelée aussi *ver blanc*. R. **madonem*; a. h. a. *mado* (ver), ag. s. *madha*.

MANĀBE, a. : habitable. R. *manēre*.

MANCHON, s. m. : manche de la charrue. R. **manica*.

MANDRILE, s. f. : vieux vêtement, guenilles. *Il ē tout an mandrile*. R. pr. *mandrilha* Hon. de **mantilia* avec épenthèse de *r*.

MANE, s. f. : corbeille en osier dont les marins se servent pour vendre le poisson au détail. R. nl. *mand*.

*MANIFIQUE, a. : magnifique. R. *magnificus*.

MANIGŌ, s. m. pl. : gants en fourrure ou en flanelle. R. *manus*+?. Cf. v. fr. *manigotter* (jouer des mains).

*MANIQUE, s. f. : manière, tour. R. *manica*.

MANJIÉ, v. a. : manger. R. *manducare*.

D. *Manjāle*, s. f. : mangeaille, nourriture grossière. V. *Monjāle*.

Manjar, s. m. : dépensier, qui *mange*, dissipe son bien.

Manjeū, *manjoū*, s. m. : mangeur, dépensier.

MANŌ, s. m. pl. : clochetons du carillon de la cathédrale de Bayeux (Duméril).

MANQU(I)É, v. n. : manquer, être dans le besoin, offenser quelqu'un. *I n' manque pā*. — *I ya manqui*. R. *mancare*.

D. *Manque*, s. f. : faute, absence de ce qui devrait se trouver. *I ya d' la manque*.

MANTÉ, s. m. : manteau. R. **mantellum*.

MANTI, v. n. : mentir. R. **mentire*.

D. *Manteū*, *mantoū*, s. m. : menteur.

Mant'rie, s. f. : mensonge.

MA(N)ON, s. m. : espèce de grand pot cylindrique en terre de Noron, servant à mettre le lard salé.

MĀQU(I)É, v. a. n. : mâcher. *Māqu(i)é d' hā* : manger lentement. R. *masticare*.

D. *Māquiyé*, *māquiyoné*, v.-a. n. : mâchonner.

1. MAR, s. m. : marc. R. *(e)marcum* ou a. *mark* (pulpe).

2. MAR, s. m. : mars. *V'ni come mar an carême* : arriver à propos[1]. R. *martius*.

D. †*Marchēque*, **marchēche*, s. f. : le vingt-cinq mars. *Notre-Dame de la Marchēque* : Annonciation[2]. R. **martiusca*.

1. MARCHIÉ, 1° v. n. : marcher, s'en aller. *Veū-tu marchié?* 2° v. a. : parcourir, mesurer. *J'lé marchi*. R. *marcus*.

2. MARCHIÉ, s. m. : marché. R. *mercatus*.

[1] *Févrié anpli lé fōsé, mar lēe sèque.*

[2] (A) *Notre Dame de la Marchēche, l'coucou ē mor s'in' prēche.*

Mâre, s. f. : mare. R. **mara.*

D. *Maréte,* s. f. : petite mare.

Marée, s. f. : 1° reflux. *S'qui viin d'flo s'an r'touorne d'marée.* 2° quantité d'urine que pisse un animal. R. *mare.*

† Margâ, s. m. : fou blanc (*Sula alba*). R. *mergus* (plongeon).

† Margate, s. f. : seiche (*Sepia officinalis*). R. cf. br. *morgaden.*

Margo, s. f. : 1° femme qui s'enivre ; 2° surnom de la pie. Dimin. de Marguerite.

Margote, s. f. : marcotte. R. *mergus* (provin).

D. *Margoté,* v. a. : marcotter.

Margouôyé, v. a. : manger mal ou salement, entamer ou mordre quelque chose sans le manger. *Qué qu'a margouôyi sté pome la?* Cf. Cotgr. *margouiller* « to gnaw, to mumble with the teeth. » R. *mar* (malum) + *gula.*

D. *Margouôyâje,* s. m. : chose à moitié mangée, travail mal fait.

Maricha, s. m. : 1° maréchal ; 2° traquet ou motteux (*Saxicola œnanthe*). R. **mariscalcus* (a. h. a. *marahscalc*).

Marie, s. f. : nom propre. *Marie-salope, Marie-souôyon, Marie-torchon :* femme sale et malpropre.

Marié, v. n. : épouser, se marier. *I n'a marié qu'eune fée.* R. *maritare.*

Marin, s. m. : espèce de pomme à cidre tardive et bonne à manger cuite. R. *Marin,* nom propre.

Mârine, s. f. : marraine. R. **matrina.*

Maringote, s. f. : espèce de voiture longue, ouverte à ses deux extrémités et à côtés fermés, qui servait autrefois à porter le poisson. R. (?) *Marengo.*

Marjole, s. f. pl. : caroncules qui pendent sous le bec des gallinacés[1]. R. *mar* (malum) + **gautola* ou **margin(nem)+ola.*

Marlou, s. m. : homme rusé et retors. R. *malus+lupus.*

Marmitée, s. f. : plein une marmite, grande quantité.

† Marné, s. m. : le grand guillemot (*Uria troile*).

Marote, s. f. : diminutif de Marie.

Marté, s. m. : marteau. R. **martellus.*

Mascapié, s. m. : espèce de confiture faite avec des poires, etc. cuites dans du cidre doux.

Mâse, s. f. : 1° massue ; 2° partie surélevée d'un fossé. V. *banque.* R. *massa.*

D. *Mâsée,* s. f., *mâsé,* m. : argile pétrie avec du foin dont on se sert pour faire des murs.

Mastâ, mastoc, s. m. : lourdaud. R. *mastochs* (bœuf gras).

D. *Mastafflu,* a. : *id.* mot formé comme *joufflu.*

Matêne, s. f. : matine. R. *matutina.*

Matina, a. : matinal. R. *matutinalis.*

[1] C'est probablement de ce mot que vient le substantif *marjolet.*

*Matérō, s. m. pl. : matériaux. R. *materialis*.

*Matieusalé, s. m. a. : très âgé (homme). R. *Mathusalem*.

Mayo, s. m. : 1° maillet; 2° maillot, enfant au berceau. R. 1, *malleus*; 2, *macula*[1].

1. Mé, pr. pers. : moi. *Ch'ée mé*. R. *mē*.

2. Mé, s. f. : mer. R. *mare*.

3. Mé, s. m. : 1° mai, mât. *L' v'la péqui la come un mé*; — 2° râtelier, huche au pain. R. 1° *madius*; 2° *magidem*.

*Mécanic, a. : mal à son aise, souffrant. *J' sieñ tou mécanic agneu*. R. *μηχανικός*.

Médi, s. m. : midi. *Su lé médi*. R. *medius dies*.

Mécrère, v. a. : ne pas croire. R. *minus credere*.

Mégné, v. a. : battre, meurtrir. Cf. v. fr. *méhaigner*, pr. *maganhar*, br. *mac'hañ* (mutilé).

Mégneu, s. f. : minuit. R. *mediam noctem*.

Mégue, s. f. : petit-lait et plus particulièrement lait corrompu qui se trouve dans la crème au fond de la *ch'rêne*. R. **mesga* Duc. Cf. c. *meog*, pr. *mergue*.

M'lache, s. f. : mélasse. R. *mel*.

Mélan, s. m. : merlan (*Gadus merlangus*). R. *merula* Pl. (espèce de poisson)[2]. Cf. a. angl. *merling*.

1. Méle, s. f. : maille, anneau d'une chaîne, porte de l'agrafe. R. *macula*.

2. Méle, s. f. : substance visqueuse qui se forme au fond des bouteilles où est resté du cidre. R. a. h. a. *masar*. Cf. *maire* Dum. et Hon.

3. Méle, s. f. : nèfle. R. *mespilus*.

D. *Mêlié*, s. m. : néflier.

4. Méle, mêle, s. m. : merle (*Turdus merula*). R. **merulus*. (Diefenb. *Gloss.*)

D. *Mêlése*, s. f. : femelle du merle.

Mêlé, v. a. : mêler. R. *misculare*.

D. *Mêleure*, s. f. : petites herbes qu'on met dans la salade.

Mélanjié, v. a. : mélanger.

Mêlo, s. m. : fil mêlé.

Mélimélo, s. m. : nom de la *Mercurialis annua*. R. Corruption probable de *mélilot* (*Melíloton*).

Mélie, s. f. : Amélie.

M'nache, s. f. : menace. R. **minatia*.

D. *M'nachié*, v. a. : menacer.

M'né, v. a. : mener. R. **minare*.

D. *M'neñ*, s. m. : meneur.

[1] On voit que le patois normand a fini ici, comme si souvent, par confondre deux mots originairement différents.

[2] Cf. Diefenbach (*Glossarium latino-germanicum mediæ et infimæ ætatis*) : *merula* «meeramsel».

MÉNAJIÉ, 1° v. a. : ménager; — 2° s. m. : économe. R. *mansionaticum.

MÈNE, s. f. : mine, air, semblant. *I fé mène dë n'pā l'vèe.* — *Fère la mène :* bouder. R. *mina de minare.

MÉNINE, s. f. : petite main. R. Dimin. de *main* (*manus*).

MÉNON, s. m. : faux nom. R. *minus nomen.*

D. *Ménomé,* v. a. : appeler d'un faux nom, changer le nom.

M'NU, a. : menu, petit. *M'nue sōje :* nom de la *Salvia officinalis.* R. *minutus.*

D. *M'nuchié,* v. a.-n. : amincir, faire des riens. *Minutiare.

M'nuz'rie, s. f. : minutie.

MÉPRĪZIÉ, v. a. : mépriser. R. *minus *pretiare.*

D. *Méprizābe,* a. : méprisable.

MÉQUÈRDI, s. m. : mercredi. R. *Mercuris dies.*

MÉQU(I)É, s. m. : métier. *Méqu(i)é a dantèle.* R. *ministerium.*

MÈQU(I)É, s. f. : moitié. R. *medietatem.*

MÉR'RIE, s. f. : mairie. R. *major.*

MÉRIÈNE, s. f. : méridienne, sieste que font les vaches, etc. en ruminant. *Fère mériène.* R. *meridiana.*

MÉROTE, s. f. : petite mère, femme grosse et courte. R. *matrem.*

MÈRQUE, s. f. : marque. R. g. *marka*. a. h. a. *marcha.*

D. *Mêrqu(i)é,* v. a. : marquer.

MÉ(S), MÉE, s. m. : mois. *Mée d'ā :* mois d'août, moisson. *Fère l'mée d'ā.* R. *mensis.*

MÈ(S), MÈE, cj. : mais. R. *magis.*

M'SEURE, s. f. : mesure. R. *mensura.*

D. *M'seuré,* v. a. : mesurer.

M's(e)uroū, s. m. : mesureur.

MÉTCHIN, s. m. : médecin. R. *medicinus.*

MÉTCHÈNE, s. f. : médecine. R. *medicina.*

D. *Métchiné,* v. a. : médeciner.

1. MÉTE, v. a. : mettre. R. *mittere.*

D. *Méteū, métoū,* s. m. : qui met. *Métoū d' poule a coné :* nigaud, dadais.

2. MÉTE, s. m. : mètre. R. *μέτρον.*

MÈTE, s. m. : maître. V. *mouètre.*

MÉTOYIN, a. : mitoyen, moyen. *Sid(r)e métoyin :* cidre moitié jus et moitié eau. R. *medietanus.*

MEUBLE, 1° a. : friable, léger, facile à labourer; — 2° s. m. bétail. *L'meub(l)e été bïin chié a la fère.* R. *mobilis.*

MEŪR, a. : mûr. R. *maturus.*

Meūri, v. n. : mûrir.

MÉYEU, a. : meilleur. R. *meliorem.*

M'ZÉ, a. : idiot, muet. R. *misellus.* Cf. v. fr. *mesel* (ladre).

MÉZÉTE, s. f. : mésange (*Parus major*). R. a. s. *māse.*

MÉZÈZÉ, a. : peu à son aise, gêné dans ses affaires. R. *mes* (*minus*) et *èzi*.

+ MÈZI, MÉZVI, adv. : aujourd'hui. *D'mèzi* : désormais. R. *magis*, *hodie*.

MIANDÉ, v. n. : miauler. R. *miā* (onomatopée) +(*vi*)*ande*.

MICAMO, s. m. : mélange de café et d'eau-de-vie.

MICHIÉ, v. n. : pleurnicher. R. *Michel*.

MIÉ, s. m. : miel. R. *mel*.

MIE, MIÉTE, s. f. : miette, rien. *In' n'éra miéte*. R. *mica*.

D. *Mio*, s. m. : petit morceau, un peu.

+ MIÈRE, s. m. : médecin[1]. R. *medicus*.

MIGNÉRE, s. m. : mineur. R. **minare*.

*MIGNON, a. : doux, apprivoisé. R. a. h. a. *minja*.

MIGOE, s. f. : provision de pommes d'hiver. *Pome d' migoe*. R. m. h. a. *m(u)os-gaden* (*cenaculum*). *Rom*. II, 85[2].

D. *Migoté*, v. n. : mûrir en parlant des fruits mis ensemble[3].

+ MIJÕRÉE, s. f. : résidu des groseilles dont on a exprimé le suc pour faire des confitures.

MILGRÉ, s. m. : nom du *Calamagrostis arenaria*. R. *milium*+?. Cf. *grémil*.

MILIÈRE, MIYÈRE, s. f. : pièce de bois équarrie et plate qui réunit le *tchin* à la *hée* de la charrue.

+ MILSOUGU(I)É, a. : très riche. R. *mille*+*solidus*.

MINÃBE, a. : misérable. R. *miner* ou c. *min* (petit).

MIN, ad. : moins. *Pā min* : néanmoins. R. *minus*.

MINAR, s. m. : poulpe vulgaire (*Octopus vulgaris*). Cf. *châtroũ*. R. (?) **mina* de **minare*.

MINCHIÉ, v. a. : mettre en pièces, en morceaux. *Il a tou minchi*. *J' të vouèe minchié*. R.* *min(u)tiare*. Cf. ag. s. *minsjan*.

D. *Minchon*, s. m. : éclat, copeau de bois.

MINDRE, a. : moindre. R. *minor*.

D. *Mindrëmau*, adv. : moindrement.

Mindrāle, s. f. : tout ce qui est réduit en fragments, résidu.

MINÉ, MINO, s. m. : chat, fourrure, chatons du saule, etc. R. c. *mīn* (petit).

D. *Minéte*, s. f. : chatte, petite luzerne (*Medicago lupulina*).

MINZÈRE, MĪZÈRE, s. f. : misère. *Ch'ëe mīzère é compagnie*. — *L'bouon ome mīzère* : l'hiver. R. *miseria*.

D. *Mizérābe*, 1° a. : misérable. 2° s. m. : la trente-deuxième partie du litre d'eau-de-vie.

Mizéréte, s. f. : musaraigne. Cf. *mizérêne*.

[1] *Qui couõr apreñ l'mière couõr apreũ la bière*.

[2] Cf. *La vie de saint Alexis*, p. 152, s. 51, et p. 186 :

N'en fait *musgode* por son cors engraissier.

[3] Le mot *mijoter*, « faire cuire à petit feu, dorloter, » est la forme française, avec une signification différente, du verbe normand *migoté*.

MIOLÉ, v. a. : émietter du pain dans du lait. V. *mie*, *mio*.

D. *Miolée*, s. f. : pain émietté dans du lait. *Fère eune miolée*.

*MIRĀBILIA : mot latin popularisé. *Ch' n'ëe pā mirābilia* : ce n'est pas merveille(ux).

MIRÉ, 1° v. a. : mirer, viser, lancer une pierre, etc. *I m'a miré* : il m'a jeté une pierre. — 2° v. r. *s'miré* : se regarder dans un miroir. R. **mirare*.

D. *Mireū*, *miroū*, 1° s. m. : miroir. 2° + a. : surprenant.

MISTANFLŪTE (à la), l. ad. : sans façon.

D. *Anmistanflūté*, v. a. : envoyer promener. *J'l'anmistanflūte*.

MITAN, 1° s. m. : milieu. *O mitan* : au milieu. — 2° s. f. : moitié. *La mitan* : la moitié. R. a. h. a. *mittamo*.

MITON, s. m. : 1° gros morceau de mie; 2° mitaine. R. a. *mitte*. Cf. *mitan*.

D. *Mitoné*, v. n. : tremper en bouillant. *Fère mitoné*.

Mitonée, s. f. : panade.

MIYEU, s. m. : milieu. R. *medius locus*.

MIZÉRĔNE, s. f. : musaraigne (*Sorex araneus*). R. *musaraneus*.

MOLI, v. n. : faiblir, céder, devenir mou. R. *mollire*.

D. *Molache*, a. : mou, molasse.

Moléte, s. f. : couverture de laine.

Molét'man, adv. : mollement.

MŌN, 1° s. m. : mont. — 2° ad. explétif. *Lā mōn* : par ici. Cf. *amōn* et *lāmōn*. R. *montem*.

D. *Monté*, 1° v. a.-n. : monter, garnir, s'élever. *Monté eune ferme*. *Cha monte hō*. — 2° v. r. *s' monté* : se mettre en colère. *Il ëe biin monté*. — *Monté come un lé don*.

Montée, s. f. : frai d'anguilles qui remonte l'Orne à Caen.

Monteure, s. f. : monture, cheval que l'on monte.

Montoū, s. m. : montoir, billot sur lequel on se place pour monter à cheval.

Montin, s. m. : verdier (*Loxia chloris*).

MOQUE, s. f. : godet en terre qui sert à boire le cidre (Isigny). R. nl. *moocke* (venter). Cf. cat. *moca* (id.). angl. *mug* (vase en terre).

D. *Moquie*, s. f. : plein une *moque*.

MŌQUE, MOUŌQUE, s. f. : mouche. — *Mōque a mié* : abeille (*Apis mellifera*). — *Mōque a viande* (*Musca vomitoria*). R. *musca*.

D. *Mouōquiyon*, s. m. : champignon qui se forme sur la mèche d'une lampe, etc.

1. MOR, s. f. : mort. *A mor* : à l'excès. *Travāyé a mor*. R. *mortem*.

2. MOR, a. m. MORTE, f. : *id*. *Morte yo* : marée peu forte du premier et du dernier quartier. R. *mortuus*.

D. *Morti*, v. n. : faiblir, diminuer, avoir moins de force.

MORĔNE, s. f. : 1° cire restée dans une ruche abandonnée; — 2° bête morte. R. **morina* Duc. (*lues*) de *mori*. Cf. a. fr. *morine* (mortalité) et *moraine*.

Moriochemin, s. m. : marrube commun (*Marrubium vulgare*). R. *mar(r)oche* Roq. (*marrubium*) +(*che*)*min*. Cf. *marochemin*. Cotgr.

Morsé, s. m. : morceau. R. **morsellus*.

Morseure, s. f. : morsure. R. **morsura*.

Morvoũ, 1° a. : morveux; 2° s. m. : partie supérieure du corps. V. *fouéroũ*. R. *morbus*.

D. *Morvéte*, s. f. : fille suffisante et sotte.

Morrãyon, s. m. : gamin, homme sans valeur.

Mouchée, s. m. : monceau. R. **monticellus*.

*Mouchié, v. a. : moucher. R. *muccare*.

D. *Moucheũ*, s. m. : mouchoir, moucheur.

Moucheure, s. f. : mouchure.

Mouĕgre, a. : maigre. R. *macrum*.

D. *Mouégrasié*, a. : un peu maigre.

Mouégri, v. n. : maigrir.

Mouégreur, s. f. : maigreur.

Mouĕne, s. m. : 1° moine; 2° espèce de squale (*Squatina angelus*). Cf. angl. *monk-fish*. R. *monacus*.

D. **Mouégno*, s. m. : moineau. V. *mouéson*.

Mouérĕe, mouorĕe, s. m. pl. : mûres, fruits du *Rubus fruticosus*. R. *maurus*.

Mouéri, v. n. : mourir. R. **morire*.

Mouéron, mouoron, s. m. : 1° salamandre terrestre (*Salamandra maculosa*) [1]; 2° nom de l'*Anagallis phœnicea* et *cœrulea*; 3° poisson du genre *blennie* : *mouéron d' mé*; 4° espèce de primulacée aquatique : *mouéron d' yo* (*Samolus Valerandi*). R. *maurus* [2].

D. *Mouéroné*, a. : tacheté de noir et de jaune comme la salamandre terrestre.

Mouéronéte, s. f. : espèce de stellaire (*Stellaria media*).

Mouérue, s. f. : morue.

Moućson, s. m. : moineau (*Fringilla domestica*). *Mouéson d'arbanĕte* : moineau friquet (*Fringilla montana*). R. **muscionem*, de *musca*. Cf. hol. *musch*.

Mouĕtre, s. m. : maître. *Not' mouĕtre* : nom donné à un fermier par ses domestiques, à un propriétaire par son fermier, à un mari par sa femme. R. *magistrum*.

D. *Mouétrĕse*, s. f. : maîtresse, fermière.

Mouĕtrīze, s. f. : autorité, pouvoir.

Mouĕtrizié, v. a. : maîtriser.

[1] *Si l'mouéron antandé, si la tõpe véyé, n'yõré pã su têre ome qui vivré.*

[2] On a donné à la salamandre terrestre le nom de *mou(é)ron* à cause des taches noires qui la couvrent; une raison analogue a fait aussi appeler *mou(é)ron* l'anagallis, dont les feuilles sont couvertes de points noirâtres, et leur ressemblance avec la salamandre et l'anagallis a valu leur nom à la blennie et au samolus. Quant à la stellaire moyenne, elle a été nommée *mouéronéte*, soit à cause aussi de sa ressemblance avec l'anagallis, soit parce que les salamandres se tiennent dans les lieux humides où elle croit.

MOUÉYÉ, v. a.-n. : mouiller, jeter ses filets; p. p. *mouéyi*. — *I n'a pā seul'man mouéyi*. R. **molliare*.

D. *Mouéyān*, a. : humide, qui garde l'eau, en parlant du sol. *Têre mouéyante*.

Mouéyéte, s. f. : faisceau de javelles dressées et réunies par la tête pour empêcher le grain de germer. Cf. *fiyéte*.

MOUĔZI, v. n. : moisir. R. **mucire*.

MOUĔZON, s. f. : maison. R. *mansionem*.

MOUFE, s. m. : mufle. *Mouf' d'vo* : muflier (*Antirrhinum majus*). R. n. *muffa*, a. *muffel*.

MOUGNÉ, s. m. : 1° meunier; 2° chevaine (*Leuciscus dobula* Cuv.). R. **molinarius*; v. *mouōdre*.

MOUJIÉ, MOUÉJIÉ, v. n. a. : manger. V. *manjié*.

D. *Moujāle, mouéjale*, s. f. : mangeaille, nourriture grossière. *La moujāle o cochōn*.

MOULINÉ, v. n. : remuer sans discontinuer. Cf. *limoné*. R. **molinus*.

MOUO, 1° a. : mou; 2° s. m. : poumon de veau, etc. R. *mollis*.

MOUŌD(R)E, v. a. : moudre. R. *mólere*.

D. *Mounée*, s. f. : ce qu'on moud en une fois (**molinata*).

Mouteure, s. f. : quantité de grain moulu en une fois (*molitura*).

MOUŌLE, s. f. : moule. R. *muscula*.

D. *Mouōlière*, s. f. : lieu où l'on pêche les moules.

MOUSINÉ, v. n. : remuer la queue, en parlant des chiens. R. a. h. a. *mos* (mousse).

D. *Mousine*, s. f. : queue.

MOUTE, s. f. : nom familier donné aux chattes. R. probablement forme abrégée et féminine de *mouton*.

MOUTON, s. m., 1° *id.*; 2° vague écumante; 3° poutre du pressoir qui s'abat sur le *hec*. R. **multus*, de *mut(i)lus*.

D. *Moutoné*, v. n. — *s'moutoné*, v. r. : se couvrir de nuages blancs, en parlant du ciel, de vagues blanches d'écume, en parlant de la mer.

Moutoneū, a. : qui (se) moutonne. *Mêr moutoneūze* : mer agitée, blanchissante d'écume.

MOUVÉ, 1° v. a. : remuer, agiter. *Mouvé la bouéyie*; — 2° v. n. : remuer, frétiller. *Come i mouve*. R. *movēre*.

D. *Mouvéte*, s. f. : cuiller de bois avec laquelle on *mouve* la bouillie.

MŌVE, s. f. : mouette (*Larus canus* ou *Cyanorhinchus*). R. a. *möwe*, ag. s. *maev*.

MŌVI, MŌVIAR, s. m. : mauvis (*Turdus iliacus*). R. **malvitius*, du br. *milvid* (mouette).

MŌVOUĔE, a. : mauvais. R. **malvatius*. *Rom.* IV, 362.

D. *Mōvouĕz'té*, s. f. : méchanceté.

MŪ, ad. : mieux. *Tān mū*. R. *melius*.

MUCHIÉ, v. a. : cacher. R. m. h. a. *mūzen*.

D. *Muche*, 1° s. f. : cachette. — 2° imp. de *muchié*. *A muche po :* en cachette, sans déclaration préalable. *Vande du side a muche po.*

Muchéte, s. f. : cachette. V. *guilmuchéte*.

Mucre, a. : humide, gâté par l'humidité. *Santi l' mucre.* R. **mucrum*.

D. *Mucreur*, s. f. : humidité des lieux bas et fermés (*mucrorem*).

Mucri, v. n. : devenir humide, prendre, sous l'influence de l'humidité, un goût ou une odeur particuliers.

Mulé, v. n.-a. : bouder. *Mulé son vant(r)e :* refuser de manger. R. *mula*[1].

D. *Mular*, s. m. : 1° qui boude; 2° métis du canard musqué et du canard domestique.

*Muléte, s. f. : petit sac à avoine, gésier. R. *mullus*.

Mulo, mulon, s. m. : tas de fagots, etc. R. *metula*.

Mūzé, s. m. : museau. R. **musus* de *morsus*.

Mūzié, v. n. : muser, perdre son temps. R. a. h. a. *muozōn* (être oisif).

N

Na, int. : eh bien.

Nafre, s. f. : balafre, blessure. R. n. *nafarr*.

Najié, 1° v. n. : nager. 2° v. a. : inonder, mouiller. *Tou-t ĕe naji.* R. *navigare*.

D. *Nāje*, s. f. : sueur. *Il ĕe tou-t an nāje.*

Nānon, Nānéte, s. f. : diminutif de Anne.

Nāré, a. : rusé. Cf. *fināré*. R. **naratus*, de *naris*.

Narēne, s. f. : narine. R. **narina*, de *naris*.

*Nāsion, s. f. col. : engeance. *Mōvouèze nasion :* mauvais sujets. R. *nationem*.

† Navée, s. f. : charge d'un bateau qui transporte de la *tangue*. R. *navis*.

Nāz, né(s), s. m. : nez. R. 1° *nas(ellus)*, 2° *nasus*.

D. *Nāzé*, s. m. : naseau.

Nāziyé, v. n. : nasiller.

N(e), pr. adv. : en, devant une voyelle. *In' n'a trée :* il en a trois. R. *(i)n(d)e*.

Nĕr, a. : noir. R. *nigrum*.

D. *Nĕrchi*, v. n. : noircir.

Nĕrchibo, s. m. : moricaud.

Nĕche, a. : noirâtre (* *nigritius*).

† *Nĕrfil*, s. m. : cordonnet noir (*nigrum filum*).

Néte, v. n. : naître. R. **nascere*.

Nĕté, s. f. : naissance. *D' nĕté :* de naissance. R. *nativitatem*.

[1] « Je ne boy que a mes heures, come la mule du pape. » (Rab. *Garg.* I, 5.)

N'TOU, adv. : non plus : *Ni mé n'tou :* ni moi non plus. R. *ne*, *(i)tou*.

NEŪ, NEŪV' (devant une voyelle), NOU, n. : neuf. R. *novem*.

D. *Neufile*, s. f. : ruban en fil blanc (*novem filum*).

NEUCHE, s. f. : noce. R. **nuptia*.

NICDOUL, s. m. : niais, nigaud. R. *nic*+?.

NI(É), NIO(L), etc. v. *gné*, *gno(l)*.

NIQUIÉ, *NICHIÉ, v. n. : faire, avoir son nid. R. *nidificare*.

D. *Nic*, s. m. : nid.

**Nichar*, s. m. a. : cachottier, qui furette partout.

**Nichie*, s. f. : nichée.

Niqué, a. : délicat.

†NIÉSÉE, a. f. : qui a jeté sa *parure*, en parlant d'une vache. V. *paré* 3°.

NIV'LÉ, v. n. : vétiller, s'occuper de choses faciles ou sans importance. R. (*Jean*) *Nivelle*.

D. *Nivél'rie*, s. f. : chose facile à faire, bagatelle.

Nivélié, s. m. : flâneur.

Niv'loté, v. n. : perdre son temps à des riens.

1. NO, pr. ind. : on (devant une explosive ou une spirante). *No vĕra biin :* on verra bien. R. *nos* [1]. Cf. *Rom.* VIII, 109.

Nol, *id. id.* (devant un *l* suivie de *e* muet). *Nol l' vĕra :* on le verra.

Non', *id. id.* (devant un *n* suivie de *e* muet). *Non' n' vé goute :* on ne voit goutte.

No-z, *id. id.* (devant une voyelle). *No-z ī viindra :* on y viendra.

2. NO, pr. pers. rég. proclitique : nous (*nol* devant un *l* suivi de *e* muet, *no-z* devant une voyelle). *I no vé.* — *I nol l' di.* — *I no-z éme.* R. *nos*.

3. NO, pr. poss. pl. : nos (*no* devant une consonne, *no-z* devant une voyelle). *No poumī.* — *No-z éfān.* R. *nos* pour *noster*.

NOC, s. m. : 1° conduit qui apporte l'eau sur la roue d'un moulin; 2° espace vide entouré par l'auge circulaire du pressoir; 4° flèche de voiture. R. *noccus* de l'a. h. a. *nŏch* (conduit).

NŌE, s. f. : 1° rigole formée par deux toits qui se rencontrent en formant un angle; 2° parties déprimées de la plage où l'eau est plus profonde à pleine mer et séjourne à mer basse. R. **noca*; cf. *noc*.

NOÉ, s. pr. : Noël. R. *natalis*.

†NOLÉE, s. m. pl. : chiendent à chapelets (*Arrhenatherum precatorium*). R. (?) *nola* (cloche).

NOR(D)ÉE, s. m. : nord-est. R. a. *nord*+*ost*, ag. s. *eást*.

NOROUÉE, s. m. : nord-ouest. R. a. *nord*+*west*.

NOTE, pr. poss. s. : notre. R. *nostrum*.

[1] Cette étymologie me parait préférable à celle de *on* transposé que j'ai admise plus haut dans mon *Essai*, lettre N.

Nou, nouc, s. m. : nœud, nombre impair. *Drénou* : nœud double. *Joué a pěr ou a nouc.* R. *nou* vient de *nodus*; quant à *nouc*, il faut y voir un substantif verbal analogue à *nic* et venant d'un verbe *nouqu(i)é* = **no(difi)care*, comme *nic* vient de *niqu(i)é* = *ni-(difi)care*.

D. *Noucu*, a. : noueux.

1. Noué, a. : rachitique, qui ne peut se développer. R. *nodatus*.

2. Noué, s. f. : noix, noisette. R. *nucem*.

Nouōri, v. a. : nourrir. R. *nutrire*.

D. *Nouōrisān*, a. : nourrissant.

Nouōrit(e)ure, s. f. : nourriture.

Nouōriche, s. f. : nourrice (*nutricem*).

Nouōrichon, s. m. : nourrisson (*nutritionem*).

Nouvéle, s. f. : champignon qui se forme sur la mèche d'une chandelle, etc. et qui est supposé être le présage de l'arrivée d'une lettre, d'une *nouvelle*. R. **novella*.

Noyé (no-yé), s. m. : noyer. R. *nucarius*.

Nuile, s. f. : nielle. V. *gueule*.

D. *Nuilé*, a. : atteint par la *nuile*.

O

O, pr. : avec. *O li* : avec lui. V. *do*. R. *apud*.

O, ole, pr. pers. f. : elle. *O viin, ole arive*. R. *illa*.

Ōbé, s. m. : aubier. R. **albarius*.

Obéi, v. n. : obéir. R. *obedire*.

Ōblli, s. m. : oubli. R. *oblivium*.

D. *O(n)bllié, o(n)bélié*, v. n. : oublier.

Obllijié, v. a. : obliger. R. *obligare*.

Obténi, v. a. : obtenir; p. p. *obtīn*. R. **obtenire*.

Ocmanté, v. a. : augmenter. R. **augmentare*.

Odeu, s. f. : odeur. R. *odorem*.

Ōgnére, s. f. : ornière. R. **ordinaria*. Cf. *orne* (sillon), Berry.

Oï, s. m. : défaut. *Nule bĕte sān-z oï*. Cf. *ohie* Cotgr. « distemper », *ohi* Roq.

Ōjouorgu(i)eu, ad. : aujourd'hui. R. *ad illum diurnum de hodie*.

Ōliére, s. f. : pièce de cuir attachée au montant de la bride pour empêcher le cheval de voir de côté, œillère. R. **ocularia*.

Ōlué, v. a. : faire attendre, tromper, perdre. *I m'ōlue d'pieū un mée. Olué l'tān* : perdre son temps. R. *orula*, de *ora*. Cf. *orler* Cotgr. (to hem), *orlure* (hem).

D. *Ōlue*, s. f. : retard, subterfuge, niaiserie.

Ōmāle, s. m. pl. : bestiaux. R. *animalia*. Cf. *ōmo* Pluq. 207.

Ome, s. m. : mari. *Lié é s'n ome* : elle et son mari. R. *hominem*.

OMÉTE, v. a. : omettre. R. *omittere.*

ONDIN, s. m. : andain.

ONGUE, s. m. : ongle. R. **ungulus.*

D. *Onglie,* s. f. : onglée.

ONQUE, s. m. : oncle. R. *avunculus.*

ŌQUE, s. f. : entaille faite le long des *par'mān* de fagot pour les dresser. Cf. br. *ask*, cat. *osca.*

ORĀJE, s. f. : orage. R. **auraticum.*

ORÉLE, s. f. : oreille, partie supérieure du soc. R. *auricula.*

D. *Oriyé,* s. m. : oreiller.

Oriyère, s. f. : forficule ou perce-oreille.

ORFI, s. m. : poisson du genre syngnathe (*Esox belone*). R. a. *hornfisch*, hol. *horenvisch.*

ORGUEUL, s. m. : orgueil. R. ag. s. *orgel* (*id.*), a. h. a. *urguol* (insignis).

D. *Orguiyeū,* a. : orgueilleux.

ORMÉLE, s. f. : orme. R. *ulmus.*

ORMOUĔRE, s. f. : armoire. R. *armarium.*

ORTÉ, s. m. : orteil. R. *articulus.*

ORVĔR, s. m. : orvet (*Anguis fragilis*).

Ō(s), s. m. : os. R. **ossem.*

D. *Ōsāle,* s. m. pl. : os sans chair.

Ōsé, s. m. : osselet.

Ōsié, s. m. ; rebouteur, chirurgien de campagne.

*OSCUR, a. : obscur. R. *obscurus.*

*OSTINÉ, a. : obstiné. R. *obstinatus.*

ŌTE, a. : autre. R. *alterum.*

ŌTOUO, ad. : autour. V. *touo.*

OUDRI, a. : couvert de taches produites par le développement de petits champignons sous l'influence de l'humidité. R. *horridus.* Cf. v. fr. *ord* (sale).

OUĔCHE, inter. : où est-ce? *Ouĕche qu'il ĕe :* où est-ce qu'il est? R. *ubi est ecce hoc.*

D. *Ouĕe, ous,* inter. : où est? *ouĕe, ous qu'il ĕe?* R. Corrupt. de *ouĕche.*

1. OUĔE, s. f. : 1° oie (*Anser ferus*); 2° imbécile. R. *avica.*

D. *Ouéte,* s. f. : oie rieuse (*Anser albifrons*).

2. OUĔE, s. m. : ouest. R. a. *west.*

D. *Ouĕe norouĕe,* s. m. : ouest-nord-ouest.

OUĔZÉ, s. m. : oiseau. R. *avicellus.*

OUICHE, adv. : oui, par dérision. R. *hoc+ille.*

OUINÉ, v. n. : gémir, en parlant des chiens; pousser le cri particulier que font entendre les chevaux qui se battent. R. Onomatopée.

D. *Ouinasé,* v. n. : *ouiner* peu fort, mais souvent.

Ouin'man, s. m. : grognement sourd des chevaux qui se battent.

Ouinchié, v. n. : faire entendre un bruit rauque et sourd comme celui d'une porte qui crie en s'ouvrant.

Ouinch'man, s. m. : bruit sourd et prolongé.

OUĪPIĀ, s. m. pl. : oreillons. R. *auditus pellis*.

OUQUE, inter. : où. *Ou qu' ch'ēe* : où est-ce? R. *ubi quod*.

OUTRAJIÉ, v. a. : outrager. R. **ultraticum*.

OUVRĀJE, s. f. : ouvrage. R. **operaticum*.

OUVRI, v. a. : ouvrir. R. *aperire*.

D. *Ourre*, s. f. : espace rempli d'eau entre deux rochers. (Port-en-Bessin.)

*ŌZÉLE, s. f. : oseille (*Rumex acetosa*). Cf. *surêle*. R. **oxalia*.

P

PA, devant une consonne; PAR, devant une voyelle, pr. : par. *Pa la goule* : par la bouche, à la tête. — *Dān par ou* : imparfait, inachevé. *L'sié tou dān par ou*. R. *per*.

PAÇADÉ, s. m. : espèce de pigeon dont les yeux sont bordés de rouge.

PACOQUILE, s. f. : pacotille. R. **paccus*, celt. *pac* (paquet).

PAGNÉ, s. m. : panier. — *Pagné man'quin* : panier à beurre en forme de tronc de cône. R. *panarium*.

D. *Pan'lée*, s. f. : plein un panier.

PAGNOLÉE, s. f. : trèfle commun (*Trifolium pratense*). R. (?) *pagné*.

PĀLE, PĀYE, s. f. : paille. R. *palea*.

D. *Pāyase*, s. f. : paillasse.

Pāyo, s. m. : paillot, petite couchette d'enfant pleine de balles d'avoine, etc.

PANCHE, s. f. : panse. R. *panticem*.

D. *Panchée*, s. f. : plein la panse.

Panchu, a. ; qui a une grosse panse.

PAND'CÔTE, s. m. : nom de l'*Orchis mascula*. R. *πεντηκοστή*.

PANDE, v. n.-a. : pendre. R. *pendere*.

D. *Pāndoréle*, s. m. pl. : pendants d'oreilles.

PANE, s. f. : partie inférieure du soc. R. a. h. a. *pan*, a. m. *bahn*.

PANÉ, s. m. : espèce de bât sur lequel on place les hottes. R. **pannellus*.

PANSIÉ, v. n.-a. : penser. R. *pensare*.

PAPI, s. m. : coquelicot (*Papaver rhœas*). R. ag. s. *papig*. Cf. ang. *poppy*.

PĀQUÉTE, s. f. : pâquerette, marguerite. *P'tite pāquéte* : nom de la petite marguerite (*Bellis perennis*). *Grande pāquéte* : nom de la grande marguerite (*Chrysanthemum leucanthemum*). R. *pascha*.

PARÃNCEULE, s. f. : nom de l'*Androsæmum officinale*. R. Pour *parencœur* (*parare*, *cor*).

PARCHOGNÉ, s. m. : copartageant. R. **partitionarius*.

PARÉ, 1° v. a. : parer, peler (une poire, etc.). *J' vouëe t' la paré.* — 2° v. n. : passer de la fermentation sucrée à la fermentation alcoolique. *S' side n'ëe pā co paré.* — 3° *s' paré*, v. r. : se délivrer, jeter son arrière-faix, en parlant d'une vache, etc. R. *parare*.

D. *Par'man*, s. m. : morceau de bois plus gros que l'on met autour du fagot pour lui donner une plus belle apparence.

Pareure, s. f. : délivre, arrière-faix.

PARÉCHIÉ, v. n. : paresser. R. **pigritiare*.

D. *Paréchoñ*, s. m. : paresseux.

PARÉE, s. f. : parelle ou patience (*Rumex obtusifolius*). V. *doque*. R. *paratella*. Cf. esp. *paradella*.

PARÉL, a. : pareil. R. **pariculus*.

PARĔTE, v. n. : paraître. R. **parescere*.

PARLÉ, 1° v. n.-a. : parler, faire la cour. *I la parle d'pieñ lōntān.* — 2° v. r. : parler avec affectation. *Come i s' parle!* R. *parabolare*.

D. *Parlān*, a. : affable. *Il ëe biin parlān.*

Parleū, s. m. : grand parleur.

Parlochié (s'), v. r. : parler d'une manière affectée et ridicule, s'écouter en parlant.

PARPOUĨNTÉ, v. a. : piquer une étoffe en serrant les points; rapiéceter une couverture de chaume. V. *raparpouinté*. R. *per*+*punctum*.

PARTĔRÉ, 1° v. a. : terrasser, jeter par terre. 2° *s' partĕré*, v. r. : se rouler par terre. R. *per*, *terra*.

PARTI, v. n. : partir, venir de (faire). *J' par d'an prandc.* R. **partire*.

PARVĔNI, v. n. : parvenir; p. p. *parvīn*. R. *pervenire*.

PĀ(s), s. m. : pas, marche d'escalier. R. *passus*.

Pā d'beu(f) : ornière faite dans les mauvais chemins par les pas des bestiaux.

Pā d'āne : espèce de tussilage (*Tussilago vulgaris*).

Pā dē lion : renoncule rampante (*Ranunculus repens*).

D. *Pāsié*, v. n. : passer, franchir un fossé, aller d'un herbage dans un autre. *Sté vaque la ēme a pasié.*

Pāsān, *pāsaj(i)é*, a. : où l'on passe souvent. *C'min pāsān*, *pāsaj(i)é*; — *route pāsānte*, *pāsaj(i)ère*.

Pāsée, s. f. : passage. *Béte d'pāsée* : animal (qui est) de passage.

PATAFLĀ, PATAPOUF, onom. : patatras.

† PATAR, s. m. : sou. *Grō patar* : pièce de deux sous. R. (?) *patte*.

1. PATARÉ, v. n. : courir de côté et d'autre et en frappant des pieds. *Pataré dān la boe.* R. (?) *patte*.

D. *Patarade*, s. f. : gambade, en parlant d'un cheval qui s'échappe au galop, en faisant feu des quatre fers. *Il a fé eune patarade an partãn.*

2. Pataré, s. m. : soupe faite avec du lait de beurre et des pommes. R. (?) *patte.*

Pate, s. f. : patte. *Pate d'ouëe :* nom de la berce branche-ursine (*Heracleum sphondylium*). R. m. h. a. *pata.*

D. *Patée*, s. f. : tape. coups donnés dans la main.

Patoche, s. f. : grosse patte.

Patã, patapouf, s. m. : lourdaud.

Patō, s. m. : qui a de grosses pattes, butor. *Grō patō.*

Patōdé, v. n. : manier lourdement et maladroitement, mettre ses mains dans le plat.

Patōdée, s. f. : mets mal apprêté. mélange grossier.

Pâton, s. m. : boulette de farine détrempée qu'on fait avaler aux dindes, chapons, etc. que l'on engraisse. R. *pasta.*

Patouōyé, v. a. n. : manier sans soin, gâcher, marcher dans la boue. R. *patte.*

D. *Patouōyãje*, s. m. : action de *patouōyé*, gâchis.

† *Patouōyi*, s. m. : gâchis, boue liquide.

Patroné, v. a. : tourner et retourner, défraîchir, salir, gâter en touchant quelque chose sans soin. *N' patrone pã l' pouin com' cha.* R. *patronus*, dont la signification a été modifiée par l'idée de *patte*, éveillée par la première partie du mot.

Patrouōyé, v. a. : souiller, toucher sans soin, labourer un terre détrempée par la pluie. R. Autre forme de *patouōyé.*

D. *Patrouōyãje*, s. f. : action de *patrouōyé.*

Patroule, s. f. : torchon mouillé fixé au bout d'un long manche, ave lequel les boulangers nettoient le four.

Pave, s. f. : fausse acore (*Iris pseudo-acorus*), appelée aus *grande lèque.* R. *pavire*[1].

Pé, adv. : pas, point. — *Ée-che pé :* n'est-ce pas? R. *passu*

Pec, s. m. : 1° but, endroit où l'on se place pour jeter so palet, etc. *S' mét' o pec.* — 2° chose sans vie. *L' v'la resté com' u pec.* R. *pecus.*

D. *Péqu(i)é*, 1° v. n. : jeter son palet sur le pec pour savoir à qui jouer le premier ; mesurer la distance du palet, etc. au pec. *Péquōn.* (v. *espé qu(i)é*, add.) 2° *s' péqu(i)é*, v. r. : se placer au pec et, par extension, reste immobile. *Péque-té.* — *Qu'ëe qu'tu fëe péqui la?*

Péque, s. f. : bête de rebut ; femme acariâtre, pécore. *Vieule péque.*

Pěchié, s. m. : pêcher. R. *pêche* de *persica.*

Pěe, s. f. : payeur, débiteur. *Ch'ëe eune mōvouëze pëe.* R. *pa ca(re).* V. *pouéyé* et *pouëe.*

† Pel, s. m. : poil. R. *pilum.*

Péle, s. f. : pelle, bêche. — *Péle a mar :* pelle en bois d'une

[1] On se sert de la pave pour rempailler les chaises.

seule pièce qui sert à porter le marc, à remuer le grain, etc. R. *pala.*

P'LÉ, v. a. : peler. R. *pilare.* Cf. it. *pelare.*

D. *P'lar,* s. m. : chêne dont on a enlevé la peau.

P'leūre, s. f. : pelure.

P'l(e)ūré, v. a. : enlever la peau, la pelure.

P'leūze, s. f. : mite, insecte qui ronge les étoffes et en particulier les peaux.

P'loūze, s. f. : espèce de pholade. Cf. *derte,* 2.

P'lōqu(i)é, s. m. : écorcheur.

P'LÉTE, s. f. : morceau de peau de mouton que l'on met sur les sabots. R. *pellis.*

Pél'qu(i)é, s. m. : pelletier; nom, dans le canton de Trévières, de l'espèce de crabe appelée *cllacar* à Bayeux et *étrile* à Caen (*Portunus puber*).

P'liche, s. f. : pelisse (*pellicea*).

P'lichon, s. m. : petite pelisse.

P'LOTE, s. f. : pelote, boule de neige. R. *pila.*

D. *P'loté,* 1° v. a.-n. : couvrir, en parlant des chiens, etc.; jeter des boules de neige. 2° v. r. : se battre avec des boules de neige.

PĔQU(I)É, v. a. n. : pêcher. R. **piscare.*

D. *Pĕque,* s. f. : pêche, chiffon.

Pĕque-boc, s. m. : barre transversale qui réunit les deux manchons de la charrue.

Pĕqueū, s. m. : pêcheur.

Pĕqu(i)ĕre, s. f. : chiffonnière.

PĔRCHIÉ, v. a. : percer. R. (?)

D. *Pĕrche,* s. f. : perce, trou.

Pĕrche-bouĕe, s. m. : espèce de pic (*Picus minor*).

† *Pĕrche-oréle,* s. f. : perce-oreille (*Forficula auricularia.*). V. *pinche-orèle.*

Pĕrche-pouque, s. m. : nom du *Scandix pecten-veneris.*

PĔRE, s. f. : poire. R. *pirus.*

D. *Périé,* s. m. : poirier.

P'ré, s. m. : poiré.

PÉRÉ, v. a. : égaliser, mettre de niveau, arranger. R. *par.*

D. *Péroté,* v. a. : attifer, arranger avec soin,

PÉRÉ, s. m. : chaussée, mot conservé dans le *Péré Hérou,* route et pont situés près de Trévières. R. *petra.*

D. *Péréle,* s. f. : terrain pierreux; nom propre.

PÉRÉTE, s. f. : oie femelle. R. *petrus.*

PÉRI, s. m. : péril. *O péri d' sa vie.* R. *periculum.*

PĔRLICOQUÉ, s. m. : espèce de mannequin placé dans un arbre, etc. et qui se balance au vent. R. *perli* pour *perqui* et *coquet.*

PÉROQUÉ, s. m. : espèce de labre appelé aussi carpe de mer (*Labrus bergylta* ou *maculatus*).

PÉROZINE, s. f. : poix résine. R. *picem* et *resinam.*

1. † PĔRQUE, s. f. : perche (*Perca fluviatilis*). R. *perca.*

2. Pêrque, s. f. : 1° perche (appui); 2° mesure de 22 ou de 24 pieds carrés. R. *pertica*.

D. *Pêrco*, s. m. : petite perche.

Pêrcoũ, s. m. : perchoir.

Pêrqu(i)é, v. a. : 1° percher; 2° mesurer. *percher;* 3° v. r. : se percher. *Ou qu'il ê pêrqui?*

Pêrsiyéte, s. f. : espèce de triton qui se tient dans les endroits humides (*Triton punctatus*). R. *petroselinum*.

1. Pé(s) ou pée, s. m. : poids. R. *pensum*.

D. *Pézou*, s. m. : paysan, lourdaud.

2. Pé(s) ou pée, s. m. : pois, haricot. R. *pisum*.

Pée écalé : petits pois.

Pée sãn-z écale : pois verts.

Pée cã : pois des champs (*Pisum arvense*).

Pée-z anglêe : petits haricots à rames, haricots verts. Cf. *Pêe prodome*.

Pée sãn rame : haricots nains.

Pée d' souéson : flageolets, gros haricots.

D. *Pézã*, s. m. : fanes de pois, etc.

÷ *Péz'ri*, s. m. : champ de pois.

Péson, s. m. : poisson. R. **piscionem*.

D. *Pésogné :* s. m. : poissonnier, marchand de poisson.

Péson'rie, s. f. : marché au poisson.

Pété, v. n. : *id.* R. *pedere*.

D. *Pétar*, s. m. : 1° branche de sureau évidée, dont les enfants se servent pour lancer, à l'aide d'une baguette, des balles de filasse[1]; 2° derrière.

Pétériã, s. m. pl. : gambades de bestiaux pris d'un accès de gaieté.

Péteũ, s. m. : poltron, lâche.

Pétiyé, v. n. : petiller.

Pétoche, s. f. : chandelle de mauvaise qualité qui brûle en petillant.

Pétrã, s. m. : homme grossier, lourdaud.

P'têre, ad. : peut-être. R. **potet essere*.

P'ti, a. m., p'tite, a. f. : petit(e). — *P'tite d' mer :* alouette de mer (*Tringa subarcuata*). R. c. *pid*.

D. *P'quio*, *péquio*, a.-s. m. *P'quiote*, *péquiote*, a.-s. f. : petit enfant. *L' péquio*.

P'quiotin, *péquiotin*, a. : tout petit.

Pétouin, s. m. : équarrisseur.

D. *Pétouiné*, v. n. : (terme de boucher) mal découper la viande.

Pétral, pétra, s. m. : 1° poitrail; 2° barre du pressoir. R. **pectoraculum*.

Pétri, v. a. : pétrir. R. *pistrire*.

D. *Pétri*, s. m. : pétrin. R. *pistrinum*.

Pétrine, pétrêne, *pouétrêne, s. f. : poitrine. R. **pectorina*.

Pétro, s. m. : rossignol de muraille (*Motacilla phœnicurus*). R. Pour *prêtro*, dim. de *prêtre*.

[1] Dans quelques localités on lui donne le nom de *cane pétouêre*.

PÉTRON, mot qui entre dans la composition des substantifs *pétron-jaqué*, *pétron-miné*, qui signifient l'un et l'autre : point du jour, mot à mot, réveil de l'écureuil, du chat. *S'levé o pétron-jaqué.*

PEŪ, POŪ, s. f. : peur. R. *pavorem.*

PEŪFE, s. f. : objets, habits de rebut. — *Méte à la peūfe* : mettre au rancart. Cf. l'a. fr. *pelfre* (butin), l'angl. *pelf* (richesses) et *feūpe.*

D. *Peūf'rie*, s. f. : friperie.

Peūfié, s. m. : fripier.

PEUPE, s. m. : peuple. R. *pŏpŭlus.*

PEUPÉLIÉ, s. m. : peuplier. R. **popularius.*

PÉVRE, s. m. : poivre. R. *pĭper.*

D. *Pévré*, v. a. : poivrer.

PÉYO, s. m. : ligne dormante, *peille*. R. *petalum.*

PÉZAN, s. m. : paysan. R. **pagensanus.*

*PIAFE, s. f. : luxe, dépense inutile en vêtements. *É n'éme quë la piafe.*

D. **Piafé*, v. n. : faire des dépenses inutiles pour sa toilette.

**Piafeūze*, s. f. : femme qui dépense beaucoup pour sa toilette.

PIĀN, a. : puant. R. *putentem.*

D. *Pianti*, v. n. : puantir.

PIĀNÉ, v. n. : crier en parlant du paon.

PIĀYÉ, PIĀLÉ, v. n. : piailler, criailler. R. **pipaculare.*

D. *Piāl'rie*, s. f. : piaillerie, criaillerie.

PIC, s. m. : 1° ce qui est abrupte, raide. *Tou d'pic* : tout droit. 2° petit morceau, brin. *Par pic é par mic* : peu à peu, morceau à morceau, à regret. R. br. *pik.*

PICOUÊE[1], s. m. : pic. R. br. *pik*. Cf. *piqu(i)é.*

D. *Picouêzé*, v. n.-a. : piocher, frapper avec un pic ou un instrument pointu.

Picouāyé, v. n.-a. : creuser avec le pic, donner des coups de bec.

PICO, s. m. (f. *picote*) : 1° dinde. *Érbe a pico* : espèce d'achillée (*Achillea millefolium*). 2° espèce de barbue (*Pleuronectes flesus*). Cf. *fllonde*. R. (?) br. *pik.*

D. *Picoqu(i)é*, s. m. : juchoir en plein air pour les *picō.*

Picoteū, s. m. : barque de pêche non pontée.

PICH'NÉ, s. m. : pichenette, chiquenaude.

PICOTIN, s. m. : demi-tasse de café. R. *picoter*, fréquentatif de *piquer.*

PICRÉ, s. m. : terre argileuse mélangée de cailloux roulés. R. fr. *piquer* de l'a. *picken*, br. *pik.*

PICROLE, s. f. : rougeole. R. *id.*

PIÉ, s. m. (pl. *pī*) : pied. *Pié d' ca* : gazon d'Olympe (*Statice armeria*). R. *pedem.*

[1] «Et ces de Israel veneint as Philistins pur aguiser e le soc e le *picois*.» (*L. R.* I, 44.)

Pie-cruéle, s. f. : pie-grièche (*Lanius excubitor*). R. *pica crudelis*. Cf. *croï*.

Piéche, s. f. : pièce, champ de terre arable, morceau d'étoffe carré que les femmes s'attachaient autrefois sur la poitrine; particule négative. *Eune piéche dë chan sou, dë tère. — O l'a mi dān sa piéche. — Yān a piéche.* R. *petia.

Piĕgne, s. m. : 1° peigne; 2° espèce de chardon à foulon (*Dipsacus silvestris*). R. **pectinem*.

D. *Piĕgné*, v. a. : peigner, battre.

Piĕgnie, s. f. : volée de coups.

Piĕre, a. : pire. R. *pejor*.

Pieū, adv. : puis. R. **posk* pour *post*.

† Pigache, s. f. : pointe de soulier, de terre. V. *pic*.

Pigné, v. n. : pleurnicher, geindre. R. (?) **pœniare*. ag. s. *pinian*.

D. *Pignar*, s. m. : pleurnichard.

Pignoche, s. f. : pointe, morceau faisant saillie. R. **piniocius* du celt. *pen* (tête, sommet).

D. †*Pignar*, s. m. : chignon.

Pignochié, v. a. : enlever par petits morceaux. *Qu'ée qu'a pignochi l'pin come cha?*

Pignoté, v. a. : prendre brin à brin.

Pignole, s. : employé dans la locution *r'trousé pignole* : s'en retourner brusquement. R. *id.* (?).

Pij(i)é, v. n.-a. : 1° † mesurer la distance incertaine d'une canique au *po*, du palet à la galoche, etc. *Pijōn*. 2° attraper. *J' vouée t' pijé*. 3° voler, dérober. R. **pediare*.

1. Pijoné, s. m. : pomme acide de forme allongée et à peau fine et rose. R. Dim. de *pigeon* (*pipionem*).

2. Pijoné, v. n. : germer, bourgeonner. R. *id.*

1. Pilé, v. n.-a. : marcher sur, écraser les pommes, brasser le cidre. *No n'a pā co pilé*. R. *pilare*.

D. *Pilacré*, v. a. : fouler aux pieds.

Pilāje, s. m. : action d'écraser, de *piler* les pommes dont on fait le cidre.

Pile, s. f. : 1° auge où l'on écrase les pommes; 2° volée de coups.

Pilée, s. f. : ce qu'on *pile* de pommes en une fois.

Pilĕzon, s. f. : action de faire le cidre. temps où on le fait, ce qu'on *pile* de pommes en une fois.

2. Pilé, s. m. : 1° pilier; 2° espèce de canard sauvage (*Anas acuta*). R. 1° **pilarium*; 2° *piletum*, de *pīla*.

Pilo, s. m. : terme enfantin, pied. *Lé p'tī pilō*. R. *pīla*.

*Pilori, s. m. : lieu foulé aux pieds, action de le fouler. R. Mot détourné de son sens primitif à cause de sa ressemblance avec *pilé*, *pilacré*.

Pilotin, s. m. : traverse perpendiculaire des côtés d'une voiture. R. *pīla*.

PINCHIÉ, v. a. : pincer. R. nl. *pitsen.*
D. *Pinche*, s. f. : pince.
Pinche-oréle : forficule ou perce-oreille.
Pinchéte, s. f. : pincette.
Pinchie, s. f. : pincée.
1. *Pinchon*, s. m. : tache noire qui se forme sur la peau quand on a été pincé.

2. PINCHON, s. m. : pinson (*Fringilla cælebs*). R. c. *pink* (*id*).
D. *Pinchar*, a. : de couleur grise tirant sur le roux. *Jēmau pincharde.*

PINTON, s. : qui aime à pinter. *Margo-pinton.* V. *margo* 1° et *démion.* R. *pinte*[1], ag. s. *pynt.*

1. PIO, s. m. : cidre. R. (?) *πιεῖν.*

2. PIO, s. f. : peau, femme de mauvaise vie. *Vieule pio.* R. *pellis.*
D. *Piōsé*, v. a. : 1° enlever la peau (V. *épiōsé*); 2° battre. *S'piōsé*, v. r. : se battre.
Piōsée, s. f. : volée de coups.

*PION, a. : ivre, interdit. R. **pedonem.*

PIORME, s. f. : pivoine. R. *pæonia*, avec épenthèse de *r.*

PIPE, s. f. : ancienne mesure de la contenance d'un demi-tonneau (environ 750 litres). R. *pipa.*

PĪPÉ, v. a. : aspirer avec un fétu. R. *pipare*, de *pipa.*
D. *Pīpé*, s. m. : pipeau, tuyau de chanvre qui sert à aspirer.

PĪPĔRNÉLE, s. f. : pimprenelle (*Poterium sanguisorba*). R. **pimpinella* pour *pampinella.*

PĪPĔRNÉ, s. m. : pimperneau, espèce d'anguille brunâtre et à large tête (*Anguilla latirostris*). R. **pampinellus.*

PIPIE, s. f. : pépie. R. **pivita*, **pipita* pour *pituita.*

1. PIQU(I)É, v. a. : piquer, planter avec un *piqué*, prendre dans le plat avec la fourchette. *Por qué qu'il ēe resté piqui ilo? — Pique o pla.* R. br. *pik*, a. *picken*, ag. s. *pican.*
D. 2. *Piqué*, s. m. : morceau de bois aiguisé par un des bouts, dont on se sert pour planter les choux, le colza, etc.; aiguillon, épine, mouillette. *Eū o piqué* : œufs à la mouillette.
Picoū, s. m. : piqueur.
Piqueure, s. f. : piqûre.
Piquéte, s. f. : lait caillé séparé du sérum et délayé dans de la crème.

3. PIQU(I)É, s. f. : pitié. R. *pietatem.*
D. *Piqu(i)eū*, a. : qui fait pitié, misérable.
Piqu(i)āble, a. : pitoyable, qui inspire la pitié.

PIRLI, s. m. : petit bâton de 15 à 20 centimètres appointé par les deux bouts, qu'on fait rebondir en le plaçant sur un creux et qu'on lance à l'aide du *baculo*; jeu de *guillet* ou de *guiche.* V. Littré, s. v. *guillet.* R. cf. *vireli* Roq.

PIRO, s. m. : oie mâle. R. Pour *pierrot*, dim. de *Pierre.*

[1] Mesure d'un demi-litre environ à Bayeux.

D. *Pirote*, s. f. : oie femelle.

Pı(s), s. m. : puits. R. *puteus*.

Pī(s), conj. : puis. *Pī qu'i l' veu :* puisqu'il le veut. V. *pieũ*.

Pīsié, v. n. : pisser. R. **pistiare*.

D. *Pīsã, pīso*, s. m. : urine.

Pīseũze, s. f. : femme dissolue.

Pīse-vinègre, s. f. : femme acariâtre.

Pīsãnlié, s. m. : pissenlit (*Taraxacum dens leonis*).

Pisoqu(i)ère, s. f. : pissoir; *mentula*.

Pité, v. n. : mesurer la distance de la bille au *po*. R. *pedem*.

Pitoyābe, a. : pitoyable. V. *piqu(i)ābe*.

Pitou, *pitouĕe, s. m. : putois (*Mustela putorius*). R. **putidensis*.

Pīvi, s. m. : vanneau huppé (*Tringa vanellus*). R. Onomatopée. Cf. angl. *peewit*.

Pīvole, s. m. : jeu qui consiste à lever le doigt chaque fois que l'on nomme un être qui vole. R. *pica volat*.

Pllache, plléche, s. f. : place, endroit où se louent les ouvriers. R. *platea*.

D. *Pllachié*, v. a. : placer.

Pllach'ron, s. m. : ouvrier qui se loue sur la *pllache*.

Pllanitre, s. m. : place, esplanade de la cathédrale de Bayeux. R. *planus*.

Pllanque, s. f. : planche, passerelle. R. **planca*.

D. *Pllanquéte*, s. f. : planchette.

Pllanqu(i)ĕre, s. f. : lacets en crin qui servent à prendre des oiseaux. R. Pour *pantière*, de *pantherum* avec épenthèse de *l*.

Pllante, s. f. : plante; jeunes végétaux qui doivent être replantés ailleurs. *D' la pllante d' colza* ou simplement *d' la pllante :* jeunes pieds de colza destinés à être repiqués. R. *planta*.

D. *Pllanté*, v. a. : planter, garnir d'arbres et en particulier de pommiers. *Sté pièche la ĕe biin pllantée.*

Pllãn, s. m. : endroit planté de pommiers, leur réunion. *V'la un biõ pllãn.*

÷ *Pllanchon*, s. m. : sauvageon.

Pllantar, s. m. : branche d'arbre plantée en terre pour prendre racine; l'arbre qui en est né.

÷ Pllanté, s. f. : abondance. *A pllanté :* en grande quantité. Cf. angl. *plenty*. R. *plenitatem*.

Pllatĕne, s. f. : patène. R. *patina*, avec épenthèse de *l* par analogie avec le mot *plat*.

Pllatin, s. m. : 1° toute espèce de poisson plat; 2° espèce de pomme aplatie. R. a. *platt*.

Plléche, s. f. : place. V. *pllache*.

Plleume, s. f. : plume. R. *pluma*.

D. *Plleumé*, v. a. : plumer.

Plleure, v. n. : pleuvoir. R. *pluere*.

D. *Plleu-plleu*, s. m. : pivert (*Picus viridis*)[1].

PLLEURÉ, v. n. : pleurer. R. *plorare*.

D. *Plleuroũ*, s. m. : pleureur.

Plleurnichié, v. n. : pleurnicher.

Plleurniche, s. m. : pleurnicheur. *Grãn plleurniche*.

PLLI, s. f. : plie (*Pleuronectes plica*). R. *plica*.

PLLIN, 1° a. : plein. *Tou pllin* : beaucoup. *Yãn a tou pllin*. 2° s. m. : pleine mer. *La mé ba l'pllin*.

PLLION, s. m. : pièce de bois qui sert à maintenir le coutre de la charrue. R. *plicare*.

PLLONJIÉ, v. n. : plonger. R. **plumbicare*.

PLLUQUE, s. f. : peluche, ce qu'on peut éplucher ou enlever. R. **pilucca*.

D. *Pllucoté*, v. n. : manger grain à grain, éplucher ce qui se trouve de bon dans quelque chose.

Plluquéte, s. f. : débris. V. *épluquéte*.

PO, s. m. : 1° pot, mesure de deux litres; 2° trou qui sert à jouer aux noix, etc. R. c. *pot*.

D. *Poboule*, s. f. : cuisine sans apprêt. *Fère la poboule*. R. *pot+bullire*.

Poché, *poch'té*, v. n. : jeter les noix, etc. dans le *po*. *Joué a poch'té*[2].

*POCHĀ, *POCHÉ, s. m. : pâté d'encre. R. ag. s. *pocca*.

POJE, s. f. : trou au jeu de noix (Creully). V. *po*.

D. *Pojé*, v. n. : jeter les noix dans le *po*.

POLINE, s. f. : Apolline.

POLITE, s. m. : Hippolyte.

POMÉLIÉRE, s. f. : ellébore vert (*Helleborus viridis*). R. (?) *pomme*.

POM'ROLE, s. f. : primevère (*Primula vulgaris*). V. *prim'role*.

POME, s. f. : pomme. R. **poma*[3].

D. *Po(u)mãje*, s. m. : nature et qualité de pommes à cidre.

Po(u)mé, s. m. : cidre.

Po(u)mēzon, s. f. : saison des pommes.

Poumié, s. m. : pommier. pl. *poumī*.

Po(u)meũ, a. : qui produit ou a des pommes[4].

POMIĀ, s. m. pl. : rayons de miel.

POMON, s. m. : poumon. R. *pulmonem*.

D. *Pomonic*, a. : pulmonique.

PONDE, v. n. : pondre; p. p. *põn* et *ponu*. R. *pondere*.

PONÉ, v. n. : *id.*, d'où les formes *pone*, *ponée*, *pon'rõn*. R. **ponáre*.

D. *Pone*, s. f. : ponte, œufs pondus.

Ponéte, s. f. : anus de la poule.

[1] Le cri du pivert est supposé être un signe de pluie.

[2] Ce jeu consiste simplement à jeter les noix dans le *po*; on perd ou on gagne suivant que le nombre de celles qui y restent est impair ou pair.

[3] *Flleur n'ẽe pã pome, pome n'ẽe pã bẽre.*

[4] *Anée vanteũze, anée pomeũze.*

Poneŭze, a. s. f. : (poule) pondeuse.

Ponēzon, s. f. : temps de la ponte.

PON'LÉ, v. n. : pouliner. — *Pon'lée*, p. p. : jument qui a fait son poulain. R. *pullinare, avec transposition de *l* et de *n*.

*PONSÉ, v. a. : presser. R. *pumicem*.

POR, prép. : pour. — *Por mĕe quë* : lorsque, dès que. R. *pro*.

PORJÉ, s. m. : enduit de chaux dont on revêt les murailles. R. *projactum*.

D. *Porj'té, porjété*, v. a. : recrépir (un mur).

PORS'LÉ, s. m. : porc salé. R. *porcus *salatus*.

PORSIEURE, PORSIEUVRE, v. a. : poursuivre. R. *persequere.

D. *Porsieute*, s. f. : poursuite.

PORTAL, s. m. : portail, porte cochère. R. *portaculum.

PORTEŬ, s. m. : porteur. *Porteŭ d' contrinte*. R. *portare*.

*POSTE, s. m. : facteur. R. *positus*.

POSTEURE, s. f. : posture. R. *positura*.

POTE, s. f. : soupière. R. *pota.

PŌTÉ, s. m. : poteau. R. *postellus, dim. de *postis*.

1. POTIN, s. m. : fonte de fer. R. c. *pot*.

2. POTIN, s. m. : tapage. *Fĕre du potin*. R. (?) *id*.

D. *Potiné*, v. n. : bavarder, rabâcher.

Potigné, s. m. : bavard.

POUĀN, a. : puant. Cf. *piān*. R. *putentem*.

D. *Pouanti*, v. n. : puantir.

POUCHIN, s. m. : poussin. R. *pullicenus*.

D. *Pouchinée*, s. f. : couvée.

Pouchignĕre, s. f. : les Pléiades.

POUĔNE, s. f. : peine. R. *pœna*.

POUÉRÉE, PORÉE, s. f. : poireau. R. *porrata.

D. *Pouéréte*, s. f. : poireau.

Pouérion, porion, s. m. : 1° narcisse jaune (*Narcissus pseudo-narcissus*)[1]; 2° verrue.

POUĔSON, s. m. : pieu en bois ou en fer, qui sert à retenir le *quĕr*. R. corruption de *poinçon* (*punctionem*).

POUĔTE, v. n. : paître. R. *pascere*.

D. *Pouĕti*, s. m. : pâturage, pré.

1. POUĔE, s. f. : paix. *Tou-t an pouĕe* : tout doucement, assez bien. *Cha va tout an pouĕe*. R. *pacem*.

2. POUĔE, s. m. : pays. *Pouĕe d'amōn* : environs de Caen et la contrée qui est au delà. — *Bā pouĕe* : les marais de Trévières à Isigny. R. *pagus*.

POUÉYÉ, v. a. : payer. R. *pacare*.

D. *Pouĕe*, s. f. : paye, payeur. *Mōvouĕse pouĕe*. V. *pĕe*.

[1] *Dé pouérīōn por lé garsōn, dé pom'role por lé fole, dé pāquéte por lé fiyéte, (dé jānĕe por lé fisĕe). dé coucou por lé fou.*

POUËZON, s. f. : 1° poison, chose mauvaise à boire. *Ch'ée d' la pouëzon.* — 2° femme méprisable. *Vieule pouëzon.* R. *potionem.*

POUFI, a. : bouffi. R. a. *puffen.*

POUFIASE, s. f. : femme légère. R. *pouf* (coiffure).

1. POUIN, s. m. : pain. R. *panis.*

2. POUIN, s. m. : poing. R. *pugnus.*

D. *Pouégnie, pognie,* s. f. : poignée.

Pouëgne, pogne, s. f. : force du poing.

Pouégnasé, v. a. : manier rudement.

3. POUIN, adv. : point. *Poin an tou :* pas du tout. R. **punctum.*

POULE, s. f. *id. Poule mouéyie :* homme sans énergie. R. *pulla.*

D. *Poulié,* s. m. : 1° poulailler; 2° fiente de poules.

Pouléte, s. f. : petite poule, ampoule. *Grase pouléte :* anserine blanchâtre (*Chenopodium album*). — *Pouléte o bon Gueu :* roitelet. V. *réblo.*

POULICHE, s. f. : pouline, *pouliche* [1]. R. *pullicem.*

POULIN, s. m. : 1° poulain; 2° châssis de bois sur lequel on fait glisser les tonneaux. R. *pullinus.*

D. *Poul'né,* v. n. : pouliner. *Jëman poul'née.* Cf. *pon'lé.*

Poul'gnëre, s. f. : (jument) poulinière.

POUÕRE, PÕRE, a. : pauvre. R. *pauperem.*

POUORCACHIÉ, v. a. : pourchasser. R. **procaptiare.*

POUÕRI, v. n. : pourrir. R. **putrire.*

POUORJOLÉ, PORJOLÉ, 1° v. a. : porter avec soin d'un endroit à un autre. 2° *s'pouorjolé,* v. r. : prendre ses aises, se prélasser. R. *pro* et n. *jól,* mois du solstice d'hiver, *yule,* fêtes qui s'y célébraient (Vigfusson, *Icelandic-english dictionary*). Cf. dan. et suéd. *jul,* fête de la Noël [2].

POUORLIQU(I)É (s'), v. r. : se pourlécher (les lèvres). V. *liqu(i)é.*

POUPAR, s. m. : crabe, tourteau (*Cancer pagurus*). V. *grape.* R. *pupa.*

POUQUE, *POUCHE, s. f. : petit sac. R. ag. s. *pocca.*

D. *Pouquéte,* s. f. : poche, pochette.

Pouquie, s. f. : plein une *pouque.*

POUSIÉ, v. a. : pousser. R. *pulsare.*

D. *Pouseũ,* s. m. : filet qui sert à prendre la crevette grise (Courseulles). Cf. *buhoqu(i)é, boutoũ,* etc.

Pousie, s. f. : effroi subit. *Cha ya doné eune pousie.*

POUTEURE, s. f. : farine qu'on donne aux bestiaux. R. *pultem.*

POUVÉ, v. a. : pouvoir. R. **potēre.*

POŨYAR, a. s. m. : misérable, qui est couvert de poux, pouilleux; perdreau trop jeune pour être tué. R. **peduculus,* pour *pediculus.*

POŨYO, s. m. : espèce de grimpereau (*Silvia fitis*). R. *id.*

[1] C'est ce mot normand *pouliche*, qui, depuis le XVIIe siècle, s'est substitué au français *pouline.*

[2] C'est le radical de *joli,* signifiant à l'origine *gai,* angl. *jolly, id.*

Prā, s. f. : charogne, femme de mauvaise vie. *Vieule prā*. R. nl. *prat* (fastosus), ag. s. *praet* (astutus).

Prande, v. a. : prendre; p. p. *prīn* : caillé, en parlant du lait. R. *pr(eh)endere*.

D. *Prinse*, s. f. : prise.

Prĕchié, v. n. : prêcher, parler. *Prêche a mé* : viens me parler. R. *predicare*.

D. *Prêcheū*, s. m. prêcheur, beau parleur.

Prési, a. : pourri, altéré, en parlant du bois. Cf. fr. *pressis*.

Prĕsié, v. a. : presser. R. *pressare*.

D. *Présoū*, s. m. : pressoir.

Prĕte, s. m. : prêtre. R. *presbyter*.

Prétintāle, s. f. : attirail, clochette attachée au cou d'un cheval.

Preū, ad. : près. R. *pressus*.

Preuche, a. : proche. R. **propius*.

Preūlé, v. a. : pelurer, enlever la peau. R. pour *p'leūré* (v. ce mot) par transposition de *l* et de *r*.

Preune, s. f. : prune. R. **pruna*.

D. *Preunéle*, s. f. : prune sauvage. *V. chinéle*.

Preugné, *preunélié*, s. m. : prunier, prunellier. *So come un preugné.*

Prim'role, s. f. : nom de la primevère dans quelques localités. R. **primurola*, pour **primulola*.

† Prin, pré, a. : premier. R. *primus*.

Prīzié, v. a. : 1° priser (apprécier); 2° priser (aspirer par le nez du tabac en poudre). R. 1° *pretiare*; 2° *prensus*.

*Probitĕre, s. m. : presbytère. V. *prête*.

Prodome, s. m. : surnom d'une espèce de petits haricots à rames. *Péc prodome*. R. *providus*, *homo*.

Pro(u)méte, v. a. : promettre. R. *promittere*.

Prononchié, v. a. : prononcer. R. *pronuntiare*.

Prouvābe, a. : probable. R. *probabilis*.

Pu, adv. : plus. *Pu tō* : plus tôt. R. *plus*.

Puche, s. f. : puce. R. *pulicem*.

D. *Puch'ron*, s. m. : puceron.

Puchié, v. a. : puiser, couler la lessive. *No-z échanje agneu, d'mouin no puch'ra, é apreū d'mouin no lav'ra*. R. **putiare* de *puteus*.

Puchié, s. m. : vase en terre, de la contenance d'un double litre environ, qui sert à puiser de l'eau, du cidre, etc. et en particulier à *puchié* la lessive. R. C'est le mot *piché*, de *βῖκος*, angl. *pitcher*, modifié sous l'influence du verbe *puchié*.

Puéte, s. f. : mauvaise chandelle qui pue en brûlant. R. *putere*. Cf. *pouān*.

Puni, v. a. : punir. R. *punire*.

D. *Punisābe*, a. : punissable.

PURÉ, v. n. : dégoutter. *Puré l'yo.* Cf. *épuré.* R. *purare*[1].

D. *Purān*, a. : trempé. *J'sieū tou purān* : je suis mouillé jusqu'aux os, traversé.

Purin, s. m. : jus de fumier[2].

Puroté, v. n. : tomber goutte à goutte.

Q

1. QUÉ, pr. : quoi. *Avé d'qué* : avoir de la fortune, de l'aisance. — *Qué qu'sé* : quoi que ce soit. R. *quĭd.*

2. QUÉ, a. : quel, devant une consonne. *Qué biō j'va!* R. *qualis.*

3. QUÉ, int. : 1° qu'est-ce? *Qué qu'il a dit* : qu'est-ce qu'il a dit? — 2° qui est-ce? *Qué qui l'a di* : qui est-ce qui l'a dit? R. *quod est ecce hoc?* 2° *qui est ecce hoc?*

QU(I)ÉDE, a. : tiède. R. *tepidus.*

D. *Qu(i)édi*, v. n. : tiédir.

QUÊE, v. n. : choir. p. p. *id.*[3]. *Quêe qu'êe quêe? Ch'êe l'êe qu'été quêe qui rêe-t éco qu'êe* : Qu'est-ce qui est tombé? C'est l'ais qui était tombé qui est encore tombé. R. **cadēre.*

D. *Quêtêne, quêtine*, s. f. pl. : pommes à pressurer tombées avant leur complète maturité.

QUÉLOQUE, s. f., QUÉLO, s. m. (Balleroy) : sénevé des champs (*Sinapis arvensis*). R. Pour *gué(de)lot*, diminutif de *guéde* (a. *waid*). Cf. *guélot* (Falaise) : id.

QUÉMĀN, a. : qui demande sans cesse, mendiant.

D. *Quémāndé*, v. n. : importuner par ses demandes, mendier.

QU'MIN, s. m. : chemin. R. **caminus.*

QU'MINSE, s. f. : chemise. R. **camisia.*

QU'NĀLE, s. f. : 1° canaille. *Lé qu'nāle* : les enfants. 2° tenaille. R. 1° **canalia* de *canis*; 2° *tenacula.*

D. *Qu'nāyon*, s. m. : marmouset.

[1] Cf. *Mém. de la Société de linguistique*, III, 417, où j'ai eu tort de dire que *puré* était particulier au patois normand; ce verbe se trouve aussi, en effet, avec le sens actif de «essorer» dans le patois du Berry. (Comte Jaubert, *Glossaire du centre de la France.*) C'est ce mot *purare*, d'ailleurs, qui me paraît, par l'intermédiaire du normand, avoir donné à l'anglais le verbe *to pour* (couler, verser), dont l'origine est douteuse, et que Éd. Müller (*Etym. Wörterb.* s. v. *pour*) voudrait expliquer par le b. a. *purren* : fouiller, agiter.

[2] On pourrait ajouter à ces mots le vocable *purée*, à la fois normand et français; il me semble incontestable, en effet, qu'il vient de *puré* et non de **piperata*, comme l'a proposé M. Brachet. (Voir *Annales de la Faculté des lettres de Bordeaux*, 1879, p. 173.)

[3] L'identité de l'infinitif et du participe passé de ce verbe aujourd'hui presque inusité est assez difficile à expliquer. *Cadere*, traité comme si le premier *e* était long, a donné *caeir*, d'où par contraction *cair*, et, après la chute de l'*r* et l'allongement de la diphtongue précédente, *caie*, puis *quêe*. Quant au participe *quêe*, il faut, pour en rendre compte, supposer une forme **caditus*, qui donne, en se transformant, *cai*, *caie* et enfin *quêe*.

Qu'NASE, s. f. pl. : troupe d'enfants. R. *canis.*

D. *Qu'nasar*, s. m. : gamin, vaurien.

1. QUÊNE, QUÉNE, s. f. : chaîne. R. *catena.*

2. QUÊNE, s. m. ; chêne. R. **casnus.*

D. *Quênée*, s. f. : chênée.

Quênése, s. f. : grand chêne.

Qu'NÉLE (Lison), s. f. : chantepleure, *cannelle.* R. **canella* Duc. pour *canalis.* Cf. v. fr. *chenelle* et ang. *kennel.*

Qu'NOUÖLE, s. f. : quenouille, espèce de filet. R. **conucula* L. Rip. pour **colucula* de *colus.*

QUÉQUE, QUEUQUE, a. : 1° quelque. *Quéqu'un* : quelqu'un. — *Quéqu'fée* : quelquefois. 2° qu'est-ce que. *Quéqu' ch'ëe* : qu'est-ce que c'est? R. *qualis quod* ou *quid est quod.*

QUÊRBON, s. m. : charbon. R. *carbonem.*

D. *Quêrbogné*, s. m. : charbonnier.

Quêrbonéte, s. f. : charbonnette.

Quêrboné, v. a.-n. : remuer le feu, éplucher avec les pinces les charbons dans les cendres. *Qu'ëe qu'il a a quêrboné come cha ?*

QUÊRCAN, s. m. : 1° carcan, barres transversales en bois que l'on met au cou des vaches, veaux, etc. pour les empêcher de passer à travers les haies; 2° mauvais cheval. V. *carcan.*

1. QU(I)ÊR, s. m. : tiers. R. *tertius.*

2. QU(I)ÊR, s. m. : corde ou chaîne munie d'un pieu et qui sert à *ficher* les bestiaux dans les champs. R. ag. s. *tiér* (*tir*), ang. *tier* (file). Cf. v. fr. *tiere*, pr. *tiera* (rangée) et ag. s. *tygian*, ang. *tie* (lier).

QUÊRE, s. f. : chaise. R. *cathedra.*

D. *Quêré* (*s'*), v. r. : s'asseoir, prendre une chaise.

Qu'RI, v. a. : chercher, querir. R. **quærire.*

QUÉRIATEURE, s. f. : créature. R. *creatura.*

QUÉRIÉ, v. a. : charrier. R. *carricare.*

D. *Quéréte*, s. f. : charrette.

Quériäje, s. m. : charriage.

Quérière, s. f. : chemin que suivent les *quéréte* dans un champ.

Quêrqu(i)é, s. m. : charrette sans *ber*, qui sert à porter le cidre, etc.

Quêrtée, s. f. : charretée.

Quêrtrie, s. f. : remise, *charretrie.*

QUÉROGNE, s. f. : charogne. R. **caronia.*

QUÊRPANTE, s. f. : charpente. R. **carpenta.*

D. *Quêrpanté*, v. n. : charpenter, faire du bruit.

Quêrpanqu(i)é, s. m. : charpentier.

QUÊRQUE, s. f. : mélange d'argile et de foin haché, appelé aussi *pizé*, *masée*, *torchis*, et qui sert à bâtir.

QUËRSI, v. n. : crever, mourir. R. n. *kreysta* (?) : écraser.

QUËRTÖN, QUËRVÈTE, etc. V. *crétön*, *crévéte*, etc.

QUÉRU, a. : fort, courageux. V. *ccuru.*

QUÉRUE, s. f. : charrue. R. *carruca.*

QUËRVÉ, v. n. : crever. R. *crepare.*

QUEU, a. : quel, devant une consonne. V. *qué* 2.

QU(I)EULE, s. f. : tuile. Cf. *tcheule.* R. *tegula.*

QU(I)EŪ, prép. : chez. *Qu(i)eū noū :* chez nous. Cf. *tcheū.* R. *casis.*

QUIBOLE, s. f. : longue jambe. V. *guibole.*

QUIGNÉTE, s. f. : petite cheville qui sert à serrer la cordelette du sac des écoliers. Cf. *quinette* Cotgr. (*a crutch*). R. c. *chwyn* (plante).

QUILE, s. f. : quille, jambe. R. a. h. a. *kegil.*

1. QUIN (Bocage), s. m. : chien. Cf. *tchin.* R. *canis.*

2. QUIN, a. : tien. R. *tuus.*

3. QUIN, interj. : tiens. *Quin! qué qu'ĕe-la?* Cf. *tu.* R. *tĕne.*

QUINQUIN, s. m. : pinson (*Fringilla cælebs*). R. Onomatopée.

QU(I)Ō, QU(I)Ō, int. : cri dont on se sert pour appeler les pourceaux. R. Abréviation de *p'qu(i)ō.*

QUIYÉ, s. f. : cuiller. R. *cochlearia.*

D. *Quil'rée,* s. f. : cuillerée.

R

RABIBOCH(I)É, v. a. : ajuster, réconcilier.

RABIÉNÉ, v. a. : remettre en état, réparer, réconcilier. R. *ra* = *re* + *ad* et *bene.*

RABIYÉ, v. a. : habiller de nouveau, recercler un tonneau. R. *re*+*abiyé.*

RABOUGRINÉ, a. : ratatiné, recroquevillé. R. *ra* + *bougre.*

RABOUŌLÉ, v. a. : renvoyer une boule. R. *ra*+*bouōlé.*

RABŪQU(I)É, v. a.-n. : remuer une chose maladroitement, fureter quelque part. *Qu'ĕc qui rabuque ilo?* R. *ra*+*būque.*

RACACHIÉ, v. n. : renvoyer, ramener en chassant devant soi. R. *ra* +*cachié.*

D. *Racachie,* s. f. : troupe nombreuse et sans ordre. *Eune racachie d'éfān.*

RĂCĀLE, s. f. : racaille. R. n. *rakki* (chien). Cf. *qu'nāle.*

RACHĔNE, s. f. : racine. R. **radicina.*

+RACHICO, s. m. : souche sortant de terre et donnant des rejets. R. *ra*+fr. *chicot.*

*RĀCLLÉ, v. a. : battre, rosser. R. **rasiculare.*

D. *Rācllée,* s. f. : volée de coups.

RAC'MODÉ, v. a. : raccommoder, réparer, remettre d'accord. R. *re*+*accommodare.*

D. *Rac'modāje,* s. m. : raccommodage.

*RACONDUIRE, v. a. : reconduire, ramener. R. *ra*+*conduire.*

RACOUÊE, s. m. pl. : touffes d'herbe qui montent en tige dans les herbages et ne sont pas mangées par les bestiaux. R. n. *raka*, ang. *to rake* (râteler).

RACOUIN, s. m. : recoin. R. *ra+couin*.

RACOUÔRCHI, v. a. : raccourcir. *O racouôrchi* : par le plus court (chemin). R. *re+acouôrchi*.

RACOUORI, v. n. : accourir de nouveau. R. *re+acouori*.

RACRAMACHI, a. : refrogné, chiffonné.

RACRO, s. m. : détour. *Fère un racro*. R. *ra*+nl. *krôk*.

RACTÉ, v. a. : faucher les *racouêe* d'un herbage. R. n. *raka*.

D. *Racteure*, s. f. : foin provenant des *racouêe*.

RADE, s. f. : ornière, voie. Cf. *déradé*. R. ag. s. *rād* (iter equestre), ang. *road*.

RADOUBÉ, v. a. : réparer un bateau, un tonneau, etc. R. *ra*+ n. *dubba* (frapper de la main).

D. *Radou*, s. m. : galop, mercuriale.

RADOUBLLÉ, v. n. : revenir sur ses pas, se jeter sur quelqu'un. *Il a radoubllé sū li*. R. *ra+doubllé*.

RAFALÉ, a. : fade; peu loyal. R. *ra+fale*.

RAFÉTÉ, v. a. : refaire le faîte d'un toit. R. *ra+fété*.

RAFILÉ, v. a. : donner du fil, aiguiser. R. *ra+fi(l)*.

RAFISTOLÉ, RAFISTOQU(I)É, v. n. : raranger, réparer.

RAFOUÉ, 1° † v. a. : chasser, gronder; 2° v. n. : aboyer.

RAFOUÊE, s. m. pl. : débris, brindilles. R. *ra+fascis*.

RAFREŪ, s. m. pl. : objets mis au rebut.

RAFŪTÉ, v. a. : rajuster, raccommoder. R. *ra+fūté*.

RAGACHE, a.-s. m. : querelleur. R. *r(e)+agache*.

D. *Ragachié*, v. n. : disputer, gronder; agasser, s'ennuyer.

RAGO. s. m. : bavardage.

D. *Ragoté*, v. n. : rabâcher.

RAGOUŌTÉ, v. a. : remettre en appétit. R. *ra+gouō(t)*.

RAGUCHIÉ, v. a. : aiguiser de nouveau. R. *ra+(é)guchié*. Cf. *réguchié*.

RAGU(I)É, s. m. : feu ardent. *Un ragu(i)é d'feu*. R. *ratis*.

RAGUIN, a. : vif, emporté. R. (?) n. *hrókkinn* (frisé). Cf. berr. *raguin* (jeune agneau).

RALÉ, 1° v. n. : aller de nouveau; 2° v. a. : tirer. R. 1° *re+alé*; 2° *re+halé*.

RALIÉ (s'), v. r. : se réunir pour s'amuser. R. *re+alligare*.

D. *Raliā*, s. m. : fête, réunion de plaisir.

RALONGU(I)É, v. a. : allonger. R. *re+alongu(i)é*.

D. *Ralongue*, s. f. : allonge.

RAMANDÉ, RANMANDÉ, 1° v. a. : amender, remettre en bon état. 2° v. n. : amender, se refaire. *I ya ramandé*. R. *re+emendare*.

RAMARÉ, v. a. : rattacher, remettre en état. R. *ra*+nl. *marren*.

Rami, s. m. : qui est de nouveau bien avec quelqu'un. R. *re+amicus.*

D. *Ramité,* v. a. : raccommoder, remettre ami.

Ramoné, r'moné, v. n. : ramoner, gronder, rabâcher. R. *ramus.*

D. *Ramouneü,* s. m. : ramoneur.

Ramouch'lé, v. a. : remettre en tas. R. *re+amouchelé.*

Ramucri, v. a. : rendre mucre. R. *ra+mucri.*

Ran, s. m. : 1° bélier; 2° espèce de limaçon de mer de forme allongée (*Buccinum undatum*). R. a. h. a. *ram.*

Ranalé (s'), v. r. : s'en aller de nouveau, repartir. V. *ralé* 1.

Ranbéli, v. a.-n. : embellir, redevenir beau. R. *re+embelli.*

Ranboujé, v. a.-n. : remplir un tonneau d'où l'on a tiré du cidre, etc. R. *ran=re+in* et fr. *bouje.*

Ranceune, s. f. : rancune. R. *rancor.*

Ranceuri, v. a. : redonner du cœur. R. *ran+cor.*

Rancouégné, v. a. : pousser dans un coin un animal que l'on veut saisir. R. *ran+cuneus.*

Randoné, v. a. : gronder, battre. R. a. *rand.* Cf. a. fr. *randon* (violence), pr. *randa* (racloire).

D. *Randonée,* s. f. : gronderie, volée de coups.

Randoublé, v. a. : doubler. *Randoublé fripon.* R. *ran+duplare.*

Randouin, s. m. : goût de graillon.

D. *Randouiné,* v. n. : prendre le goût de *randouin* à force de bouillir, rester trop longtemps sur le feu.

Ranforchié, v. a. : redonner de la force, rendre ou devenir plus fort. R. *ran+*fortia.*

Ranjié, v. a. : ranger. R. a. h. a. *hring.*

D. *Ranjie,* s. f. : rangée. *Eune béle ranjie de poumi.*

Ranlarji, v. a. : élargir. R. *ran+largus.*

*Ranmanchié, v. a. : emmancher de nouveau. R. *ran+manica.*

Ranpiéch'té, v. a. : mettre une pièce, raccommoder. R. *ran+*petium.*

Ranpiéré, v. a. : remettre des pierres dans un chemin. R. *ran+petra.*

Ranpiéré, v. n. : être plus mal. R. *ran+pejor.*

Ranpiété, v. a. : refaire le pied d'un bas. R. *ran+pedem.*

Ranplleumé, 1° v. a. : remettre en bon état, engraisser. 2° v. r. : se refaire. R. *ran+pluma.*

Ranponé, v. a. : gronder. R. b. a. *rapen* (enlever). Cf. it. *rampare* et *rampognare.*

D. *Ranponée,* s. f. : mercuriale.

Ranquiyé, v. n. : replanter les quilles abattues au jeu de boule. R. *ran+*a. a. *kegil.*

D. *Ranquiyeū*, s. m. : qui replante les quilles.

Ransaqu(i)é, v. a. : remettre dans le sac. R. *ran*+**saccus*.

Ransé, v. n. : plier sous le faix.

Rantrére, rantrété, v. a. : faire une reprise. R. *ran*+*trahere*.

D. *Rantréte*, s. f. : reprise, *rentraiture*.

Ranvié, v. a. : renvoyer. R. *re*+*envier*.

† Rapara, s. m. : revenant, mort qui réapparaît. R. *re*+*apparēre*.

Rapariyé, v. a. : assortir, *rappareiller*. R. *ra*+**pariculus*.

Raparpouinté, v. a. : raccommoder, faire des reprises. R. *ra*+*parpouinté*.

Rapin, s. m. : voleur, maraudeur. R. **rapinus* du b. a. *rapen*.

Raquéte, s. f. : 1° jeu de volant; l'instrument qui sert à y jouer. 2° espèce de filet fixé sur deux bâtons, avec lequel on prend les oiseaux pendant la nuit.

1. Raqu(i)é, s. m. : piège à rats; preneur de rats. R. a. h. a. *rato*.

2. Raqu(i)é, s. m. : ruisseau, *radier*. R. (?) *ratis*.

Rasiére, v. a. : calmer, faire déposer. *S'rasiére*, v. r. : s'apaiser, *se rasseoir*, reprendre sa pureté primitive. *Cid(r)e rasi* : cidre trouble devenu clair. R. *re*+*asiére*.

Rasoté, v. n. : raffoler. *I rasote d'li*. R. *ra*+*sot*.

Ratara, loc. adv. : rez à rez. R. *rat* pour *ras*+*ra(s)*.

Ratatoule, s. f. : mets grossier et mal apprêté, *ratatouille*.

Rāté, s. m. : râteau. R. **rastellum*.

D. *Rāt'lé*, v. a. : ramasser avec le râteau, ratisser.

Rāt'leure, s. f. : ce qu'on ramasse avec le râteau.

Raté, v. a. : mesurer ras. R. *rat* pour *ras*.

Ratiré, v. a. : attirer chez soi. R. *ra*+nl. *tēren*.

D. *Ratire*, s. f. : lieu de refuge.

1. Ratouōrné, v. n. : revenir sur ses pas. *S'ratouōrné* : se retourner. R. *ra*+**tornare*.

D. *Ratouōr*, s. m. : détour, action de revenir sur ses pas, ruse.

2. Ratouorné, s. m. : étourneau. R. *ra*+*(é)touorné*.

† Ravā, s. m. : gaule avec laquelle on agite l'eau. Cf. *ravōdé*.

Ravé, v. a. : ravoir. R. *re*+*habere*.

† Rav'né, s. m. : filet pour prendre les oiseaux. Cf. *raquéte*. R. *ravā*.

Rav'néle, s. f. : giroflée des murailles ou violier (*Cheiranthus Cheiri*). R. **raphanella*.

Rav'ni, v. n. : convenir, être assorti. R. *ra*+*venire*.

Ravinde, v. a. : atteindre de nouveau. R. *re*+**abémere*.

Ravōdé, v. a. : remuer quelque chose en cherchant, fureter. R. *re*+**advalidare*.

D. *Ravōgu(i)é*, s. m. : brouillon.

RAVOUÉ, v. a. : réparer un chemin, en combler les ornières. R. *ra*+*houe* (?).

RĀZIÉ, v. a. : raser. R. **rasare* de *rasus*.

D. *Rāzoū*, s. m. : rasoir.

Rāzière, s. f. : demi-boisseau.

1. RÉ, s. m. : roi. R. *regem*.

D. *Réblo*, s. m. : roitelet, le *roi bellot* (*Silvia troglodytes*)[1].

2. RÉ, s. m. : rayon, rais. *Lé ré d'eune roe*. R. *radius*.

RÉBÉTE, s. f. : chou-rave, *rabette* (*Brassica rapa*). R. **rapetta*.

R'BÉQU(I)É, v. n. : répondre avec impertinence. R. *re*+*bec*.

R'BINDÉ, v. n. : rebondir. R. *re*+a. *binden*.

R'BOUQU(I)É, v. n. : ne vouloir plus, être rassasié de quelque chose. *Il a r'bouqui d'su*. R. *re*+*bucca*.

R'BOUQU'TÉ, v. a. : repriser de la dentelle. V. *r'bouté*.

D. *R'bouqu'teuze*, s. f. : raccommodeuse de dentelle.

R'BOUTÉ, v. a. : réduire une fracture. R. *re*+*bout*.

D. *R'bouteū*, s. m. : chirurgien de campagne.

R'BULÉ, s. m. : quantité de son que donne un sac de grain. R. *re*+*bulé(t)* de *burra*.

RÉCĀ, s. m. : octave d'une fête de village. R. *re*+*cā*. V. *récōfé*.

RÉCAR, s. m. : rancart. R. *re* et *écart* (*ex*+*carta*).

*RÉCHĀ, s. m. : réchaud. R. *re*+*calidus*.

R'CHEURE, v. a. : recevoir. R. *recipĕre*.

R'CHĒVÉ, v. a. : *id*. R. **recipēre*.

D. *R'cheu*, 1° a. : reçu. 2° s. m. : quittance.

R'CHĪPÉ, v. n. : repousser. R. *re*+*chīpé*.

D. *R'chīpée*, s. f. : pousses d'une tige, d'un tronc, etc., qui ont été coupées.

RĔCLLÉ, v. a. : abattre les pommes restées sur un pommier, battre. R. **rasiculare*.

RÉCŌDI, v. a. : réchauffer, réconforter. R. *re*+**calidire*.

RÉCŌFÉ, v. a. : réchauffer. R. *re*+*cōfé*.

R'COMANCHIÉ, v. a. : recommencer. R. *re*+*comanchié*.

R'CONĔTE, v. a. : reconnaître. p. p. *r'coneu*. R. *re*+*conĕte*.

RÉCOPI, a. : fait en portrait, ressemblant. *Ch'ée san père tou récopi*. R. *re*+*copia*.

RÉCOCVIYÉ, v. a. : recroqueviller. R. *re*+*conchylium*. Pour *recoquiyé*.

R'COUCHIÉ, v. a. : coucher de nouveau. R. *re*+*couchié*.

R'COUŌDE, v. a. : recoudre. R. *re*+*couōde*.

R'COUPÉ, v. a. : 1° couper de nouveau. *R'coupé eune tonbe* : retourner une tombe en mélangeant la terre et la chaux qui s'y trouvent. 2° mettre de l'eau sur du cidre. R. *re*+*coupé*.

[1] Une croyance populaire veut que le *réblo* soit allé chercher le feu au ciel.

D. *R'coupe*, s. f. : regain.

R'CRO, s. m. : octave d'une fête. R. *re+cro* 2.

RÊDE, 1° a. : raide. 2° adv. : très. *Ch'êe rêde bouon.* R. *rĭgidus.*

D. *Rédi*, v. n.-a. : raidir, se raidir.

Rédiyon, s. m. : côte, chemin escarpé.

R'DÊVÉ, v. a. : redevoir. R. *re+debēre.*

D. *R'dérābe*, a. : redevable.

R'DO, s. m. : oiseau le plus jeune d'une couvée, enfant né longtemps après ses frères et sœurs. Cf. *bédo*. R. *re*+ (?).

R'DRÉCHIÉ, v. a. : redresser. R. *re*+**directiare.*

RÊE, s. f. : raie (*Raja clavata* et *squammata*). R. *raja.*

D. *Rêton*, s. m. : jeune raie.

R'FĀ, s. f. : regain. R. *re+fā.*

R'FÊRE, v. a. : refaire, attraper. R. *re+fêre.*

R'FÉTÉ, v. a. : refaire le faîte d'un toit, la partie supérieure d'un mur. R. *re+fêté.*

R'FIND(R)E, v. n. : baisser, diminuer, en parlant du prix. R. *re+fingere.*

RÉFORCHIÉ, v. a. : forcer, contraindre, importuner. R. *re*+**forchié.*

R'FRÉDI, v. a.-n. : refroidir. R. *re+fré.*

D. *R'fré*, s. m. : 1° refroidissement. 2° †maladie du bœuf causée par des vers nématoïdes. Cf. *hāti.*

R'FŪZIÉ, v. a. : refuser. R. **refutiare.*

D. *R'fu*, s. m. : refus. *Y a pā de r'fu* : j'accepte.

R'GAGNE, a. : de mauvaise humeur. V. *hêrgagne*[1].

R'GARDĀN, a. : avare, qui lésine. *I n'êe pā r'gardān.* R. *re*+ a. *wardōn.*

R'GNÉ, v. a. : renier. R. *re+gné.*

R'GRÉ, s. m. : 1° regret; 2° regrat. *Vande o r'gré.* R. 1° *re*+ a. h. a. *gretan*; 2° *re*+**cratare.*

D. *R'gréqu(i)é*, s. m. : regrattier, marchand au détail.

RÉGUCHIÉ, v. a. : aiguiser de nouveau. R. *re*+**acutiare.*

R'JOUIND(R)E, v. a. : rencontrer, rattraper. R. *re+jungere.*

R'JUÉ, v. n. : endêver. *Fêre r'jué.* V. *arjué* et *êrjué.*

R'LAN, s. m. : air du soir, serein. R. *re+lentus.*

RÉLE, s. f. : raie, trait, ligne, règle. *La réle du dō* : l'épine dorsale. — *Réle*, s. f. pl. : branches entrecroisées pour former une clôture. — *A la réle* : de même dimension. *Tou-z a la réle* : tous également beaux. R. b. a. *rigil*, ang. *rail.*

D. *Rêlé*, v. a. : rayer, régler.

R'LIÉ, v. a. : relier. *A r'lie brā* : de toutes ses forces. R. *religare.*

[1] La forme *r'gagne* semble bien indiquer qu'il faut écrire *êrgagne* et non *hêrgagne* et qu'il faut, par suite, séparer ce mot de *hêre.*

R'LIQU(I)É, "R'LICHÉ, v. a. : boire. *I n'éme qu'a r'liché* : il n'aime qu'à boire. R. *re*+*liqu(i)é*.

D. **R'licheū*, s. m. : ivrogne.

R'LIRE, v. n. : reluire, en parlant d'un objet verni ou ciré. R. *re*+**lucĕre*.

D. *R'lizān*, a. : luisant, qui reluit.

R'līzé, v. n. : reluire. *Come sé soulī r'lize biin!*

R'LŪQU(I)É, v. a. : regarder attentivement. R. *re*+ag. s. *locjan*, ang. *look*.

R'MANCHIÉ, v. n. : murmurer, gronder, parler entre ses dents. *Qu'ēe* ou *qué qui la a r'manchié come cha?* R. **romanciare*.

R'MÉTE, v. a. : remettre. R. *re*+*méte*.

RÉMIÉ, v. a. : brasser une seconde fois, en le mélangeant avec de l'eau, le marc déjà pressé. R. *ré*+*émé*.

D. *Rémiāje*, s. m. : action de *rémié;* cidre obtenu par un second brassage.

RÉMOLĪZÉ, v. a. : réveiller, exciter. *Rémolīzé lé douleur*. R. *re*+*moli*.

RÉMŌQU(I)É, v. a. : remuer, ranimer. *Rémōqué l' feu*. R. *re*+*émōqu(i)é*.

RÉMOULÉ, v. a. : aiguiser. R. *re*+**molēre* ou **molare*.

D. *Rémouléte*, s. f. : meule à aiguiser.

Rémouleū, s. m. : remouleur.

*RÉMOUTI, s. m. : espèce de ragoût, miroton.

RÉMOUVÉ, v. a. : remuer, agiter, retourner. R. *re*+*mouvé*.

R'MUÉ, v. a. : retourner, labourer, replanter. *Tére r'muée*. — *R'mué dé choū*. — *Couzin r'mué d' jĕrmin* : issu de cousin germain. R. *re*+*mutare*.

RĔNE, s. f. : 1° reine; 2° raine, grenouille. *Rĕne verte*. R. 1° *regina;* 2° *rana*.

R'NĔTE, v. n. : renaître. R. *re*+**nascere*.

R'NINFLLÉ, v. n. : renifler. R. *re*+b. a. *nif* (nez).

D. *R'ninfllēman*, s. m. : action de renifler.

R'NONCHIÉ, v. n. : renoncer. R. *renuntiare*.

R'NOU(O)VÉ, s. m. : renouveau, printemps. R. *re*+*novellus*.

R'NOU(O)V'LÉ, v. a. : 1° renouveler; 2° faire sa seconde communion. *Vaque r'nouv'lée* : vache qui vient de vêler. R. **renovellare*.

R'PANDE, v. a. : rependre. R. *re*+*pendere*.

RÉPANDE, v. a. : répandre. R. *re*+*expandere*.

R'PANTI, 1° v. r. : se repentir. 2° s. m. : repentir. R. *re*+**pœnitire*.

D. *R'panténe*, *r'pantine*, s. f. : (fille) repentie. *Lé R'pantĕne* : couvent de Bayeux.

R'PIQU(I)É, v. a. : piquer, planter une seconde fois. *R'piqu(i)é du cocza*. R. *re*+*piqu(i)é*.

R'PLLACHIÉ, v. a. : replacer. R. *re*+*pllachié*.

R'pll(e)uméte, s. f. : repas donné aux ouvriers à la fin de la moisson. R. *re+pll(e)umé.*

Réponde, v. n. : répondre. p. p. *réponu.* R. **respondĕre.*

R'pōzéte, s. f. : repos, sieste. R. *re+pausare.*

R'prochié, v. n. : reprocher. R. *re+*propiare.*

Répuré, v. a. : épurer de nouveau. R. *re+purare.*

Répuré (s'), v. r. : s'éclaircir, se rasséréner. *V'la l'tān qui s'répure.* R. *re+purus.*

+Rĕque, a. : âpre, revêche. R. a. *resch.*

Rĕqu(i)é, v. a. : abattre les pommes restées sur les arbres. Cf. *rĕcllé.* R. **ras(i)care.*

D. *Rĕqué,* s. m. : petite gaule.

R'séqu(i)é, v. n. : sécher de nouveau. R. *re+séqu(i)é (siccare).*

R'sĕre, s. f. : endroit où l'on serre quelque chose. R. *re+*serrare.*

R'souōrde, v. n. : se gonfler, en parlant de la pâte qui lève, des légumes qui cuisent, etc. R. *re+souōrde (surgere).*

D. *R'souorse,* f. s. : ressource.

Resté, v. n. : demeurer, être impotent. *Il ēe resté d'un brā.* R. *restare.*

Rétanbeuf, s. m. : arrête-bœuf (*Ononis spinosa*). R. *retinentem bovem.*

Rétamé, v. a. : étamer de nouveau. R. *ré+étamé.*

D. *Rétamāje,* s. m. : rétamage.

Rétanpi, v. a. : redresser, remettre debout. R. *re+étanpi.*

R'tchulé, v. n. : reculer. R. *re+culus.*

R'tchuloté, v. a. : reculotter. R. *re+tchulote* de *culus.*

Rétchuré, v. a. : écurer de nouveau. R. *re+étchuré.*

Rĕte, v. n. : être encore, être de nouveau. *I rĕe co parti.* R. *re+ĕte.*

R'téni, v. n. : retenir. p. p. *r'tīn.* R. **retinire.*

R'tiré, 1° v. a. : retirer. 2° v. n. : reculer, se retirer. *La mé r'tire :* la mer baisse, c'est le reflux. R. *re+* nl. *tēren.*

D. *R'tire,* s. f. : cachette, endroit où l'on met les objets dont on n'a pas besoin.

R'tourné, v. a.-n. : retourner. R. *re+*tornare.*

R'tréchi, v. a.-n. : rétrécir, se rétrécir. R. *re + strictus.*

Rĕtu, a. : fort, vigoureux. R. *restare.*

R'tunbé, v. n. : retomber. R. *re+tunbé* (n. *tumba*).

Reue, s. f. : roue. R. *rota.*

Reume, s. m. : rhume. R. *ῥεῦμα.*

R'vande, v. a. : revendre. R. *re+vendere.*

R'vanjié, v. a. : revanger. R. *re+vanjié (vindicare).*

D. *R'vanje,* s. f. : revanche.

Rĕve, s. f. : miel en rayon. R. a. s. *rāta* (favus).

R'VÊE, v. a. : revoir. R. *re+vêe* (*vidēre*).

RÉVÉYÉ, v. a. : réveiller. R. *re+évéyé.*

D. *Rével*, s. m. : réveil.

Révél-matin, s. m. : nom de l'*Euphorbia helioscopia.*

Révéyon, s. m. : réveillon.

Révéyoné, v. n. : faire réveillon.

R'VÉNI, v. n. : revenir. R. *re+venire.*

D. *R'vĕnĕ-z-y*, s. m. : souvenir, arrière-goût agréable.

† RÉVERTIN, s. m. : changement de résolution. *Avé un révertin.* R. *re+vertere.*

R'VIVE, v. n. : revivre. R. *re+vivere.*

R'VOLIN, s. m. : ressouvenir, caprice, idée subite. *I yĕe v'nu un r'volin.* R. *re+volare.*

R'VOUIN, s. m. : deuxième regain, rancune. R. *re* + a. h. a. *weida* (pâturage).

RĔZON, s. f. : raison, explication. *Pā tān d'rĕzōn.* R. *rationem.*

D. *Rĕzoné*, v. n. : parler tout seul, répliquer. *Qu'ĕe qui la a rĕzoné tou sou come cha?*

RIBALÉ, s. m. : bord d'un ruisseau, petit sentier qui le longe, barrage. R. *ripa.*

RIC A RIC, loc. adv. : tout près, juste.

RIDÉ, s. m. : rideau, pl. *ridiā.* R. a. h. a. *rīdan*, n. *rīdha* (tordre), b. l. *ridellus.*

RIFE, RIFLE (Balleroy), s. m. : eczéma, impétigo. R. n. *hrufa* (escarre). Cf. *riflé.*

RĬFLÉ, v. a. : effleurer. R. n. *hrufla* ou a. h. a. *riffilōn* (gratter), confondu avec *reiban* (frotter).

*RIGOLISE, s. m. : réglisse. R. *liquiritia.*

RILE, RIBLLE (Balleroy), s. m. : bise, hâle. R. (?) *reiban.*

RINCHIÉ, v. a. : rincer, passer le linge à l'eau, battre. R. n. *hreinsa.*

D. *Rinchie*, s. f. : averse, volée de coups.

Rinchéte, s. f. : petit verre d'eau-de-vie que l'on prend après le café.

RĬNFĔR, s. m. pl. : rapports de justice.

RION, s. m. : raie, petit sillon dans lequel on sème les fèves, les pois, etc. R. **rigonem* de *rigare.* Cf. *riga* Duc.

RIRE, v. n. : rire, luire, en parlant des astres. *L'solé va rire tou d'sieute.* R. **ridĕre.*

D. *Rieū*, *rioū*, s. m. : rieur.

Riée, s. f. : éclaircie de soleil. *Eune riée d'solé.*

Ririe, s. f. : action, éclat de rire.

Riochié, v. n. : rire sous cape.

Riocheū, s. m. : qui rit sous cape, moqueur.

Rīsībe, a. : risible, étrange, singulier.

RISOLI, s. m. : partie croustillante de la viande rôtie. R. isl. *rist* (gril).

Risque, s. m. : danger, crainte, *risque. Ya pā d'risque.* R. esp. *risco* de *resecare* (?).

D. *Riscarisque,* adv. : à tout hasard.

Riscatou, s. m. : imprudent, écervelé (*Risque-tout*).

Rive, s. f. : bord du lit. R. *ripa.*

D. *Rivé,* v. a. : replier sous le matelas la couverture et les draps de manière à ce qu'ils ne restent pas pendants[1]. Cf. *bordé.*

Rō, s. m. : instrument de tisserand. R. got. *raus* (roseau).

Roc, s. m. : réprimande, mercuriale. *I ya doné un roc.* R. n. *hrókr* (grolle, croassement).

Rocmanté, v. a.-n. : augmenter de nouveau. R. *re*+*augmentare.*

Rōdeū, s. m. : rôdeur, maraudeur. R. pr. *rodar.*

Rōe, s. f. : roue. V. *reue.*

Rogātoné, v. n. : parler entre ses dents. R. *rogatum* (demande, prière).

Rognoné, v. n. : grommeler. R. Fréq. de *rogné.*

D. *Rognon'man,* s. m. : action de rognoner.

Rogome, s. m. : odeur de vidange.

Ronche, s. f. : ronce. *T'ni o ronche :* rester accroché. *Cha li tīn o ronche :* il ne peut l'oublier, il en garde rancune. R. *ramicem.*

D. *Ronche-cochognêre,* s. f. : rose de chien, églantier (*Rosa canina*).

Ronpe, v. a.-n. : rompre. *I ya dé pome a ronpe :* il y a des pommes en quantité. R. *rumpere.*

1. Roque, s. f. : œufs de poisson. R. n. *hrogn,* a. *rogen.*

D. *Rocu,* a. : œuvé.

2. Roque, s. f. : roche. R. **rocca.* Cf. pr. *roca,* it. *rocca*[2].

D. *Roqué,* s. m. : rocher. *L'Roqué :* le Rocher du Calvados.

Rocré (*roqu'ré*), s. m. : petite moule qui vient sur les rochers.

Rosāle, s. f. : rosse. R. n. *hros,* a. *ross.*

D. *Rosāyon,* s. m. : mauvais petit cheval.

Rosée, s. f. : volée de coups. R. fr. *rosser* de l'a. *ross.*

Rosigno, s. m. : rossignol. R. *lusciniolus.*

Rōté, v. a. : ôter de nouveau. R. *re*+**haustare.*

Rōtiyon, s. m. : reste de pomme. R. Pour *brōtiyon.*

Rōtoné, v. n. : murmurer entre ses dents. R. Pour *brōtoné,* dérivé de *brōté.*

[1] Peut-être, au lieu de dériver ce mot du précédent *rive,* n'y faut-il voir avec Diez qu'un emploi particulier du verbe français *river.* R. n. *rīfa.*

[2] Les formes normande, italienne et provençale rendent inadmissible l'étymologie **rupea* proposée par M. Brachet, d'après Diez, pour le français *roche,* ainsi que je l'ai déjà fait remarquer (V. p. 23), où j'ai eu tort cependant de tirer ce mot d'un type *rupica;* comme l'a fait observer avec raison M. W. Förster (*Zeitschrift für romanische philologie,* II, 86), les lois de la phonétique ne permettent pas une pareille dérivation.

ROUÉ, s. m. poisson du genre *Diodon* (*Diodon atinga*). R. *rota*.

ROUÉLE, s. f. : roue de charrue. R. **rotella*.

*ROUÉYALE, ROYALE, s. f. : mâche (*Valerianella carinata* et *olitoria*). R. *regalis*.

ROUI, v. a. : rouir. R. nl. *roten*.

D. *Rouitoū*, *rétoū*, s. m. : rouissoir.

ROUINCHIÉ, v. n. : crier, en parlant des chevaux qui se battent. R. *re*+*ouinchié*.

ROUŌJE, a. : rouge. R. *rubeus*.

D. *Rouoji*, v. n. : rougir.

Rouojé, s. m. : 1° gale des chiens; 2° trigle grondin (*Trigla cuculus*).

ROUŌLE, s. f. : rouille. R. **rubigula*.

D. *Rouōyé*, v. n. : rouiller.

ROUŌLÉ, v. a.-n. : rouler, lancer un chien. R. *rotulare*.

D. *Rouōlé*, *rouōlo*, s. m. : rouleau qui sert à écraser les mottes de terre.

Rouōléte, s. f. : roulette.

Rouōlée, s. f. : volée de coups.

Rouōleū, s. m. : vagabond.

Rouōlié, s. m. : roulier.

RŌZÉ, s. m. : 1° roseau; 2° instrument de tisserand; 3° barre qui tient fixes les côtés d'un *bano*. R. got. *raus*.

RŌZ'LEŪ, s. m. : belette (*Putorius ermina*). R. *rosa*.

RŪCHIÉ (Bocage), v. a. : lancer des pierres. Cf. *rué*. R. **rutiare*.

RŪDE, a. : lourd, peu agile, qui a les membres peu souples.

RUÉ, v. a.-n. : jeter des pierres à quelqu'un. *I m' rue* : il me jette des pierres. R. **rutare*.

RUFE, a. : fort, vigoureux. cf. pr. *rufo* (rude). R. n. *rúfinn* (non peigné). Cf. esp. *rufo* (qui a les cheveux crépus).

RUNJIÉ, v. a. : ronger. R. **rumigare*.

RUPE, a. : fort. Cf. *rufe*.

D. *Rupin*, s. m. : habile, rusé.

RŪQUE, s. f. : ruche. R. br. *rusken*.

*RUSE, RUCHE, s. f. : 1° navet des champs (*Raphanus raphanistrum*). 2° (Balleroy) sénevé des champs (*Sinapis arvensis*). R. ag. s. *risce*, nl. *rusch*, ang. *rush* (jonc).

RUSÉ, s. m. : ruisseau. R. **rivicellus*.

S

S', a. : ce. *S'mur* : ce mur. R. *ecce hoc*.

1. SĀ, a. : soul, ivre. R. *satullus*.

2. SĀ, s. m. : saule. R. *salicem*.

SA, s. m. : sac. R. *saccus*.

D. *Saquie*, s. f. : plein un sac.

SĀBE, s. m. : sable. R. *sabulum*.

*SACAJIÉ, v. a. : ravager, dévaster. R. it. *sacchegiare*.

SAFRAN, s. m. : nom d'une espèce particulière de pomme à cidre. R. ar. *sa'farrān*.

SAFRE, a. : gourmand. R. (?) got. *safjan*.

D. *Safré*, v. n.-a. : manger avec gourmandise.

SAGŌNE, s. f. : nom de plusieurs espèces de méduse, entre autres du *Rhizostoma Cuvieri* et de l'*Aurelia aurita*[1].

SALĔNE, s. f. : salaison, eau salée que l'on verse sur la viande, etc. que l'on veut conserver. R. *sal*.

SALI, v. a. : salir. R. a. h. a. *salo* (trouble).

SAN, a. : son. *San père*. R. *suum*.

1. SĀN, s. m. : sang. *Sān mĕlé* : trouble. *An avé l'sān mĕlé*. — *Sān d'dragon* : espèce de patience (*Rumex sanguineus*).

2. SĀN, prép. : sans. *Sān-z éfān* : sans enfants. — *Ēte d'sān* : manquer de. *J'sieū d'sān* : j'en manque. R. *sine*.

SANSĪBE, a. : sensible. R. *sensibilis*.

*SANSION, s. f. : ascension. R. *Ascensionem*.

SANSONÉ, s. m. : 1° maquereau. V. *macré*. 2° étourneau (*Sturnus vulgaris*). R. *Samson*.

*SANSURE, s. f. : sangsue. R. *sanguisuga*.

D. *Sansuré*, v. a. : sucer, épuiser.

SANTE, s. f. : sentier. R. *semita*.

*SANTĔME, s. f. : centime. R. *centesimus*.

SANTI, v. a.-n. : sentir. p. p. *santu*. R. *sentire*.

SAP, s. m. : sapin. *Bouĕe d'sap*. R. *supp(in)us*.

D. *Sapée*, *sapignĕre*, s. f. : bois de sapins.

SAPÉ, v. n.-a. : 1° manger avidement; 2° couper la parole à quelqu'un, l'interrompre brusquement. *I m'a sapé la parole*. R. 1° cf. *sapre*. 2° *sappa*.

D. *Sapā*, s. m. : gourmand.

Supée, s. f. : régal, mets abondant.

SAPĔRJOU, exclamation. R. *sapré* pour *sacré* + *jou* (*Jovem*).

SAPĔRLOTE, int. : saprelotte. R. *sapré* pour *sacré* + ?

SAPRE, a. : gourmand. Cf. *safre*.

D. *Sapré*, v. n. : manger gloutonnement.

Saprēman, adv. : en gourmand.

SAQU(I)É, v. a. : tirer brusquement. R. **saccare* de *saccus*.

D. *Saquie*, *saquée*, s. f. : saccade, secousse. *Par saquie*.

SAQUËRMAN, s. m. : sacrement. R. *sacramentum*.

SARDĔNE, s. f. : sardine. R. *sardina*.

SATIR-MĀTIN, int. : juron. R. Pour *sacré mâtin*.

SAVÉ, v. a. : savoir. p. p. *seu*. f. *séré*. R. *sapēre*.

[1] A Saint-Vaast (Manche), on leur donne le nom de *satroule*.

SAVIGNI, s. m. : espèce de plante abortive (*Juniperus sabina*). R. **sabiniacum*.

SAYO, s. m. : baudroie (*Lophius piscatorius*). R. **sacculus + ot*.

1. SÉ, pr. : soi. R. *sē*.

2. SÉ, s. m. : sel. R. *sal*.

3. SÉ, s. f. : soif. R. *sĭtis*.

4. SÉ, v. pr. subj. : soit. *Qui qu'sé, qui qu'és'sé :* qui que ce soit. R. *sĭt*.

5. SÉ, a. pl. : ces, plur. de *s'*, *su*, *sté*. *Sé mur la, sé poumi la, sé-z ābre ilo*. R. *ecce hos* ou *istos*.

SEC, SÉQUE, a. : sec, sèche, sécheresse. R. *siccus*.

D. *Séqu(i)é*, v. a. : sécher.

Sécrése, séqu'rése, s. f. : sécheresse.

Sécar, s. m. : arbre séché sur pied.

S'COUÉ, v. a. : secouer. R. **succutare*.

D. *Sécouée*, s. f. : secousse, ce qu'on abat en secouant, grande quantité.

S'COUORI, v. a. : secourir. R. **succurrire*.

D. *S'couōr*, s. m. : secours.

1. SĔE, s. f. : soie. *Sĕe d'cochon*. — *Un mésieu d'sĕe, un abiyé d'sĕe, un vĕtu d'sĕe :* un porc. R. **seta*.

2. SĔE ou SĔ(s), s. m. : sas, tamis. R. *setaceum*.

SĔGNE, s. m. : signe. *Fère sĕgne :* donner avis, avertir. R. *signum*.

SÉGNÉ, v. a. : saigner, épuiser, soutirer de l'argent. *S' ségné o cate manbre :* s'épuiser, se mettre à bout d'argent. R. **sanguinare*.

D. *Ségnie*, s. f. : saignée, argent soutiré.

Ségnéte, s. f. : mauvais couteau.

*SÉGNEUR'RIE, s. f. : seigneurie. R. **senioria*.

S'GŌN, a. : second. R. *secundus*.

D. *S'gōndé*, v. a. : seconder, aider.

SÉGRÉ, s. m. : secret. R. *secretum*.

SÉJOUŌRNÉ, v. n. : séjourner. R. **subdiurnare*.

D. *Séjouōr*, s. m. : séjour.

SEL, s. m. : seigle. R. *secăle*.

SÉLE, S'LÉTE, s. f. : petit siège à trois pieds sur lequel les servantes s'assoient pour traire. R. *sella*.

*SÉLÉBRAL, a. : cérébral. R. *cerebrum*.

S'MOŪ, s. m. : tablier à manches pour enfant. V. *sumé*.

SĔNE, s. m. : seing, signature, signe. Cf. *sĕgne*. R. *signum*.

SĔR, SÉ, s. m. : soir. *L'sĕr, yĕr sé. A s'sé :* à ce soir. R. *serum*.

D. *Sérée*, s. f. : soirée.

SĔRCLÉ, v. a. : sarcler. R. *sarculare*.

D. *Sĕrcle*, s. f. : sarclure, mauvaise herbe.

Sĕrcleū, sĕrcloū, s. m. : sarcleur.

SĔRJAN, s. m. : carabe doré (*Carabus auratus*). R. *servientem*.

Sĕrpé, v. a. : interrompre vivement quelqu'un, lui adresser brusquement la parole. R. *sarpare pour sarpere.

Sĕrséle, s. f. : sarcelle. R. *querquedula.*

Sĕrsifi, s. m. : salsifis (*Tragopogon porrifolium*). R. it. *sassefrica.*

Servi, v. a. : saillir, en parlant des étalons et des taureaux. *Fère servi eune jëman.* R. *servire.*

*Sĕsié, v. n. : cesser. R. *cessare.*

*Sĕton, s. m. : barre de bois servant à réunir les manchons de la charrue. R. it. *setone.*

1. Seu, s. m. : seuil. R. *solium.*

2. Seu, s. f. : sœur. *Bouone seu :* religieuse. R. *soror.*

3. Seu, a. : seul. Cf. *sou.* R. *solus.*

Seū, s. m. : sureau (*Sambucus nigra*). R. *sabucus.*

D. *Seūqu(i)é,* s. m. : canal de la chantepleure.

Seule, s. f. : appartement où les marins déposent leurs filets (Port-en-Bessin). R. *solia.*

Seūr, a. : sûr. *Par seūr :* certainement. R. *securus.*

D. *Seūrté,* s. f. : sûreté.

Sézante, a. : soixante. R. *sexaginta.*

Sĕzi, v. a. : saisir. R. *sacire, de l'a. h. a. *sazjan.*

Si, s. m. : 1° suint, v. *sinté;* 2° suif, v. *sieu.*

Sid(r)e, s. m. : cidre. *Side dur :* cidre qui a perdu son principe sucré et alcoolique. *Side grāsieu :* cidre agréable au goût. R. *sicera.*

Sie, s. f. : suie. R. ag. s. *sōtig* (ang. *sooty*) de *sōt.*

Sié, v. a. : scier. R. *secare.*

D. *Sieū,* s. m. : scieur. *Sieū d'lōn.*

Sieūre, s. f. : sciure. Cf. *froue.*

Siée, a. : six. R. *sex.*

Sieu, s. m. : suif. R. *sebum.*

Sieū, v. : suis. R. *sum.* V. p. 32.

Sieūre, v. a. : suivre. R. *sequere.*

D. *Sieute,* s. f. : suite.

Siin, a. : sien. *L'siin :* celui. *L'siin a :* celui de. Cf. *Rom.* VI, 134. R. *suus.*

Simion, s. m. : Siméon. R. *Simeonem.*

Siné, v. a. : signer. R. *signare.* Cf. *sène.*

Sinté, v. n. : suinter. R. n. *sveita.* ag. s. *svaetan* (suer).

Sinti, v. n. : faiblir, diminuer, cesser.

Sio, s. m. : sceau. R. *sitellus.*

D. *Siotée,* s. f. : plein un seau.

Sion, s. m. : coup. *T'érā du sion :* tu seras battu. R. *secare.*

D. *Sioné,* v. a. : battre, rouer de coups.

Sionée, s. f. : volée de coups.

Sīsé, s. m. : ciseau. pl. *sīsiā*.

Sīs'rin, s. m. : petite linotte (*Fringilla linaria*). R. m. h. a. *zīsel*.

*Sivéle, s. f. : ceinture en cuir à laquelle est attaché le *biho* des faucheurs. R. cf. it. *civéa*.

*Siyé, v. a. : remuer ou baisser les cils. *Sān siyé*. R. *cilium*.

Siyon, s. m. : sillon. R. n. *sila*.

Sō, sōle, s. m. : saule. Cf. *sā*. R. a. h. a. *salaha*.

D. *Sōlée*, s. f. : saussaie.

Sōf'qu(i)é, s. m. : psautier. Cf. *sōme*.

Sōgné, s. m. : marchand de sel, *saunier*. R. *salinarius*.

D. *Sōgnère*, s. f. : boîte au sel.

Sogome, s. f. : méduse (Port-en-Bessin). Cf. *sagōne*.

Sōje, s. f. : sauge. *M'nue sōje* ou *sōse* : sauge officinale (*Salvia officinalis*). R. *salvia*.

Solé, soulé, s. m. : soleil. R. **soliculus*.

1. Sōlé, souōlé, v. n. : avoir coutume. R. *solēre*.

2. Sōlé, souōlé, v. a. : enivrer. *S'sōlé*, *s'souōlé* : s'enivrer. R. *satullus*. Cf. *sā*.

D. *Sōlar*, *souōlar*, s. m. : ivrogne.

Souōlardize, s. f. : ivrognerie.

Solié, s. m. : grenier, plancher. R. **solarium*.

Sōme, s. m. : psaume. R. *psalmus*.

Somé, somel, s. m. : sommeil. R. **somniculus*.

Somié, s. m. : poutre. R. **salma* pour *sagma*.

Sōrin, s. m. : nom à Grancamp d'une espèce de poisson appelé aussi carpe de mer[1]. R. m. h. a. *sōr*, nl. *soor* (desséché).

Soqué, s. m. : espèce de seiche (*Sepiola Rondeletii*). R. *soccus*.

Soroūée, s. m. : 1° sud-ouest (v. *surouée*); 2° chapeau en toile huilée dont les marins se servent en temps de pluie (Port-en-Bessin). R. *sud* + *west*.

*Sorsiléje, s. m. : sortilège. R. **sortilegium*.

*Sōsé, v. a. : saucer, mouiller. *Il a été sōsé*. R. *salsa*.

D. *Sōsée*, s. f. : averse.

Sōsié, s. m. : saucière.

Sōté, v. n.-a. : sauter, saillir, en parlant des petits animaux, comme les lapins. R. *saltare*.

D. *Sōtée*, s. f. : saillie, portée.

Sōt'lico, s. m. : criquet, grillon, crevette grise (Isigny).

Sōt'licoté, v. n. : sautiller.

Sōtico (Cotentin), s. m. : crevette grise. Cf. *crévuche* et *sauterelle* Cotgr.

Sōtrole, s. f. : engin pour prendre les oiseaux, composé d'un nœud coulant en crin et d'une baguette recourbée qui se redresse brusquement quand le nœud se détend.

[1] N'ayant vu ce poisson qu'une fois, j'avais supposé que ce pouvait être le *saurel* (*Caranx trachurus*); un marin de Port vient de m'apprendre (17 août 1880) que c'est le labre tacheté. V. *vra*.

Sotize, s. f. : injure. R. *sottus de l'héb. schoteh (stultus).

D. *Sotizié*, s. m. : diseur d'injures, insulteur.

Sou, a. : seul. V. *seu* 3.

Soube, soue, s. f. : rut de la truie. R. *sus*.

Souéfé, v. n. : boire comme un ivrogne. R. a. *saufen*.

D. *Souéfar*, s. m. : ivrogne.

Souéte, s. f. : maison sale ou en ruine, cahute, étable à porcs. *Il ée cachi dãn sa souéte*. R. *sus*.

Souin, s. m. : 1° homme sale. *Vieũ souin*. 2° rut de la truie. R. *sus*.

Souiné, v. n. : s'accoupler, en parlant du verrat.

Soulé, s. m. : soulier. pl. *souli*. R. **solarium*.

Souõ, prép. : sous. R. *subtus*.

Souõr, a. : sourd. R. *surdus*.

D. *Souordêne*, s. f. : sourdine.

Souõrde, v. n. : sourdre. R. *surgere*.

D. *Souõrse*, s. f. : source.

Souorsin, s. m. : source faible et intermittente.

1. Souõri, v. n. : sourire. R. *subridĕre*.

2. Souõri, s. f. : souris. *Souõri d'mé* : œufs de raie. — *Tétin d'souõri* : orpin blanc (*Sedum album*). R. *soricem*.

Souorsi, s. m. : sourcil. R. *supercilium*.

D. *Souõrsiyé*, v. n. : sourciller.

1. Sousi, s. m. : sourcil. R. *supercilium*.

2. Sousi, s. m. : nom des fosses dans lesquelles se perd l'Aure. R. **sorpsus*. Cf. *Rom*. VI, 148 et 436.

Souõyé, v. a. : souiller, salir. R. *suillus*.

D. *Souõyon*, s. m. : souillon.

Sourgué, v. r. : surprendre.

D. *Sourguéte*, s. f. : cachette; piège à mulots.

Sout'ni, v. a. : soutenir. p. p. *soutin*. R. **sustinire*.

D. *Sout'nãbe*, a. : soutenable.

Souton, a. : sournois. R. *subtus*. Cf. la locution *ête an d'souõ* : manquer de franchise.

Souv'ni, v.-s. m. : souvenir. R. *subvenire*.

Souvidé, v. a. : ôter le trop plein d'un vase. R. *sub*+*viduus*.

Spésiõté, s. f. : particularité, chose remarquable. *Par spésiõté* : par extraordinaire. R. **specialitatem*.

St', sté, a. : cet, cette. R. *ecce*+*iste*.

D. *Stéchin*, *stéla*, a. f. : celle-ci, celle-là.

Stichin, *stila*, a. m. : celui-ci, celui-là.

1. Su, a. : ce. *Su bétã-la*. V. *s'*.

2. Su, prép. : sur. R. *super*.

Subou, adv. : debout (sur le bout). R. *super*+fr. *bout*.

Sué, v. n.-a. : suer, subir une chose. *I fõ la sué* : il faut en passer par là. R. *sudare*.

D. *Suée*, s. f. : averse, volée de coups.

SUMÉ, v. a. : semer. R. *sem(in)are*.

D. **Sumanse*, +*sumanche*, s. f. : semence.

Sumoū, s. m. : semeur, tablier de semeur, semoir.

SUMÉLE, s. f. : semelle. R. *sumella* pour *subella* de *suber*. Cf. *Rom.* III, 158.

SUPÉ, v. a. : humer, avaler d'un trait. *Supé un euf.* R. n. *súpa*, ag. s. *sūpan* : *id.*

SUR, a. : acide. *Érbe sure* : canche gazonnante (*Aira cæspitosa*). R. ag. s. *sūr*, n. *súrr*, a. *sauer*.

D. *Suré*, s. m. : pommier non greffé.

+*Sur'qu(i)ére*, s, f. : pépinière de *surets*.

Suréle, s. f. : oseille (*Rumex acetosa*). — *P'tite suréle* : petite oseille (*Rumex acetosella*). Cf. ang. *sorrel*.

Suri, v. n. : aigrir, tourner à l'aigre.

Suranjie, s. f. pl., *surinée*, s. m. pl. : rapports aigres de l'estomac.

SURBEU, a. : qui a trop bu. R. *sur*+*beu*.

SURCONÉTE, v. a. : connaître de vue. R. *sur*+*conéte*.

SURCOUÉ, v. a. : couper la queue. R. *super*+*cauda*.

SU(R)ÉE, s. m. : sud-est. R. a. *sud*+*ost*.

SURFOUÉE, s. m. : surfaix, bande de cuir munie de deux boucles dans lesquelles s'engagent les bras de la charrette et qui repose sur la selle. R. *super*+*fascis*.

SURJÉ, s. m. : couture rabattue. R. *super*+*jactus*.

SURO, s. m. : tumeur du paturon des chevaux. R. (?) ag. s. *sur*.

SUROUÉE, SOROUÉE, s. m. : sud-ouest. R. a. *sud*+*west*.

SURPRANDE, v. a. : surprendre. R. *super*+*prehendere*.

D. *Surprinse*, s. f. : surprise.

SURVÉLE, s. f. : avant-veille. R. *super*+**vigilia*.

SUZON, s. f. : diminutif péjoratif de Suzanne.

T

TÂBE, s. f. : table. R. *tabula*.

D. *Tabllé*, v. n. : rester à table. — *S'tabllé* : se mettre à table.

TABÉLIÉ, s. m. : tablier. R. *tabellarius*.

TAC, s. m. : 1° maladie contagieuse. *Il an meur come du tac.* 2° chenille du sphinx tête de mort (*Sphinx atropos*). R. *tactus*.

*TÂCHIÉ, v. n. : tâcher. V. *tâque*.

D. *Tâch'ron*, s. m. : ouvrier qui travaille à tâche.

TAF, s. m. : peur. *Il a l'taf.*

TAF'TINÉ, v. n. : marchander. R. (?) pers. *tāftah*.

D. *Taf'tineū*, *taf'tinoū*, s. m. : qui marchande.

TAGNE, s. f. : teigne. R. *tinea*.

D. *Tagneū*, s. m. : teigneux.

TĀYÉ, v. a. : tailler. R. *taleare.*

D. *Tāyān,* s. m. : instrument tranchant.

Tāle, Tāye, s. f. : taille. A Bayeux, espèce de baguette double formée des deux moitiés d'un bâton et sur laquelle les boulangers marquent par des entailles les pains livrés à leurs clients.

TALBO, s. m. : noir de fumée mélangé de graisse qui s'attache aux marmites, etc.

D. *Talboté,* v. a. : noircir, couvrir de *talbo.*

1. TAN, a. : ton. R. *tuum.*

2. TAN, s. m. : taon. R. *tabanus.*

TĀN, adv. : tant. *Tān a tān :* quitte à quitte, au *prorata.* — *Tān qu'a :* quant à. R. *tantum.*

D. *Tantiné,* adv. : peu. *Un tantiné.*

1. TANDE, a. : tendre. R. *tenerum.*

2. TANDE, v. a. : tendre. R. *tendere.*

TANPLE, s. m. : tempe. R. *tempora.*

1. † TANQUE, s. f. : tanche. R. *tinca.*

2. TANQUE, TANGUE, s. f. : alluvions mêlées de sable de l'embouchure de l'Esque et de la Vire. R. n. *thang*, ang. dan. *tang*, suéd. *tång* (fucus). Cf. *Rom.* IX, 303.

*TANTALIQUE, a. : cantharide. *Mōque tantalique.*

TANTOUŌYÉ, v. a. : traîner dans la fange.

D. *Tantouāje,* s. m. : barbouillage.

TAPÉ, v. a. : frapper, jeter de travers. R. b. a. *tappe* (patte).

D. *Tapée,* s. f. : grande quantité.

Tapiné, v. a.-n. : frapper à coups petits et répétés.

TAPONÉ, v. a. : donner de petits coups en particulier sur la tête. R. Quant à la forme, *tapon* (s. *tapp*); quant au sens, a. *tappe*, par suite de la confusion de ce mot avec *tapoter.*

TĀQUE, s. f. : tâche. *Travāyé a tāque.* R. **tasca* (*taxa*).

TAQUE, s. f. : tache. Cf. pr. *taca.* R. c. *tac.*

D. *Taqu(i)é,* v. a. : tacher. Cf. pr. *tacar.*

Taqué, s. m. : petit emplâtre, petite plaque en fer.

Téque, s. f. : balle à jouer. Cf. (Éd. Dum.) *taque :* pelote.

TARABUSQUIÉ, v. a. : tarabuster. R. Pour *tabuster.*

TARÉ, v. a. : mesurer, calculer la contenance d'un vase, le volume d'un corps d'après ses dimensions extérieures. R. ar. *tarha* (déchet).

D. *Tareū, taroū,* s. m. : mesureur.

TARJIÉ, TĔRJIÉ, v. n. : tarder. R. **tardicare.*

TARLARIGO (a), loc. adv. : en abondance. R. *a tire le rigot* (ceinture). Cf. *Rom.* VIII, 100.

TĀ, s. m. : 1° tas, en particulier de blé; 2° v. *tac.* R. nl. *tas.*

D. *Tāsé,* v. a. : mettre le blé en tas, presser.

Tāsé, s. m. : 1° tasseau; 2° partie de la charrue.

Tās'rie, s. f. : partie de la grange où l'on *tasse* les gerbes, etc.

Tāse, tāsée, s. f. : touffes de plantes. *Eune tāse d'eūyée :* une touffe d'œillets. R. ar. *tassah* (bassin).

Tatān, s. f. : tante (terme enfantin).

Tāté, v. a. : tâter. *A tātōn :* sans y voir, en tâtant. R. a. *tasten.*

D. *Tātiné*, v. n. : chercher à tâter.

Tāton, s. m. : lambin, homme lent et hésitant.

Tātiyon, s. m. : homme méticuleux.

Tav'lé, v. a. : tacheter. R. *tavellare* (paver) de *tavella* pour *tabula.*

D. *Tav'leure*, s. f. : taches éparses, masque de femme enceinte.

1. Tcheu, s. m. : cuir. R. *corium.*

2. Tcheu, a. : cuit. R. *coctus.*

Tcheū, prép. : chez. V. *qu(i)eū.* R. *casis.*

Tcheule, s. f. : tuile, poêle. V. *quieule.* R. *tegula.*

Tcheure, v. a. : cuire. R. *coquere.*

Tch(e)uro, s. m. : séton. V. *curo.*

Tcheuse, s. f. : cuisse. R. *coxa.*

Tcheūzĕ́ne, s. f. : cuisine. R. *coquina.*

D. *Tcheūzignĕ́re*, s. f. : cuisinière.

Tchĕ́vre, s. f. : chèvre. R. *capra.*

Tchié, v. n. : *cacare.*

D. *Tchiase*, s. f. : excréments de mouche, etc.

Tchin, s. m. : chien, pièce de bois qui sert à emmancher le soc. *Tchin d'mé :* espèce de squale gris. V. *quin* 1. R. *canis.*

D. *Tchĕ́ne*, s. f. : chienne.

Tchiéné, *tchiĕ́n'té*, v. n. : faire ses petits, en parlant d'une chienne.

Tchu, s. m. : *culus. Fĕ́re tchu :* reculer. — *Tchu bllan :* motteux (*Motacilla œnanthe*).

D. *Tchulé*, v. n. : reculer. Cf. *culé.*

Tchulote, s. f. : culotte.

Tchuloté, v. a. : culotter.

Tchunbllé, s. m. : cabriole. V. *cunbllé.*

D. *Tchunblloté*, v. n. : faire des cabrioles.

Tchure, s. f. : cure. R. *cura.*

D. *Tchuré*, s. m. : curé.

Tchuré, v. a. : curer, écurer, vider. R. *curare.*

D. *Tchurāje*, s. m. : curage.

Tchuve, s. f. : cuve. R. *cupa.*

Té, pr. : toi. R. *tē.*

Tée, s. m. : têt, tesson. R. **testum* (argile).

Tĕ́e, tĕ́e, cri pour appeler les chiens.

Tĕ́gllé, v. n. : avoir des accès de toux. R. **tussiclare.*

*Télaspi, s. m. : thlaspi.

Téle, s. f. : toile. R. **tēla.*

D. *Télié*, *tllié*, *tli* (Bocage), s. m. : tisserand.

T'ni, v. a. : tenir. p. p. *tnu.* R. **tenire.*

D. *Tênue*, s. f. : renouée des oiseaux (*Polygonum aviculare*).

Téqu(i)é, v. n. : tousser. Cf. *tèglle*. R. **tussicare*.

Térf, s. m. : chapeau.

Térène, s. f. : pot de terre en forme de tronc de cône renversé, dont on se sert pour mettre le lait, etc., terrine. R. *terra*.

D. *Tériné*, s. m. : 1° petite terrine. 2° nom du *bélin* à Vierville.

Térinée, s. f. : espèce de flan cuit au four et fait avec du lait et des œufs.

Térière, s. f. : tarière. R. *taratrum*.

Térin, s. m. : tarin (*Fringilla spinus*). R. *te(ne)rum*.

Térjié, v. n. : tarder. V. *tarjié*.

Térjoū, adv. : toujours. R. *trans*+*diurnos*.

Térmé, v. n.-a. : prendre terme, convenir, arranger. R. *term(in)are*.

Tértoū, a. : tous. R. *trans*+*totos*.

Téruie, s. f. : truie. V. *treue*. R. *troja*.

Tête, s. f. : tête. *La tête li hōche* : il devient fou. R. *testa*.

D. + *Tête d'āne* : centaurée (*Centaurea nigra* et *nigrescens*).

+ *Tête d'ca* : nom du *Dactylis glomerata*.

Tête d'lou : scabieuse des prés (*Scabiosa succisa*).

Tête d'oriyé : taie d'oreiller.

Têqu(i)ère, s. f. : espèce de capuchon qu'on met sur la tête des chevaux, *licol* pour les vaches.

Têtar, s. m. : arbre dont la tête a été coupée; têtard.

Tété, s. m. : sein. R. a. s. *tite* (mamelle).

D. *Téteū*, *téton*, s. m. : enfant qui aime à teter.

Tétin, s. m. : sein, objet en forme de sein. *Tétin d'souōri* : orpin blanc.

Teūgu(i)é, teūqu(i)é, v. n. : avoir des accès de toux. V. *téqu(i)é*.

Teurd(r)e, v. a. : tordre. p. p. *teūr*. R. *torquere*.

Teurgoule, s. f. : *térinée* (canton de Balleroy). R. *teur*+*goule*.

Teurqu(i)é, v. a. : tordre. R. **torquare*.

D. *Teurque*, s. f. : lien en paille ou en foin tordus, dont on se sert pour attacher quelque chose, conduire un animal, etc.

Teurqué, s. m. : manche de fouet fait de branches de saule tordues et entrelacées.

Teurquéte, s. f. : pain en forme de couronne.

Téyé, v. a. : enlever la partie filamenteuse du chanvre. R. *tilia*.

Tézi tézān, loc. adv. : assez bien, doucement.

Ti : particule formée de la contraction de *t* et de *il* avec chute de l'*l* de ce dernier mot, et employée comme sujet pléonastique et interrogatif de la première personne. *J'iré-ti* : irai-je? Cf. *Rom.* VI, 133.

Tic, s. m. : 1° *id.*; 2° impair. *J'ān é yun d' tic*. R. 1° ag. s. *ticcen* (chevreau); 2° (?).

D. *Ticar*, s. m. animal (vache, veau) qui a un défaut, un *tic*, par exemple celui de brouter les pommiers, de passer d'un herbage dans un autre.

TIGNACHE, s. f. : chevelure épaisse et en désordre. R. *tinea*.

TILE, s. f. : tille (de charpentier). R. n. *telgja* (couper).

TINE, s. f. : espèce de pot de terre à forme évasée. R. *tina*.

D. *Tinéte*, s. f. : petite *tine*.

TĪNTÉ, v. n. : sonner par coups isolés. R. *tinnitare*.

D. *Tīn*, s. m. : coup de cloche isolé. *Lé dĕrgnée tīn*.

Tintréle, s. f. : clochette du carillon de la cathédrale de Bayeux.

Tintouin, s. m. : caprice, manie, coup de tête.

TIŌ, TIŌ : exclamation pour appeler les pourceaux. R. Pour *p'tiō*. Cf. *qu(i)ō*.

TIPONÉ, v. a. : attifer avec recherche. R. n. *typpi*, b. a. *tipp*.

TIRÉ, v. a. : tirer, ôter, traire. *Tir' té d' la* : ôte-toi de là. — *Tiré o ceur* : vomir. R. got. *tairan*, nl. *tēren*.

D. *Tirān*, s. m. pl. : rayons qui environnent le soleil couchant et présagent la pluie.

Tire, s. f. : tendons de la viande, en particulier le ligament cervical.

Tirée, s. f. : écoulement d'une marchandise, chemin.

TONBE, s. f. : nom qu'on donne, à Port-en-Bessin, à une espèce de trigle de couleur grisâtre ou violacée (*Trigla hirundo*) appelée *guédé* à Grancamp.

TOQU(I)É, 1° v. a.-n. : frapper avec la tête, en parlant d'un bélier. *I toque. I va t' toqu(i)é.* — 2° v. n. : monter à la tête, en parlant d'un breuvage spiritueux. R. got. *tēkan*, a. h. a. *zuchōn*.

D. *Tocar*, s. m.-a. : animal qui toque, cidre qui porte à la tête.

TORCHIÉ, v. a. : torcher, essuyer. *S'torchié* : ne rien avoir. R. *tortiare.

D. *Torchon*, s. m. : *id. Marie torchon* : femme sale et malpropre.

Torchéte, s. f. : torchon de paille. *Nét' come torchéte* : clair, évident.

TORE, s. f. vache stérile. R. *taura*.

TORÉ, s. m. : 1° taureau; 2° criocère du lis (*Crioceris merdigera*). R. *taurellus.

TORGNOLE, s. f. : soufflet. V. *touorné*.

TORJOŪ, adv. : toujours. R. *tor* pour *tou* (*totos*) ou *ter*(*trans*), et *joū* (*diurnos*). Cf. *tĕrjoū*.

TORQU(I)É, v. a. : tordre. V. *teurqu(i)é*.

TŌTON, s. m. : trognon de chou. R. (?) *totum*.

D. *Tōtoné*, s. m. : espèce de pomme à cidre.

TOU, a. : tout. *Come tou* : beaucoup. *Il ĕe joli come tou*. R. *totus*.

*TOUCHIÉ, v. a.-n. : 1° toucher. *Touchié l' cāré* ou *cāro* [1]. 2° frapper. *Touche d'su*. Cf. *toqu(i)é*. R. got. *tēkan*, a. h. a. *zuchōn*.

[1] Quand on a la pierre, on va trouver le sorcier, qui pose les mains sur l'endroit malade, en récitant certaines paroles magiques: c'est ce qui s'appelle *touch(i)é l' cāré*.

Touêno, s. m. : diminutif d'Antoine.

D. *Touênon, touênéte*, s. f. : abréviation d'Antoinette.

Touin, s. m. : saligaud, surnom donné, dans les cantons d'Isigny et de Trévières, aux habitants de la Manche. Cf. *pétouin*.

Touné, s. m. : tonneau. R. **tonellus*.

Tounère, s. m. : tonnerre. R. *tonitru*.

Touō, s. f. : toux. R. *tussis*.

D. *Touōsé*, v. n. : tousser.

Touōsāyé, v. n. : tousser de temps à autre.

Touōsolé, v. n. : avoir une toux faible, mais fréquente.

Touo, touōr, s. f. : tour. R. *turris*.

Touōné, v. n. : tourner, aller de côté et d'autre, rôder. R. *tornare*.

D. *Touōgné*, v. n. : rôder, perdre son temps à flâner.

Touōgné, touōnoū, s. m. : rôdeur, flâneur.

Touō(r)nīrése, s. f. : flâneuse, rôdeuse.

Touorman, s. m. : tourment, importun. R. *tormentum*.

D. *Touormanté*, v. n. : tourmenter.

Touorné, v. a. : tourner. Cf. *touōné*. R. *tornare*.

D. *Touōr, touo*, s. m. : tour.

Touornée, s. f. : tournée.

Touornéte, s. f. : espèce de spatule en bois ou en fer qui sert à tourner la *galéte*.

Touorneū, touornoū; s. m. : tourneur, +rouet.

Touorn'rése, s. f. : tourneuse, qui tourne. Nom d'une des fosses du *Sousi*.

Touorte, s. f. : tourte, pain de 6 kilogrammes. R. *torta*.

D. *Touorté*, s. m. : tourteau, reste d'une tourte. Cf. *canté*.

Touortéréle, s. f. : tourterelle. R. **turturella*.

Touortiyé, v. n. : tortiller. R. **torticulare*.

*Tou(o)rto, s. m. : crabe. V. *grape franche*. R. *touorte*.

Toupin, s. m. : petite toupie; homme qui est toujours en l'air. R. a. s. *top*.

D. *Toupiné*, v. n. : tourner sur soi-même comme une toupie, rôder de tous côtés [1].

[1] Dans le Bessin on ne fouette pas les *toupies*, on les *fait dire* uniquement à l'aide d'une corde que l'on enroule dessus; cette corde, serrée fortement, par une de ses extrémités, qui est effilée, contre la pointe en fer ou *pignon* de la toupie, est retenue à la main par une espèce d'anneau fait au moyen d'un nœud à l'autre extrémité; quand la corde est enroulée, on passe cet anneau dans le doigt du milieu de la main droite et on *abat, apiéje* ou *apije* la toupie, le pignon contre terre. Il y a, d'ailleurs, trois espèces particulières de jeux de toupie : le *rōn*, le *jib* et la *bijūde*. Pour jouer au *rōn*, on trace deux cercles concentriques, dont l'un a un rayon quadruple ou quintuple de l'autre. Des bords du grand cercle, les joueurs *abattent* leur toupie dans le petit; toute toupie qui tombe en dehors de celui-ci ou ne sort pas du grand cercle est *prise* et placée au centre pour qu'on *apiéje* dessus; elle n'est *délivrée* qu'autant qu'un joueur, en la frappant de sa toupie, la fait sortir du grand *rōn*. On joue au *jib* de la manière suivante. On trace avec le

Touqu(i)é, v. a. : toucher. V. *touchié* et *toqu(i)é*.

Toutōn, s. m. : oncle (terme enfantin).

Tou(ō)zé, v. n. : tondre. p. p. *touzé* : qui a les cheveux coupés ras. R. *tu(n)sare*.

D. *Toūzeū, touōzeū*, s. m. : tondeur.

Trac, s. m. : 1° mauvaise allure du cheval; 2° peur. *Avé l'trac*. R. nl. *trek*. Cf. ang. *track*.

D. **Tracnasé*, v. n. : trotter de travers.

Trachié, v. a. : chercher. *I trache san pin* : il est à la mendicité. R. **tractiare*.

D. *Trachoū*, s. m. : qui cherche. *Trachoū d'pin* : mendiant.

*Trāda, s. m. : prorata. *O trāda*.

Tran, s. m. : pis de la vache. R. Pour *tiran*, v. *tiré*.

Tranbllé, v. n. : trembler. R. **tremulare*.

D. *Tranbllēman, tranbél'man*, s. m. : tremblement, grande quantité. *Y an a un tranbllēman*.

Tranbllērie, s. f. : poltronnerie.

Tranblleū, s. m. : trembleur.

*Tranchié, v. a. : trancher. R. (?) *truncare*.

D. *Tranchée, tranchie*, s. f. : colique.

Tranpé, v. a. : tremper. R. **trempare* pour *temperare*.

D. *Tranpe, tranpée*, s. f. : volée de coups.

Tranpée, tranpéte, s. f. : pain trempé dans du cidre. *Fêre eune tranpéte*.

Trape, s. f. : lignes réunies ensemble (Port). R. a. h. a. *trapo*.

Travāyé, v. n.-a. : travailler. R. **trabaculum*.

D. *Traval*, s. m. : travail.

Travāyan, a. : laborieux.

Travāyoū, s. m. : travailleur.

Travĕqué, v. n. : chanceler. R. *trans* + *via*.

† Trédame, s. f. : ancre de salut (à Port d'après Pluquet).

pignon d'une toupie une ligne droite limitée à ses extrémités par deux traits perpendiculaires; on *espéque* en abattant sur cette ligne; la toupie qui est abattue le plus loin est considérée comme *prise* et placée au milieu de la ligne et chaque joueur *apiéje* dessus; celui qui la manque voit sa toupie prise à son tour si le premier vaincu parvient, en enroulant sa corde autour, à l'enlever de terre pendant qu'elle *dit* encore ou est *vivante* et à la recevoir dans sa main; s'il la reçoit vivante, c'est le *jib vivān*; si, au contraire, il la reçoit *morte* ou alors qu'elle ne *dit* plus, c'est le *jib mor*. Voici maintenant en quoi consiste le jeu de *bijude*. On creuse d'abord un *po* ou trou, contre lequel on met un gros caillou, puis d'un *pec* convenu les joueurs jettent leur toupie dans le *po*, comme on le fait au jeu de noix. La toupie qui est la plus éloignée du *po* est *prise*, et on la lance le plus loin possible de la *bijude* ou du *po*; chaque joueur vient alors *abattre* dessus; celui qui la manque doit prendre vivante sa toupie dans la main, puis la poser, toujours vivante, à côté de la *prise*, et, d'un coup de main, choquer celle-ci avec la sienne de manière à rapprocher la première du *po*. La toupie qui meurt avant que le choc ait été donné est mise à la place de la prise. On continue ainsi jusqu'à ce que la dernière prise ait été poussée dans le trou; on l'en retire alors, et chaque joueur, prenant successivement la pierre de la *bijude*, frappe trois fois dessus, afin de la casser.

Trée, a. : trois. R. *tres*[1].

Trĕfe, s. m. : trèfle, en particulier le trèfle des prés (*Trifolium pratense*). *P'ti trĕfe :* trèfle blanc (*Trifolium repens*). — *Trĕfe d'Espagne :* trèfle incarnat (*Trifolium incarnatum*). R. *trifolium*.

Trémal, s. m. : tramail. R. *tremaculum*.

Tréménе (Bocage), s. f. : trèfle des prés (*Trifolium pratense*).

† Trémeur, s. f. : tremblement, effroi. R. *tremorem*.

Trémone, s. f. : nom de la grosse cloche de la cathédrale de Bayeux. R. *tremere*.

Trĕné, v. a. : trainer, lambiner. R. *train* de *trĕre*.

D. *Trĕn'rie*, s. f. : trainage, lambinerie.

Trĕnoū, s. m. : traineur.

Trĕnache, s. f. : renouée des oiseaux (*Polygonum aviculare*).

Trĕre, v. a. : traire. R. **tragere*.

D. *Tréte*, s. f. : quantité de lait que donne une vache en une fois.

Trési, v. n. : frémir, tressaillir.

Treue, true, s. f. : truie, femme sale. *Vieule true*. R. *troja*.

D. *Treūlé*, v. n. : pousser un rot prolongé.

† *Treūlié*, s. m. : qui *treūle*.

Trĕze, a. : treize. R. *tredecim*.

D. *Trézé*, *trĕz'lé*, s. m. : tas composé de dix gerbes.

Trĕzon, 1° s. f. : trahison; 2° s. m. : câlin. R. *traditionem*.

D. *Trĕzoné*, v. n. : chercher à séduire par de fausses caresses.

Trіã, s. m. : embarras.

Triboulé, a. : se dit des bas mal tirés ou qui retombent sur les talons. R. *tribulare*.

Trichié, v. a. : tricher. R. m. h. a. *trĕchen*.

D. *Tricheū*, *trichoū*, s. m. : tricheur.

Triére, triée, s. m. : tarière. R. *taratrum*.

Trignac, s. m. : ancienne pièce de monnaie de la valeur de douze centimes et demi ou six *blancs*, attribuée à un faux-monnayeur du nom de Trignac; c'était un *sou marqué* portant un C.

Tripe, s. f. : panse, entrailles d'un animal, femme grosse et sale. *Vieule tripe*. R. ar. *therb* (membrane intestinale).

D. *Tripée*, s. f. : plein la panse, portée d'un animal.

Tripéte, s. f. : petite tripe. *N' pã valé tripéte :* être sans aucune espèce de valeur.

Tripié, s. m. : marchand de tripes.

Tripié, s. m. : 1° trépied; 2° étoile de mer (Arromanches). R. *tripedem*.

Tripoqu(i)é, s. m. : brouillon, *tripotier*.

Tronpe, s.-v. f. : erreur. R. *tromper*.

Troté, v. n. : trotter. *Fĕre troté :* faire aller. R. **tolutare*.

D. *Trote*, s. f. : distance. *Ya eune bone trote d'ichin*.

Troteū, s. m. : (cheval) trotteur, qui trotte bien. *Eune bone troteūze*.

[1] Au lieu de *trée*, on dit *troie* dans le mot *troie pĭ* ou *piée* : trépied.

TROUPE, s. f. : troupeau, en particulier de moutons. *I yée v'nu d'aveuc sa troupe.* R. **troppus* dérivé du got. *thaurp*, nor. *thorp* (village), norv. et suéd. *torp* (foule et troupeau). Cf. *Rom.* I, 490.

TROUS'LÉ, s. m. : bouquet de noix, de cerises, etc. R. c. *trus* (paquet). Cf. n.-ang. *truss*, pr. *trossa.*

TRŪBLLE, s. m. : bêche dont la partie supérieure est en bois. R. **tribulum.*

TRUTÉ, v. n. : se cailler, en parlant du lait. *Lé truté :* lait caillé. R. *tructa* (?).

T'TALEURE, loc. adv. : tout à l'heure.

TU : exclamation de surprise ou de mépris. *Tu! qu'ēe qui fé ileu?* Cf. *quin* 3. R. *tu.*

TUÉ (s'), v. r. : perdre son piquant et noircir, en parlant du cidre éventé. R. **tutare.*

*TUILE, s. f. : poêle plate qui sert à faire la galette, etc. V. *tcheule.*

D. *Tuilée*, s. f. : plein la *tuile.*

TUNBÉ, v. n. : tomber. R. n. *tumba.*

D. *Tunbée*, s. f. : chute. *A la tunbée d' la gneu.*

TURLURE, s. f. : refrain habituel, répétition des mêmes choses. *Ch'ēe torjoū la même turlure.* Cf. *lure.*

D. *Turluréte*, s. f. : *id. Turluréte é turluro :* espèce de refrain.

TURLUTU, 1° refrain. *Turlutu, capé d'fétu.* 2° s. m. : chose ou être bizarre. *Qué qu'chēe quë s'turlutu la?* R. Onomatopée.

TURNE, s. f. : masure. *Vieule turne :* vieille masure. R. n. *turn* (tour).

TUTÉYÉ, v. a. : tutoyer. *Tu l'tutēe biin.* R. *tu+te.*

U

Ū, s. m. : œil. *Il a ma o-z ū.* R. *oculus.*

*UJĒNE, n. pr. : Eugène. De même on dit avec *u* pour *eu : Urope, Ufrasie*, etc.

*URSÉLĒNE, s. f. : Ursuline.

Ū(s) (Lison), s. m. : porte, *huis. Beurgué l'ū.* R. *ostium.*

USĀJE, s. m. : usage, bonnes manières. *Il a d'l'usāje.* R. **usaticum.*

D. *Usajé, usaji*, a. : usité, accoutumé, qui a du savoir-vivre.

V

VĀ, s. m. : val. R. *vallis.*

VACA, s. m. : jachère. *Tēre an vaca :* champ inculte ou en friche.

Vacābon, s. m. : *vagabond.* R. *vagabundus.*

D. *Vacabondé,* v. n. : vagabonder.

Vachico, s. m. : eau agitée, barbotage. R. Diminutif, formé à l'aide du suffixe *cot*, d'un verbe *vaché* (Cf. v. fr. *vaschier*), dér. de l'ag. s. *vascan* (laver).

D. *Vachicoté,* v. n. : agiter l'eau, barboter.

Vachicotāje, s. m. : action d'agiter l'eau.

Vacho, s. m. : filet à crevettes (Port-en-Bessin). Cf. *bacho.*

*Vachote, s. f. : 1° coccinelle ou bête au bon Dieu; 2° nom de l'*Arum vulgare.* V. *vaque.*

Vāle, s. f. : gaule. R. got. *walus,* fris. *walu* (*id.*).

Valé, v. a. : valoir. *Fère valé :* cultiver une terre, faire le métier de laboureur. R. *valēre.*

Van, s. m. : haleine. *Prande, pĕrde van :* reprendre, perdre haleine. R. *ventus.*

Vande, v. a. : vendre. R. *vendere.*

D. *Vandue,* s. f. : vente.

Vandĕrdi, s. m. : vendredi. R. *Veneris dies.*

Vané, s. m. : vanneau. R. **vannellus.*

Vanjié, v. a. : venger. R. *vindicare.*

Vant(r)e, s. m. : ventre. *Ête for su san vant(r)e :* être gourmand. R. *ventrum.*

D. *Vantriyōn* (*a*), loc. adv. : à plat ventre.

Vanupī, s. m. : va-nu-pieds, misérable. R. *vade nudos pedes.*

Vaque, s. f. : vache. R. *vacca.*

D. *Vaquéte,* s. f. : 1° petite vache. 2° nom de l'*Arum vulgare.*

Vaqu'rie, s. f. : vacherie, vaches qui se trouvent dans une ferme.

Vāquée, vāquie, s. f. : soupe trop claire, mets trop cuit et qui s'en va en bouillie. V. *dévrāqu(i)é.*

Varé, s. m. : jachère, *guéret.* R. *ver(v)actum.*

D. *Varté,* v. n. : donner un premier labour à un champ.

Varibo, s. m. : bourbe, boue claire, appelée *varpo*, d'après Decorde, dans le pays de Bray, et *varvo* à Cherbourg. R. n. *varra* (eau) ou *varri* (lymphe) + suff. *bo*(*t*).

D. *Varvoté,* v. n. : barboter[1].

Varivarā, loc. adv. : en désordre. *Tou-t ĕe varivarā.*

Varou, s. m. : loup-garou, garnement. *Bāti come un varou.* R. b. a. *waarwulf,* suéd. *varulf.*

D. *Varouāje,* s. m. : désordre, dégât.

*Vaso, s. m. : inférieur, valet. *Jë n'sieŭ pā san vaso por li obéi.* R. *vassallus.*

[1] Malgré la différence du suffixe, il est impossible de ne pas dériver *varvoté* de *varibo*, auquel il se rattache d'ailleurs par le doublet *varvo;* il me semble difficile également de ne pas identifier *varvoté* et *barboter,* ce qui doit faire, je crois, assigner à ce dernier mot une origine autre que l'étymologie proposée par Diez et Scheler.

VASPASIAN, s. m. : vagabond, garnement.

VATON, s. m. : garrot, levier. R. n. *vatta* (lever).

D. *Vatoné*, v. a. : serrer, en la tordant avec un *vaton*, une corde fixée par les deux bouts.

VATRE, s. f. : boue liquide. R. b. a. *water*.

D. *Vatré (s')*, v. r. : se crotter, courir dans la *vatre*. *Com' lë v'la vatré* : comme il est couvert de boue[1] !

VAVITE, s. f. : diarrhée. R. *va+vite*.

VAYĀN, a. : fort, bien portant. R. *valientem*.

D. *Vayāntize*, s. f. : bravade, vanité. *I l'a fé par vayāntize*.

VÉ, s. m. : gué. *La bĕe dé vé* (Veys). R. *vadum*.

VÉCHE, s. f. : vesce (*Vicia sativa*). R. *vicia*.

D. *Véch'ron*, s. m. : vesce des moissons (*Vicia segetalis*).

VÉE, VIO, s. m. : veau. R. *vitellus*.

1. VĔE, s. f. : voie, chemin. *Tir' té d'ma vĕe*. R. *vĭa*.

2. VĔE, v. a. : voir, fréquenter, faire la cour, saillir. *I la vé* : il lui fait la cour. — *Fĕre vĕe* : faire saillir (une jument). — subj. pr. : *quë j'vĕche*. — p. p. *veu*. R. *vidēre*.

D. *Véchi, véchin*, adv. : voici.

V'la, adv. : voilà. *Lë v'la d'ja*.

Veue, s. f. : vue. *Il a bouone veue*.

Véyoū, s. m. : possesseur d'un étalon, homme qui fait *vĕe* les juments.

VĔGNE, VĔNE, s. f. : vigne, ajonc. Cf. *vigno*. R. *vinea*.

VÉLE, s. f. : voile. R. **vēla*.

V'LIN, s. m. : venin, crapaud. R. *venenum*.

D. *V'limeū*, a. : venimeux.

V'LŌDÉ, v. a. : battre.

D. *V'lōdée*, s. f. : volée de coups.

V'LOPÉ, v. a. : battre. R. **volutuare*. Cf. *Rom.* V, 187.

D. *V'lopée*, s. f. : volée de coups.

V'LOUSÉ, v. n. : forniquer, avoir des rapports sexuels avec une femme. R. **voluptiare*.

D. *V'louseū*, s. m. : débauché.

VĔNÉ, v. n. : vesser. R. **vissinare* (?).

D. *Vĕne*, s. f. : vesse. *Vĕne d'lou* : agaric du genre *Lycoperdon*.

Vĕneū, s. m. : qui vesse.

Vénéte, s. f. : peur, diarrhée.

V'nase, a. : mou.

V'NÉLE, s. f. : ruelle. *La v'néle du lié*. R. **venella*, dim. de *vena*.

V'NI, v. n. : venir, croître. *La s'mĕne qui viin* : la semaine prochaine. *Vi t'an* : viens-t'en. R. *venīre*.

D. *V'nān*, a. : qui croît bien. *Il ĕe biin v'nān*.

Vĕnue, v'neue, s. f. : croissance, qualité. *D'eune béle vĕnue*.

VÉPE, VĔPRE, s. m. : guêpe. R. *vespa*.

[1] N'y a-t-il pas lieu de rattacher à ce mot, avec lequel il a la plus grande analogie de sens, le mot *vautrer*, dont l'étymologie est obscure ?

Vèprée, s. f. : soirée. R. *vesper*.

1. Vèr, adv. : voire, vraiment! R. *vērus*.

2. Vèr, a. : vert. — s. m. : *vèr d'po(u)mié* : gui. R. *viridis*.

D. *Vèrdi*, v. n. : verdir.

Vèrdri, s. f. : bruant (*Loxia chloris* ou *Emberiza citrinella*).

Vèrgu(i)é, s. m. : *id.*

3. Vèr, s. m. : ver. R. *vermis*.

D. *Véro*, s. m. : ver, petit ver. *Nu come un véro*.

Vérin, s. m. : petite vive (*Trachinus vipera*). Asnelles.

Vèrmée, s. f. : vers qui servent d'appât, chasse aux vers. *Alé à la vèrmée*.

Vèrmène, s. f. : vermine, rats et souris.

Vèrdā, adv. : patatras. R. Onom. ou a. *wer da*.

Vèrdé, v. a. : fustiger. R. (?) **virgidare* de *virga*.

D. *Vèrdée*, s. f. : bastonnade, coups de verges.

Vèrdāyé, v. a. : chasser avec un fouet.

Vèrdoné, v. a. : battre, fouetter.

Vèrgangu(i)é, s. m. : petit houx (*Ruscus aculeatus*). R. **virgandarius* de *virga*.

Vèrgondé, v. a. : gronder. R. **verecundare*.

Vèrgue, s. f. : verge. *Vergue a flèe* : manche de fléau. R. *virga*.

D. **Vèrjée*, **vèrjie*, s. f. : mesure de quarante perches carrées.

Vèrine, vérène, s. f. : verre de montre, vitrine. R. **vitrina*.

Vèrlope, s. f. : varlope, rabot. R. nl. *worloop*.

D. *Vèrlopé*, v. a.-n. : varloper, raboter.

Vèroquène, s. m. : gué de l'Aure, près Bayeux. R. Pour *vé o quène* (*vadum apud *casnum*).

Vèrto, s. m. : morceau de bois qui sert à boucher le trou où l'on met la chantepleure. R. *vertere*. Cf. *vertet* (Drôme) : cône en fer ou en laiton.

Vèrvéte, s. f. : enfant vif et espiègle. R. nl. *werf* (action). Cf. n. *verpa*, ag. s. *veorpan* (jeter).

Vése, s. f. : vent, peur. *Vése d'lou* : champignon du genre *Lycoperdon*. R. subst. verb. de *vesser* (*visire*). Cf. **visium*, a. *fiest*, nl. *veest*, ang. *fizz*.

D. *Vésar*, s. m. : peureux, poltron.

Vésiā[1], s. m. pl. : vases, vaisseaux. R. *vascellum*.

D. *Vésélié*, s. m. : râtelier où l'on suspend la vaisselle.

Vésié, v. n. : former des cloches ou des pustules, se boursoufler. R. *vissica*.

Veste, s. f. : veste, correction. *An avé su la veste* : être battu. R. *vestis*.

D. *Vestée*, s. f. : volée de coups.

Vestoné, v. a. : battre.

[1] Le singulier serait *vésé*, et il existe sans doute ou a existé; mais je ne l'ai pas entendu dans le Bessin.

Vestonée, s. f. : volée de coups.

Vêti, v. a. : vêtir. p. p. *vêtu*. *Un p'ti vêtu, un vêtu d'sèc* : un (petit) cochon. R. *vestire*.

Véture, s. f. : voiture. R. *vectura*.

Veule, a. : grêle, étiolé. R. *vola*.

Véyé, v. n. : veiller. R. *vigilare*.

D. *Véle*, s. f. : veille. *La survéle* : l'avant-veille.

Véyatif, a. : vigilant.

Véyeū, véyoū, s. m. : veilleur.

Véyie, s. f. : veillée.

Véyon, s. m. : pâte faite d'argile et de foin, dont on enveloppe les jeunes greffes.

Véyoné, v. a. : entourer les greffes d'un *véyon*.

Véyie, s. f. : liseron des champs et des haies (*Convolvulus arvensis* et *sepium*)[1].

Vézin, s. m. : voisin. R. *vīcīnus*.

D. *Vézināje*, s. m. : voisinage.

Véziné, v. n. : voisiner, avoir des rapports de voisinage.

Vézée, s. f. : vif désir.

Vézon, 1° s. f. : femme dissolue. *Vieule vézon*. 2° s. m.-f. : celui ou celle qui s'agite sans objet. R. **vesonem* (putois), dér. de l'ag. s. *vesle*, a. *wiesel*.

D. *Vézoné*, v. n. : s'agiter pour ne rien faire.

Vi, s. m. : gui (*Viscum album*). R. *viscum*.

Viāje, s. m. : voyage, fois. *I l' f'ra an un viāje*. R. *viaticum*.

† Viar, s. m. : harle huppé (*Mergus serrator*).

† Vico, s. m. : bécasse. R. ag. s. *vudcoc*, ang. *woodcock*. Cf. a. h. a. *vitu* (bois) et a. fr. *vitecoq*.

Viédāze, s. m. : nigaud. R. *vectis asini*.

Viĕr, s. m. : pétrel (*Procellaria puffinus*).

Viéte, s. f. : ruelle. R. **vietta*.

Vieū, vieul, a. : vieux, vieil. R. *vetulus*.

D. *Vieūyar*, s. m. : vieillard.

Vieūyése, s. f. : vieillesse.

Vieūyi, v. n. : vieillir.

Vieūyo, s. m.-a. : vieillot.

Vieūyote, s. f. : grosse meule de foin. L'*ondin*, après avoir été *épandu*, se ramasse en *cabo*; après une seconde *étante*, on fait les *grō cabō* ou les *p'tī batar*; quand le foin est presque sec, on le met en *grō batar*, puis en *vieūyote* ou *mulōn*, après quoi on le *botéle*.

1. Vigno, s. m. : ajonc (*Ulex europæus*). R. Dim. de *vigne* (*vinea*).

[1] Bien que l'*e* de ce mot soit long, je ne crois pas qu'on doive le distinguer du vocable *véyie*. Son origine s'explique en ce que le liseron, s'enroulant autour des plantes, veille en quelque sorte sur elles. L'origine du mot *véyon* s'explique d'une manière analogue.

D. *Vigné*, s. m. : lande couverte d'ajonc.

2. VIGNO, VIGNEU, s. m. : nom du *calin* ou *gogin* (*Turbo littoralis*) à Isigny et à Caen.

VIGNON, s. m. : 1° canard siffleur (*Anas penelope*).

· VIJE, s. f. : besace en toile d'écolier.

D. *Vijéte*, s. f. : petite *vije*.

VILANÉ, v. a. : maltraiter. R. *villanus*.

VINBÉRQUIN, s. m. : vilebrequin. R. b. a. *winboreken*.

VINBLLÉ, s. m. : tarière. R. **vimbrare* (*Rom.* III, 149). Cf. ang. *wimble*, a. nl. *wimpel*.

VIO, s. m. : veau. V. *vée*.

D. *Viōlé*, v. n. : faire un veau.

VIOLONEŪ, s. m. : joueur de violon.

VIONDÉ, v. n. : bourdonner, en parlant d'un sabot et en général de tout corps qui tourne rapidement sur lui-même. Cf. *vrondé*. R. Onomatopée.

VIO(R)NE, s. f. : clématite (*Clematis vitalba*). R. *viburnum*.

D. *Vioné*, 1° v. a. : donner une volée de coups. 2° v. n. : bourdonner, par suite de la confusion de ce mot avec *viondé* ou de la chute du *d* de *viondé*.

Vionée, s. f. : volée de coups.

VĪPÉ, v. n. : pousser un cri perçant. R. m. h. a. *wisp(el)n*.

D. *Vīpar*, s. m. : criard.

VIPIYON, s. m. : goupillon. R. nl. *kwispel*.

VIQUÉ, s. m. : guichet, partie mobile du fond d'un tonneau. R. n. *vik* (coin). Cf. ang. *wicket*.

VIRÉ, s. m. : petit corps demi-sphérique ou conique et garni de plumes sur le pourtour de sa circonférence, qu'on lance avec la *raquéte*, volant. R. *vipera*. Cf. Diez, *Etym. Wörterbuch*, s. v. *vira*.

VIRLI, s. m. : petite vive (*Trachinus vipera*). Cf. *vérin*. R. *id.* + *li*. Cf. *pirli*.

VIROUSÉ, 1° v. a. : lancer, faire jaillir; 2° v. n. : jaillir, avoir la diarrhée. R. *vibrare*. Cf. *Rom.* V, 187.

D. *Virouse*, s. f. : diarrhée.

VIS, s. m. : vis. R. *vitis*.

VITOUÉRE, s. m. : source qui coule seulement en hiver.

VIVÉ, s. m. : gui. Cf. *vi*. R. *vivus*.

VO, pr. : vous. *D'aveuc vo*. R. *vos*.

VŌBAR, † VŌBOUÉRE, s. f. : espèce de varech du genre *laminaire*.

VOLÉ, s. m. : ruban. R. *volare*.

D. *Voléte*, s. f. : coiffure de femme à ailes flottantes.

VOSTÉ, v. n. : aller, courir de côté et d'autre. *I l'a fé vosté*.

VOTE, pr. : votre. *L'vōte* : le vôtre. R. *vestrum*.

VOTÉ, VOUSÉYÉ, v. a. : ne pas tutoyer. R. *vos*.

VOULANTÉ, s. f. : volonté. R. *voluntatem.*

VOULÉ, v. a. : vouloir. R. **volēre.*

VRA (Port-en-Bessin), s. m. : labre tacheté (*Labrus maculatus*). Cf. *vrac.*

VRAC, VRA, s. m. : varech du genre *fucus*, choses en désordre. *J'té an vrac.* R. ag. s. *vrac*, a. *wrack.*

VRĀQUIE, s. f. : soupe trop claire. V. *vāquie.*

1. VRÉ, s. m. : petite espèce de varech du genre *chondrus*, etc. R. a. *wrack.*

2. VRÉ, a. : vrai. *Vré da :* oui-da. R. *veracus.*

† VRONDE, s. f. : fronde. R. *funda.*

D. *Vrondé*, v. n. : produire un bruit analogue à celui d'une pierre que l'on lance, bourdonner.

VROUSTE, int. : exclamation qui indique le départ, l'éloignement subit. *Vrouste! lë v'la parti.* R. (?) h. *voorts* (plus loin).

D. *Vrousté*, v. n. : courir çà et là.

Y

YĀN, adv. : dedans. *L'bllé ëe yān :* la récolte est en grange. R. *intus.*

YĚBE, s. m. : yèble (*Sambucus ebulus*). R. *ĕbulus.*

YÉLE, pr. : elle (employé comme attribut). *Ch'ëe yéle.* R. *illa.*

YĚRE, s. m. : lierre (*Hedera helix*). V. *liëru.* R. **hĕderus.*

YEŪ, pr. pl. : eux. R. *illos.*

YEUNE, pr. : une (employé comme pronom). *Yan a yeune, mëc eune seule.* R. *una.*

YO, s. f. : eau, pluie. R. *aqua.*

YOU, adv. : où? R. *ubi.*

YUN, pr. : un (non suivi d'un autre mot). *In' n'a veu yun, mëc un seul.* R. *unus.*

Z

ZĪGUÉ, ZINGUÉ, v. a. : lancer de l'eau avec une seringue.

ZIG'ZONÉ, v. n. : faire des zigzags.

ZOZO, s. m. : niais, badaud. R. *sot* + *sot.*

ADDENDA.

Ajé, s. m. : ...4° ce qu'on donne ou obtient pour « faire la bonne mesure ».

An, prép. : a. *An méme* : à même. R. *ad*, avec nasalisation de *a*.

An'lé, v. a. : passer des anneaux ou de petits crochets dans le grouin d'un porc pour l'empêcher de fouir la terre. R. *annellus*.

Antantif, a. : attentif. R. **attentivus*.

Apijié, v. a. : abattre une toupie. V. *apiějé*, dont ce mot n'est qu'une modification.

Arjué, v. n. : endêver. *Fère arjué*. Cf. *ěrjué* et *r'jué*.

Atěrjié (s'), v. r. : s'attarder. R. *a*+*těrjié*.

Avěné, v. a. : engraisser avec de l'avoine. R. *avěne*.

Baour, s. m. : lourdaud. R. (?) pour *balourd*.

Bâteure, s. f. : bas-fond, endroit marécageux. R. Corruption probable de *pâture*, sous l'influence de l'idée d'endroit *bas*.

Běg'věchié, v. a. : mettre sens dessus dessous. V. *béqu' věchié*. R. *bis*+*caput*.

B'vāyé, v. n. : passer son temps à boire. R. **bibaculare*.

Bouju, a. : ventru. R. *bouje*.

Brōtiyé, v. a. : broutiller. R. *brōté*.

Cabochié, v. a. : frapper sur la tête ou *caboche*. R. *caboche*.

D. *Cabochar*, s. m. : entêté.

Calvase, s. f. : femme grande et maigre. *Grande calvase*.

Catuné (s'), v. r. : ... 2° se couvrir, en parlant du temps.

Camāyé, v. a. : frapper, faire du bruit. R. *ca* (*caput*) + *ma(i)lle* (*macula*).

D. *Camāyée, camāyie*, s. f. : volée de coups.

†*Ch'nāyé, v. a. : frapper à coups de fouet. R. *canis*.

D. †**Ch'nāyée, ch'nāyie*, s. f. : volée de coups de fouet.

Chuquière, chuqu'tière, s. f. : pépinière, plant de choux, etc. R. *chuque*.

Coltar, s. m. : goudron. R. ang. *tar*, nl. *tār* (goudron).

Cōv'souōri, s. f. : chauve-souris. R. *calva(m) soricem*. Cf. *cōque-souōri*.

Désélté, v. a. : enlever les pennes de l'aile. pp. : dont l'aile a été brisée. R. *dis*+*ala*.

Écréviche, s. f. : écrevisse. R. *é*+*creviche* (a. h. a. *krepazo*).

Émouleū, s. m. : rémouleur. R. *ex*+**molare*.

Espéqué, v. n. : mesurer la distance du *pec* à la *galoche*, etc. ou réciproquement, pour savoir à qui jouera le premier. R. *es*+*péqu(i)é*.

Fésié, s. m. : fesses. R. *fesse.*

Fil'rése, s. f. : jouet composé d'une petite baguette en bois fixée dans une pomme et qui traverse un noyau d'abricot évidé, que l'on fait tourner au moyen d'une ficelle. R. *filum.*

Frinée, s. f. : pain émietté dans du lait.

Gā, s. m. : . . . . . 2° oie mâle (Formigny). V. *gar.* R. nor. *gassi*[1].

Gālu, s. m. : louche, benêt, nigaud. *Qué gālu qu'ch'ëe!* R. *gā*+*lu* (*luscus* : louche).

Gante, s. f. : jante. R. *camitem.*

Gardin. . . . . R. got. *gards*, nor. *gardhr.* Cf. ang. *yard.*

Gorju, a. : qui a une grosse gorge. R. *gurgitem.*

Gouāpé, ... R. ag. s. *vapul* (écume), it. *guappo*, com. *vap* (vain), esp. pg. *guapo* (hardi). Cf. Diez, *Etym. Wært.*, I, 228.

Gouse, s. : mot usité dans le juron *non dé gouse.*

Horfi, s. m. : orphie[2]. R. ag. s. *hornfisc*, nl. *horenvisc*, a. *hornfisch.*

Housiā, s. m. pl. : . . . . . espèce de longues guêtres ou de jambières en coutil.

+Jéb(l)e, s. m. : gale des chats.

Labi, s. m. : 1° embarras; 2° bavardage.

Lieuvre (Lison), s. m. : lièvre. R. *leporem.*

Lu, s. m. : nom à Arromanches de l'espèce de gade appelée *colin* à Port. R. *lucius.*

Mĕe, cj. : . . . . . *Mĕe quë* : lorsque.

Mĕrchin (Lison), s. m. : médecin. R. **medicinus.*

Mĕrchĕne (*ibid.*), s. f. : médecine. R. *medicina.*

Métō, s. m. : barrette ou demi-hectolitre.

*Mijōdé, v. n. : dorloter.

D. **Mijōd'rie*, s. f. : caresses, petits soins.

Nachu, gnachu, a. : veau, etc., dont la lèvre supérieure ou inférieure est proéminente. Cf. *bécu.* R. *natica.*

Néyé, v. a. : noyer. Cf. *gné.* R. *necare.*

Panchéte, s. f. : tripes de mouton. V. *panche.*

Pescāle, s. m. : mauvais petit poisson. R. **piscacula.*

Rouĕzōn (Condé-sur-Seulles), s. f. pl. : l'Ascension. R. *Rogationes.*

Trézangue, s. f. : réunion de *tréziā.*

[1] L'identité de son est, je crois, un indice que *gā*, oie, et *gā*, gars, garçon, ont la même origine; cette manière de voir trouve sa confirmation dans ce fait que le nor. *gassi* signifie lui aussi à la fois oie mâle et «a noisy fellow». Cf. Vigf. *An icelandic-english dictionary*, s. v.

[2] *L'horfi viin-t an avri.* Ce mot, aspiré dans le Bessin, ne l'est pas à Caen, où l'on dit *de l'orfi*, tandis qu'à Bayeux on crie *du horfi*. Il faut donc effacer la forme *orfi* du dictionnaire et la remplacer par celle-ci. Cf. *Rom.* IX, 125.

CPSIA information can be obtained at www.ICGtesting.com
Printed in the USA
LVOW011936161212

311892LV00021B/676/P